중학

영포자 1등급 만들기

★★★★★
기자·교수·전문가
적극 추천

평점 1위

최고의 학습서

영포자 1등급 만들기 중학

영포자 1등급 만들기만의 뛰어난 학습 효과

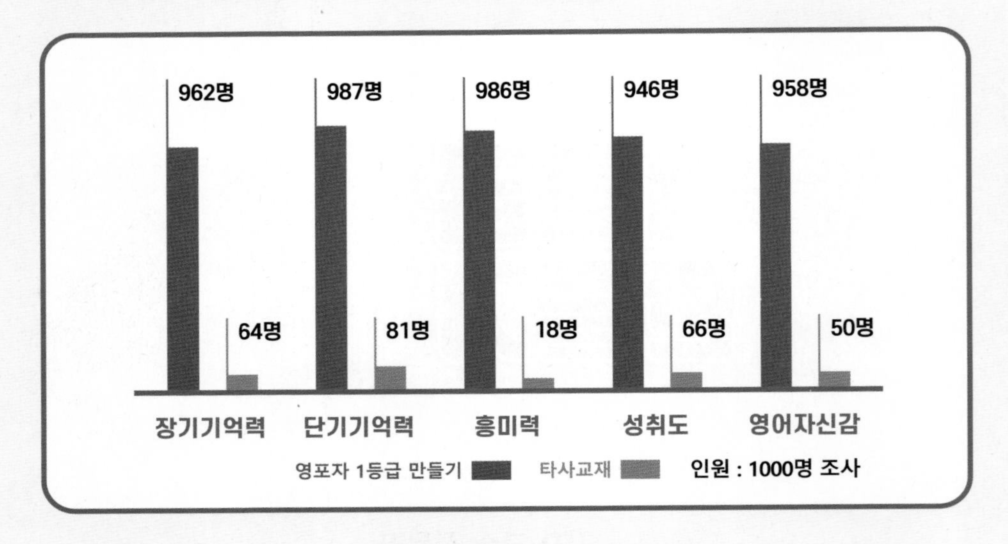

영포자 1등급 만들기 교재를 사용한 집단이 더 오래 기억하고
성취감과 자신감이 10배 가까이 높음이 입증되었습니다.

영포자 1등급만들기 교재는 머릿속에서 어휘 조직을 새롭게 하고
더 큰 의미망을 생성하게 되어 풍부한 어휘력의 생산이 반복되는 결과를 가져옵니다.

영포자 1등급 만들기 중학 영단어 선정 및 중요도 분석

표제어는 내신 출제 빈도순으로 분석·정리
파생어, 반의어, 유의어, 숙어는 내신/고등 출제율 90%이상 어휘로 수록
단어의 뜻은 교과서와 모의고사 지문에 사용된 최근 뜻 순서로 기재

- **all 영어교과서 +고등대비 고빈출 어휘 /숙어를 우선 순위 수록**
- **내신과 모의고사를 한 번에 잡는 필수 '문법 어휘' 수록**
- **확실한 학습효과 '단어 암기력 테스트' 수록**

최고의 학습서 중학

영포자 1등급 만들기

한글 독음 제공

원어민 발음으로 한글독음제공 듣기 실력까지 향상가능!

그림 스펠링 제공

쉽고 빠르게 암기할 수 있는 그림스펠링 제공!

수능 기출문장 제공

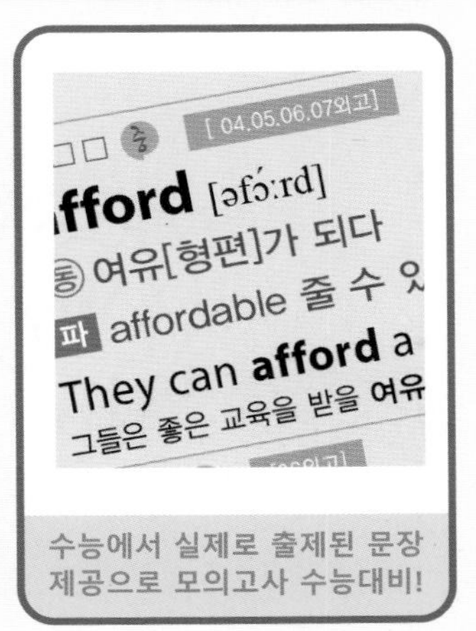

수능에서 실제로 출제된 문장 제공으로 모의고사 수능대비!

수능해결사 숙어와 혼동어휘 제공

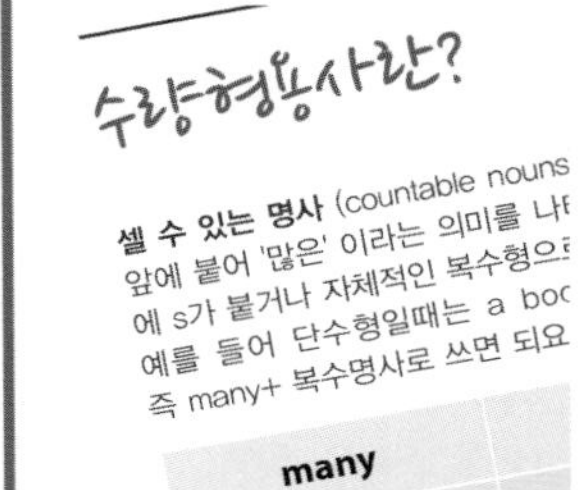

숙어와 혼동어휘 제공으로 내신과 영어기초실력 향상!

파생어와 기출년도 제공

성공적인 영어 학습을 위한 파생어와 수능 기출연도 제공!

Review Test와 Index 제공

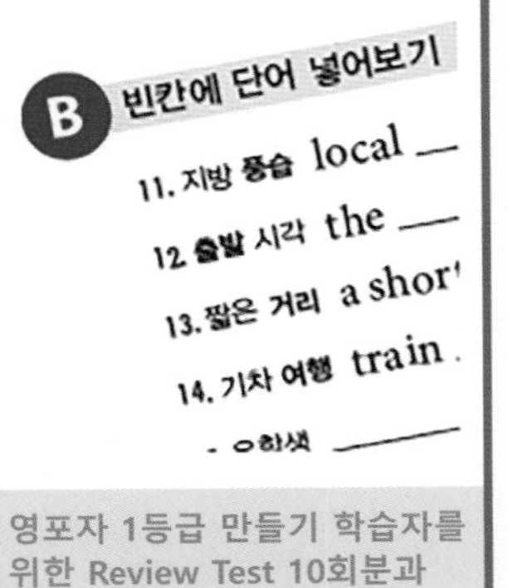

영포자 1등급 만들기 학습자를 위한 Review Test 10회분과 Index 확인 제공!

영포자 1등급 만들기 최고의 공부법

영포자 1등급 만들기 교재로 공부해보세요!
'뇌내마약'이라고 불리는 '베타엔돌핀'이 분비되어 참을성이 강해지고 장시간의 공부에 견딜 수 있는 인내력도 길러집니다. 해마의 기억력을 향상시키고 전두엽을 자극해서 의욕을 불러일으킵니다.
영포자 1등급 만들기 교재로 공부하시면 최고의 효과가 발휘되고 기억력도 좋아집니다.

기억력을 증진시킨다
영포자 1등급 만들기

인내력을 향상시킨다
영포자 1등급 만들기

집중력과 흥미력 up
영포자 1등급 만들기

성취감을 고취시킨다
영포자 1등급 만들기

영포자 1등급 만들기 교재는 영어 교육에서 그림 및 기타 시각 자료의 역할에 대한 풍부하고도 귀중한 지침서이다. 영어 어휘 학습에서 그림 및 시각 자료를 활용한 가장 뛰어난 암기법을 제공한다. - **성균관대 김면 교수**

교사가 영어를 잘 할 수 있게 지도하는 최선의 역할은 올바른 방법으로 아이들 스스로 헤쳐 나가도록 안내하고 좋은 공부방법을 제공하는 것이다. 영포자 1등급 만들기 영단어 책이라면 영어 공부의 즐거움을 깨닫고 그 속에 푹 빠지도록 도울 수 있다. **–교원대 최철 교수**

영포자 1등급 만들기
그림연상법 효과를 증명하는 논문

이미지연상학습법은 우뇌와 좌뇌를 활용하게 하여 학습자들의 사전경험이나 지식을 적극적으로 활용하고 어떤 주제에 대한 개념을 형성시키는 데 유용하다. 이 과정에서 학습자들의 흥미를 유발하여 적극적인 참여를 이끌어 낼 뿐만 아니라 독해를 하면서 읽은 내용을 압축하여 시각적으로 표현하기 때문에 기억효과가 높아진다.

구윤주

2006 마인드맵을 활용한 초등영어 어휘력 향상방안.
공주대학교 교육대학원 석사학위논문.

그림을 활용한 어휘 학습법을 이용하여 **어휘와 문장의 이해력을 높이며 어휘와 이미지를 함께 사용하여 영어의 부담감을 줄이면서 자연스럽게 어휘를 습득할 수 있다고 하였다.**

Brenda

Brenda,S.D.(1994).Vocabulary Retention :
EffectsofUsing Spatial Imaging on Hemispheric-Preference Thinkers)

이미지학습법은 좌뇌 위주의 처리과정을 가지고 있던 언어학습에 **우뇌적 전략인 이미지 학습법을 통하여 좌-우뇌의 효과적인 상호작용을 이루었으며 그 결과 학습 능력 향상이라는 긍정적인 영향을 주었다고 볼 수 있다.** 그림을 보고 학습자로 하여금 독해내용을 추측하게 함으로써 배경지식을 활성화하고 자발적인 학습참여를 유도할 수 있다.

Buzan

Buzan,B.(1999).
Themindmapbook.London:BBC Books.

이미지가 종종 단어보다 더 자극적이고 정확하고 폭넓은 연상반응을 불러일으키며 **창의적 사고나 기억력을 강화**시킨다고 하였다.

박해순

1995 영어 어휘의 의미망을 통한 독해력 신장에 관한 연구.
한국교원대 교육대학원

이미지를 통한 어휘 학습이 읽기 능력을 향상시키며, 특히 상위학생들 보다는 중,하위 학생에게 효과적이었으며 **전통적인 어휘지도법에 대안이 될 수 있다는 시사점을 제공하였다.**

인쇄일 2024년 12월 16일
발행일 2024년 12월 26일

펴낸이 김종일
펴낸곳 기림출판사
주소 경기도 고양시 일산동구 일산로 38 306호 (백석동)
대표전화 010-3555-0901
팩스 070-7614-3770
이메일 kirimbooks@naver.com
출판등록 506-21-50677

마케팅 김강석
공급처 031-908-7769

디자인 박지영 외 편집부
교열 서지훈
감수 Hugh MacMahon

ISBN 979-11-962325-4-2

※ 책 내용 중 궁금한 사항이 있으시면 기림출판사
(T. 031-908-7769, E-mail. hugo332@naver.com)로 문의해 주십시오.

저자 최규리 감수 Hugo MacMahon

우리책 기림출판

저자의 말

영포자 1등급 만들기 마법 단어장!

최근 고등학교 모의고사 출제 경향을 분석하면 전반적인 어휘 수준이 높아지고 있고, 이를 활용한 어휘 선택 문제가 출제되고 있음을 알 수 있습니다. 또한 독해 제시문은 어느 수준 이상의 어휘력이 바탕이 되어야 문맥을 비교, 추론해 나갈 수 있습니다.

영어 공부의 기본은 어휘를 정확히 아는 것이며, 문장구조를 파악했어도 핵심어휘의 의미를 모르면 독해를 할 수 없지요. **독해 능력이 저하되는 가장 핵심적인 이유는 문장 구조파악의 부재나 문법적 요인이 아닌 필요한 수준만큼의 어휘력이 갖춰지지 않았기 때문**인 경우가 대부분입니다.

하지만 많은 학생들은 어휘력 공부에 싫증을 느끼고 기피해요. 공부하는 시간은 많지만 투자한 시간만큼 실력이 향상되지 않으면 금방 공부에 흥미를 잃고 지칩니다. 단어책을 사서 본 학생들이 단 한 번도 책 한권을 끝까지 본 적이 없다는 것을 알기에 참고서 선택에 어려움을 느끼기도 하고요. 이러한 문제점을 해결한 것이 영포자 1등급 만들기 중학영단어입니다.

〈영포자 1등급 만들기 중학 영단어〉는 풍부한 지식과 재미있는 그림 알파벳의 결합으로 기억력을 끌어 올리는 학습법이에요. **힘들게 외우고 쉽게 잊는 순간적인 단순 암기식 공부 방법이 아닌 좌뇌와 우뇌를 동시 활용해 잊지 않고 저절로 떠오르게 하는 즐거운 암기법**을 제시합니다. 게다가 지난 10년간 고입선발고사 기출문제를 철저히 분석하고, 영어 교과과정에 수록된 모든 단어를 중요도순으로 정리하여 파생어까지 포함해서 2,300개 단어를 실었습니다.

또한 독자의 이해를 돕고자 현직 원어민 작가가 고입선발 문장을 정리하고, 본국에서 읽히는 발음으로 각주를 달아 이 책으로 공부하는 내신/모의고사 1등급을 희망하는 학생들의 '본질적인 영어 능력'이 향상될 수 있도록 준비했습니다.

이 책은 우리나라 중학생이 중학교 필수 단어와 아울러 고교 대비 단어를 1개월 동안 완벽하게 마스터할 수 있도록 고안된 것입니다. **가장 빨리, 가장 쉽게, 가장 확실하게 외워보세요**. 이 책에는 단어가 외워질 수밖에 없게 만드는 갖가지 독보적 장치들을 통해 실제로 학습자가 능동적으로 참여하는 학습 과정이 구현되어 있습니다.

일단 이 책이 이끄는 길을 따라가다 보면 자신도 모르는 사이에 영단어들이 통째로 머리에 쏘옥 들어오게 될 것입니다.

〈영포자 1등급 만들기 중학 영단어〉로 영어의 즐거움을 느껴보세요.

최규리

집필기

영포자 1등급 만들기 중학 영단어 마법 장치

1. 재미있고, 쉽고, 오래 기억시켜 주는 그림스팰링

그림스팰링을 활용하면 좌뇌와 우뇌 모두가 활성화되므로 쉽고, 빨리 그리고 오래 기억하게 됩니다. 따라서 단순암기에 비해 10배 이상 높은 학습효과를 낼 수 있습니다.

2. 중학교 전 교과서와 외고수준 핵심 단어+문장 수록

영포자 1등급 만들기 중학 영단어는 10년간 출제된 고입선발고사 기출어휘를 1순위로 실었고, 특목고에서 가장 많이 출제된 빈출 어휘를 배치하였으며, 교육부 지정 고입 필수 단어까지 엄선 정리하였습니다.

3. 꼼꼼한 파생어, 숙어 정리와 영포자를 위한 한글발음정리

매 어휘마다 자주 나오는 파생어, 숙어를 정리하여 손쉽게 단어를 확장할 수 있게 했고 고입선발고사예문과 다양한 지식의 예문을 통해 단어의 쓰임을 바로 이해 할 수 있게 했습니다.

영포자 1등급 만들기 중학 영단어는 어휘공부가 쉽고 재미와 집중은 더 할 수 있게 편성하였습니다. 또한, 시간 단축을 위해 한글발음을 각주로 달아 학습도우미 역할이 되도록 했습니다.

4. 엄선한 단어를 테마별로 구성

1800개의 단어를 10개의 첸터로 외국작가가 분류하였습니다. 그래서 연관된 단어들을 체계적이고 효율적으로 기억할 수 있도록 하였으며 필요할 때 마다 원하는 테마의 단어들을 쉽게 찾고 외울 수 있는 효과적인 어휘 학습 방법이 되도록 했습니다.

5. 1분안에 넘기는 학습 시스템

영포자 1등급 만들기 중학 영단어는 1분안에 넘기기, 시간 있으면 꼼꼼히 외우기, 목표 점수 넘기기, 체크박스 등을 표시하여 포기하지 않고 끝까지 완독할 수 있도록 친절히 안내하고 있으며 최대의 효과를 얻어낼 수 있도록 구성했습니다.

6. '복습문제'를 통한 심화 암기

매 단원이 끝나면 즐겁게 문제를 풀면서 단어의 쓰임새를 정확히 이해할 수 있고 고입선발고사 기출문제를 풀면서 실력을 높일 수 있습니다.

핵심 구성 & 특징

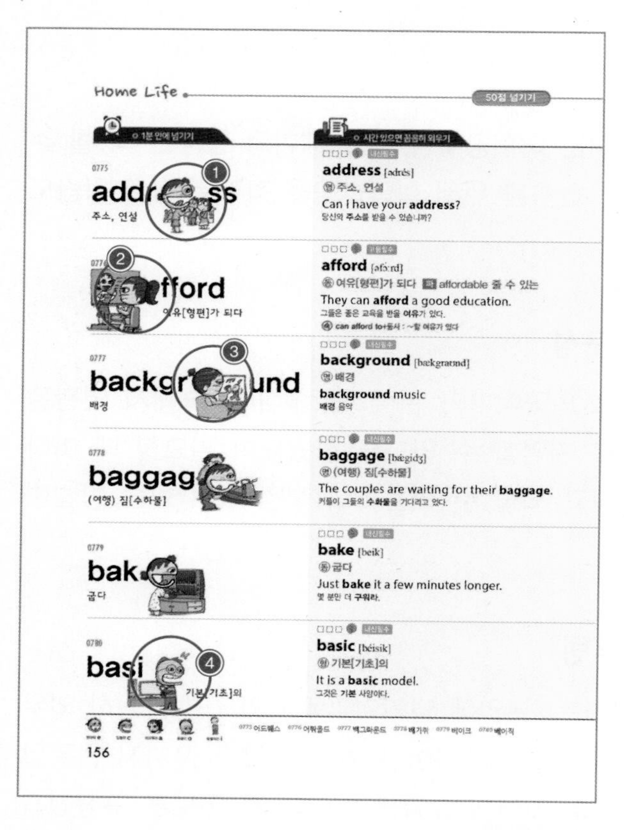

Home Life

50점 넘기기

1분 안에 넘기기 | 시간 있으면 꼼꼼히 외우기

0775 **address** 주소, 연설

address [ədrés]
명 주소, 연설
Can I have your **address**?
당신의 **주소**를 받을 수 있습니까?

0776 **afford** 여유[형편]가 되다

afford [əfɔ́:rd]
동 여유[형편]가 되다 파 affordable 줄 수 있는
They can **afford** a good education.
그들은 좋은 교육을 받을 **여유**가 있다.
숙 can afford to+동사 : ~할 여유가 있다

0777 **background** 배경

background [bǽkgraund]
명 배경
background music
배경 음악

0778 **baggage** (여행) 짐[수하물]

baggage [bǽgidʒ]
명 (여행) 짐[수하물]
The couples are waiting for their **baggage**.
커플이 그들의 **수화물**을 기다리고 있다.

0779 **bake** 굽다

bake [beik]
동 굽다
Just **bake** it a few minutes longer.
몇 분만 더 **구워라**.

0780 **basic** 기본[기초]의

basic [béisik]
형 기본[기초]의
It is a **basic** model.
그것은 **기본** 사양이다.

0775 어드레스 0776 어펄드 0777 백그라운드 0778 배기쥐 0779 베이크 0780 베이직

156

① 혓바닥이 보이면 **스팰링 e**입니다.

② 머리를 한쪽으로 묶은 형태는 **스팰링 a**입니다.

③ 얼굴이 동글동글한 형태는 **스팰링 o**입니다.

④ 입만 옆으로 벌리고 있으면 **스팰링 c**입니다.

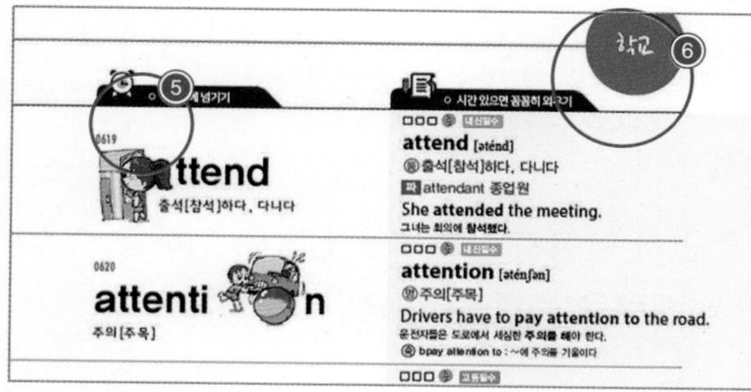

학교

1분 안에 넘기기 | 시간 있으면 꼼꼼히 외우기

0619 **attend** 출석[참석]하다, 다니다

attend [əténd]
동 출석[참석]하다, 다니다
파 attendant 종업원
She **attended** the meeting.
그녀는 회의에 **참석했다**.

0620 **attention** 주의[주목]

attention [əténʃən]
명 주의[주목]
Drivers have to **pay attention to** the road.
운전자들은 도로에서 세심한 **주의를 해야** 한다.
숙 pay attention to : ~에 주의를 기울이다

⑤ 1분 안에 넘기기 부분을 4–5번 정도 본 후 시간 있으면 꼼꼼히 외우기 부분을 공부합니다.

⑥ 쳅터별로 관련 테마들을 설정하여 단어 학습의 수준과 재미를 한 단계 높였습니다.

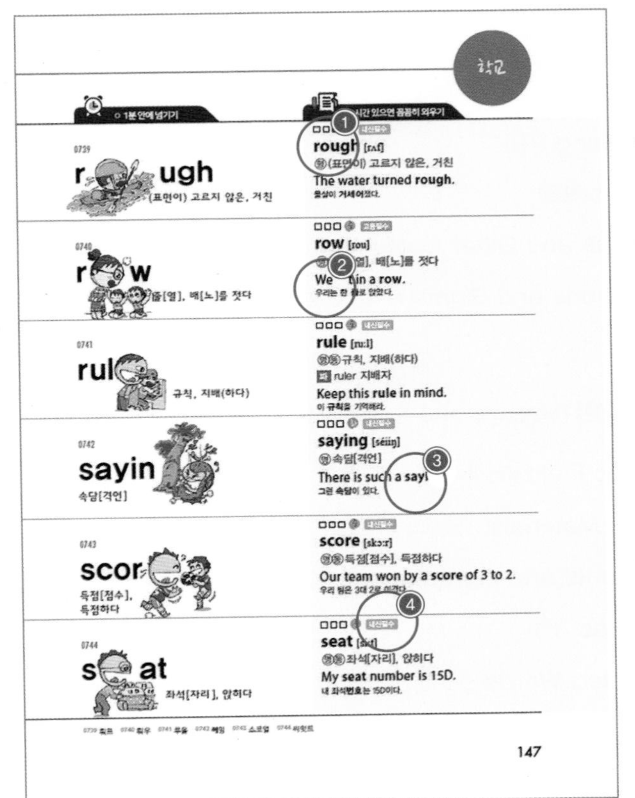

학교

1분 안에 넘기기 | 시간 있으면 꼼꼼히 외우기

0739
rough
(표면이) 고르지 않은, 거친

rough [rʌf]
㉠ (표면이) 고르지 않은, 거친
The water turned rough.
물살이 거세어졌다.

0740
row
줄[열], 배[노]를 젓다

row [rou]
열], 배[노]를 젓다
We in a row.
우리는 한 로 앉았다.

0741
rule
규칙, 지배(하다)

rule [ru:l]
㉠㉡ 규칙, 지배(하다)
ruler 지배자
Keep this rule in mind.
이 규칙을 기억해라.

0742
saying
속담[격언]

saying [séiiŋ]
㉠ 속담[격언]
There is such a sayi
그런 속담이 있다.

0743
score
득점[점수], 득점하다

score [skɔ:r]
㉠㉡ 득점[점수], 득점하다
Our team won by a score of 3 to 2.
우리 팀은 3대 2로 이겼다.

0744
seat
좌석[자리], 앉히다

seat
㉠㉡ 좌석[자리], 앉히다
My seat number is 15D.
내 좌석번호는 15D이다.

147

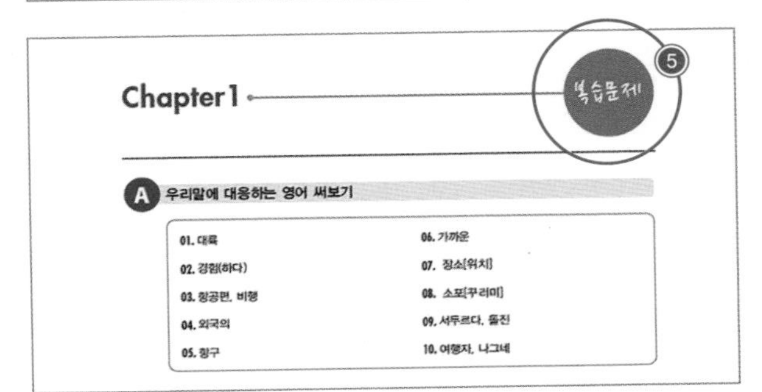

Chapter1

복습문제

A 우리말에 대응하는 영어 써보기

01. 대륙	06. 가까운
02. 경험(하다)	07. 장소[위치]
03. 항공편, 비행	08. 소포[꾸러미]
04. 외국의	09. 서두르다, 돌진
05. 항구	10. 여행자, 나그네

① 체크박스와 점수 넘기기를 두어 목표달성에 도움이 되도록 했습니다.

② 단어가 가지는 여러 의미 중 주로 고입선발고사에서 쓰였던 의미를 품사별로 나타내고, 기출 파생어, 유의어, 숙어 등을 제시하여 확장된 학습이 가능하도록 했습니다.

③ 고입선발고사 기출 예문을 요약하여 출제경향 및 실전 유형을 파악할 수 있도록 하였습니다.

④ 고등필수 어휘와 내신필수 어휘를 표시함으로써 기출 빈도수 높은 어휘를 확인하도록 하였습니다.

⑤ 고입선발 기출문장을 복습문제로 제공하여 학업성취도를 파악할 수 있습니다.

CONTENTS

영포자 1등급 만들기 중학 영단어

1순위 권장학습법

1. 공부할 분량을 정합니다. 1분 안에 넘기기 부분만 읽는다면 하루에 한첸터(약 180개, 30분정도 소요)가 좋습니다. 10일에 책 전체를 한 번 읽고 30일간 전체를 3-4번 정도 쭉쭉 읽으면 됩니다.
2. 정해놓은 분량을 1분 안에 넘기기 부분만 큰 소리로 읽습니다. 바로 읽기 힘들다면 본문 하단의 한글 발음을 참조하세요. 그림의 이해를 돕기 위해 문장내용 부분을 읽어주세요.
3. 3번 이상 읽었다면 시간 있으면 꼼꼼히 외우기 부분을 읽어나갑니다.
4. 복습문제를 풉니다. 풀기 힘들다면 괄호 안에 답을 단 후 문장을 쭉쭉 읽으면 완벽 암기 완료!
5. 책 뒷면에 있는 단어테스트로 암기력을 확인하세요.

처음 시작할 때 주의할 점

* 절대 힘들여 암기하지 마세요.
* 한 페이지당 1분 이상 보지 마세요.
* 단어, 반드시 정복 할 수 있습니다.

이렇게 공부하면 쉬워요 !

날마다 1췝터(200개) 1분안에 넘기기부분을
한글독음과 문장내용 참고하면서 다 읽습니다.
책 마지막장까지 일단 다 읽는게 중요합니다.

다시 전체를 더 읽습니다. 만화책처럼 쭈욱
4-5번 계속 읽습니다. 속도도 빨라지고 자신
감도 생기기 시작합니다. 입안에서 발음이
굴러다닐정도로 읽고, 기억안나는 단어들을
체크하면서 읽으세요.

한두번 더 읽으셔도 되지만 자신감이 많이
생겼기 때문에 기출문제와 독해로 넘어가시고
책 뒤쪽에 있는 단어테스트로 확인해 보세요.

10점 넘기기

Chapter 1
Travel
여행

혓바닥 e

입벌린 c

머리묶은 a

동글이 o

목떨어진 i

- Sightseeing (관광)
- Activities (활동)
- Expenses and Other Useful Words (비용과 기타 유용 단어들)
- Destinations and Sights (목적지와 광경)

1분 안에 넘기기

시간 있으면 꼼꼼히 외우기

0001

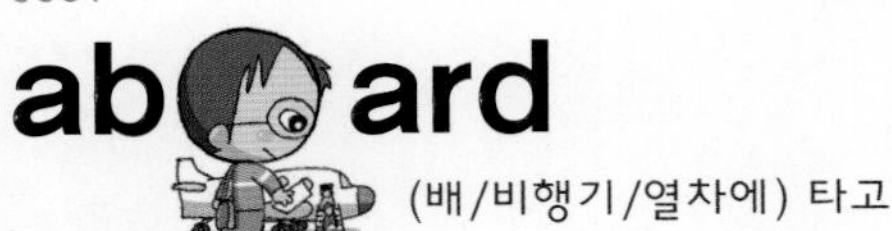
ab ard

(배/비행기/열차에) 타고

□□□ 상 고등필수

aboard [əbɔ́:rd]

부 (배/비행기/열차에) 타고

All **aboard**!

모두 **탑승**[승선]해 주세요!

0002

broad

외국에[으로]

□□□ 중 내신필수

abroad [əbrɔ́:d]

부 외국에[으로]

I can write to someone **abroad**.

나는 **외국으로** 편지를 쓸 수 있다.

0003

a venture

모험

□□□ 중 내신필수

adventure [ædvéntʃər]

명 모험

He tells a remarkable tale of **adventure**.

그는 놀라운 **모험** 이야기를 한다.

0004

aisl

통로

□□□ 상 고등필수

aisle [ail]

명 통로

an **aisle** seat

(비행기의) **통로** 쪽 좌석

0005

ncient

고대[옛날]의

□□□ 중 내신필수

ancient [éinʃənt]

형 고대[옛날]의

He lived in **ancient** Rome.

그는 **고대** 로마에 살았다.

0006

nywhere

어디든, 아무데(서)도

□□□ 중 내신필수

anywhere [énihwɛər]

부 어디든, 아무데(서)도

The sea **anywhere** is fine with me.

바다라면 **어디든** 괜찮아요.

햇바닥 e

입벌린 c

머리묶은 a

동글이 o

목떨어진 i

0001 어볼드 0002 어브뤄드 0003 어드벤철 0004 아 - 일 0005 애인션트 0006 애니웨일

1분 안에 넘기기

시간 있으면 꼼꼼히 외우기

0007

bas

기초, 기반, ~에 근거를 두다

□□□ 중 내신필수

base [beis]

동 기초, 기반, ~에 근거를 두다

They soon returned to **base** camp.

그들은 **베이스** 캠프로 곧 돌아왔다.

0008

by

만

□□□ 중 내신필수

bay [bei]

명 만

The road curved around the **bay**.

그 도로는 **만**을 따라 곡선을 이루고 있었다.

0009

bord

판, 게시판 동 탑승하다

□□□ 중 내신필수

board [bɔːrd]

명 판, 게시판 동 탑승하다

a notice **board**

게시[안내]**판**

0010

bordr

국경[경계]

□□□ 중 내신필수

border [bɔ́ːrdər]

명 국경[경계]

I crossed the **border**.

나는 **국경**을 넘었다.

숙 on board 승선하다, 동의하다

0011

bridg

(건너는) 다리

□□□ 중 내신필수

bridge [bridʒ]

명 (건너는) 다리

We crossed the **bridge** over the river.

우리는 강 위에 놓인 **다리**를 건넜다.

0012

anal

운하

□□□ 상 고등필수

canal [kənǽl]

명 운하

A **canal** is made by digging the ground.

운하는 육지를 파서 만들어진 것이다.

0007 **베**이스 0008 베이 0009 보**얼**-드 0010 **보**어덜 0011 **브**릿지 0012 커**넬**

1분 안에 넘기기

시간 있으면 꼼꼼히 외우기

0013

lean

깨끗한, 청소하다

□□□ 내신필수

clean [kli:n]

㊌ 깨끗한 ㊍ 청소하다

파 unclean 더러운

The water is **clean** and safe to drink.
그 물은 **깨끗**하며 마시는데 안전하다.

0014

clim

오르다[등반하다]

□□□ 내신필수

climb [klaim]

㊍ 오르다[등반하다] 파 climber 등반가

She **climbed** up the stairs.
그녀는 계단을 **올라갔다**.

㊕ climb up and down 오르내리다

0015

ast

해안

□□□ 내신필수

coast [koust]

㊔ 해안

파 coastline 해안 지대

Only the **coastline** is green.
오직 **해안 지대**만 푸르다.

0016

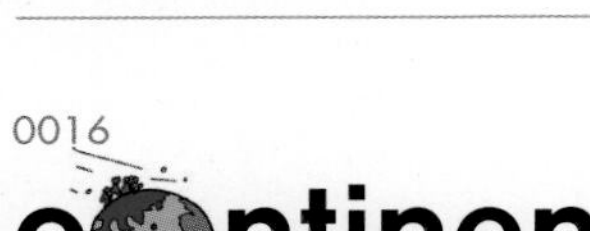

대륙

□□□ 고등필수

continent [kάntənənt]

㊔ 대륙

I visited the **continent** of Africa.
나는 아프리카 **대륙을** 방문했다.

0017

비용(이 ~이다[들다])

□□□ 내신필수

cost [kɔ:st]

㊔ 비용(이 ~이다[들다])

The total **cost** to you is $2,000.
당신께 부과된 총 **비용**은 2000달러입니다.

0018

c untry

나라, 시골

□□□ 내신필수

country [kΛntri]

㊔ 나라, 시골

Which **country** do you want to visit?
당신이 방문하고 싶은 **나라**는 어디입니까?

0013 클린 0014 클라임 0015 코우스트 0016 **컨**티넌트 0017 커스트 0018 **컨**투뤼

1분 안에 넘기기

시간 있으면 꼼꼼히 외우기

0019

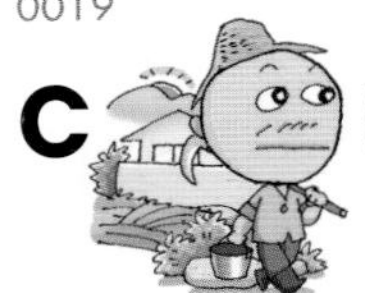

c untryside

시골 지역, 전원 지대

□□□ 중 고등필수

countryside [kʌntrɪsaɪd]

명 시골 지역, 전원 지대

I went to the **countryside** to go skiing.

나는 스키를 타려고 **시골지역**에 갔다.

0020

cr w

승무원

□□□ 상 고등필수

crew [kru:]

명 승무원 팁 집합명사(Collective Noun)

the와 함께 쓰고 항상 복수 취급

The **Crew** are in the cabin.

승무원들은 선실에 있다.

0021

crossw lk

횡단보도

□□□ 상 고등필수

crosswalk [krɔ:swɔ:k]

명 횡단보도

파 cross 건너다, 십자가

Be careful when you cross the **crosswalk**.

횡단보도를 건널 때에는 주의해라.

0022

cr wd

군중, 동 꽉 채우다

□□□ 중 내신필수

crowd [kraud]

명 군중 동 꽉 채우다

I could hear the **crowd** coming in.

나는 **군중**이 몰려드는 소리를 들을 수 있었다.

0023

cr wded

붐비는

□□□ 중 고등필수

crowded [kráudid]

형 붐비는

The shops are **crowded** with people.

그 상점은 사람들로 **붐볐다**.

0024

ustom

관습[풍습]

□□□ 중 내신필수

custom [kΛstəm]

명 관습[풍습]

파 customer 손님, 고객

It is important to know **local customs**.

지방 풍습에 대해 아는것이 중요하다.

0019 **컨**튜뤼싸이드 0020 크루 0021 **크**뤄스웕 0022 **크**롸우드 0023 **크**롸우디드 0024 **커**스텀

○ 1분 안에 넘기기

○ 시간 있으면 꼼꼼히 외우기

0025

danger○us

위험한

□□□ 중 내신필수

dangerous [déindʒərəs]

형 위험한

파 danger 위험

The journey was **dangerous** and lonely.

여행은 **위험**하고 외로웠다.

0026

departur○

출발

□□□ 중 내신필수

departure [dipɑ́:rʧər]

명 출발

the **departure** time

출발 시각

0027

d○stination

목적지, 도착지

□□□ 상 고등필수

destination [dèstənéiʃən]

명 목적지, 도착지

What is the train's **final destination**?

열차의 **종착역**은 어디인가?

0028

dir○ction

방향, 지시

□□□ 중 내신필수

direction [dirékʃən]

명 방향, 지시

You're going in the wrong **direction**.

당신은 잘못된 **방향**으로 가고 있습니다.

0029

dir○ctly

직접, 똑바로

□□□ 중 고등필수

directly [diréktli]

부 직접, 똑바로

파 direct 직접적인

Does this ship sail **directly** to Jeju?

이 배는 제주까지 **곧장** 갑니까?

0030

dist○nce

거리

□□□ 중 내신필수

distance [dístəns]

명 거리

Let's walk a short **distance**.

짧은 **거리**이니 걸어가자.

0025 데인져뤄스 0026 디팔츄얼 0027 데스터네이션 0028 디뤡션 0029 디뤡틀리 0030 디스턴쓰

1분 안에 넘기기

시간 있으면 꼼꼼히 외우기

0031

d  stant

먼, (멀리)떨어져 있는

□□□ 중 내신필수

distant [dístənt]

형 먼, (멀리)떨어져 있는

We can now see **distant** stars.

우리는 이제 **먼 곳**에 있는 별들을 볼 수 있다.

0032

doubl 

두 배(의),
2인용의, 이중의

□□□ 중 내신필수

double [dʌbl]

형 두 배(의), 2인용의, 이중의

Do you want a **double** room?

2인용으로 하시겠습니까?

0033

d  wntown

시내에[로] 형 시내의

□□□ 상 내신필수

downtown [daʊntaʊn]

부 시내에[로] 형 시내의

The office is on a **downtown** street .

그 사무실은 **시내 중심**가에 있다.

0034

 veryday

매일의[일상의]

□□□ 상 내신필수

everyday [évridei]

형 매일의[일상의]

The sun sets **everyday**.

해는 **날마다** 진다.

숙 all day 온종일

0035

 verywhere

모든 곳에, 어디나

□□□ 중 내신필수

everywhere [évrihwεər]

부 모든 곳에, 어디나

Actually you can buy it **everywhere**.

실제로 당신은 **어느 곳에서나** 그것을 살 수 있다.

0036

exch  ge

교환(하다)

□□□ 중 내신필수

exchange [ikstʃéindʒ]

명 동 교환(하다)

I'll **exchange** them for you.

당신을 위해 그것들을 **바꿔** 드리죠.

0031 디스턴트 0032 더블 0033 다운타운 0034 에브뤼데이 0035 에브뤼웨얼 0036 익쓰췌인지

1분 안에 넘기기

시간 있으면 꼼꼼히 외우기

0037

exp rience

경험(하다)

□□□ 중 내신필수

experience [ikspíəriəns]

명동 경험(하다)

We have many **experiences.**

우리는 많은 **경험을** 한다.

0038

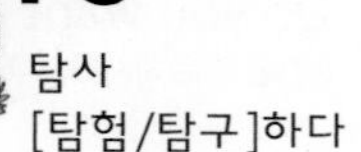

expl re

탐사
[탐험/탐구]하다

□□□ 중 내신필수

explore [ikspló:r]

동 탐사[탐험/탐구]하다

Let's **explore** a cave.

동굴을 **탐사**하자.

0039

fi ld

들판, 경기장, 분야

□□□ 중 내신필수

field [fi:ld]

명 들판, 경기장, 분야

They were working in the **fields.**

그들은 **들판**에서 일하고 있었다.

0040

fl ght

항공편, (비행기)여행, 비행

□□□ 중 내신필수

flight [flait]

명 항공편, (비행기)여행, 비행

FLIGHT DATE TIME

비행 날짜 시간

0041

fl at

뜨다[띄우다], 떠다니다

□□□ 중 내신필수

float [flout]

동 뜨다[띄우다], 떠다니다

Everything in space **floats.**

우주에 있는 모든 것은 **떠다닌다.**

0042

for gn

외국의

□□□ 중 내신필수

foreign [fɔ́:rən]

형 외국의

파 foreigner 외국인

He journeyed to a **foreign land.**

그는 **외국**으로 여행을 갔다.

0037 익쓰**피**어리언스 0038 익쓰**플**포얼 0039 퓔-드 0040 플라잍 0041 플로읕 0042 **풔**-인

1분 안에 넘기기

시간 있으면 꼼꼼히 외우기

0043

forst

숲

□□□ 중 내신필수

forest [fɔ́:rist]

명 숲

I found a hut in the **forest**.

나는 **숲**에서 오두막을 발견했다.

0044

fre

자유로운, 무료의,
동 석방[해방]하다

□□□ 하 내신필수

free [fri:]

형 자유로운, 무료의 동 석방[해방]하다

파 freedom 자유

I'm **free** today. 난 오늘 **한가**해요.

숙 **be free to** + 동사 : 마음대로 ~해도 좋다

0045

guid

안내(인)
동 안내하다

□□□ 중 내신필수

guide [gaid]

명 안내(인) 동 안내하다

She is a **guide**.

그녀는 여행 **안내자**이다.

0046

harbr

항구

□□□ 중 내신필수

harbor [hɑ́:rbər]

명 항구

The boats are in the **harbor**.

배들이 **항구**에 있다.

0047

heritge

유산

□□□ 상 고등필수

heritage [héritidʒ]

명 유산

World **Heritage** Site

세계 문화**유산** 보호지역

0048

hik

도보 여행(을 하다)

□□□ 상 내신필수

hike [haik]

명동 도보 여행(을 하다)

We'll go **hiking** this weekend.

우리는 이번 주말에 **도보여행**을 갈 것이다.

0043 **포**레스트 0044 프리 0045 가이드 0046 **할**벌 0047 **헤**뤼티지 0048 하이크

○ 1분 안에 넘기기

○ 시간 있으면 꼼꼼히 외우기

0049

holy 신성한[성스러운]

□□□ 중 고등필수

holy [hóuli]

형 신성한[성스러운]

holy ground

성지

0050

horizon

수평선[지평선]

□□□ 상 고등필수

horizon [həráizn]

명 수평선[지평선]

The sun sank below the **horizon.**

해가 **수평선** 아래로 졌다.

0051

island

섬

□□□ 중 내신필수

island [áilənd]

명 섬

Greenland is the largest **island** in the world.

그린란드는 세계에서 가장 큰 **섬**이다.

0052

item

항목[품목]

□□□ 중 고등필수

item [áitəm]

명 항목[품목]

Please check the box for the following **items.**

다음 **항목들**을 위해 상자를 확인해 주세요.

0053

jam

(먹는)잼, 막힘[혼잡]

□□□ 하 내신필수

jam [dʒæm]

명 (먹는)잼, 막힘[혼잡]

strawberry **jam**

딸기**잼**

0054

journey

여행

□□□ 중 내신필수

journey [dʒə́:rni]

명 여행

They went on a long train **journey.**

그들은 장거리 기차 **여행**을 떠났다

0049 **호**울리 0050 허**롸**이즌 0051 **아**일런드 0052 **아**이덤 0053 재앰 0054 **줘**-어니

○ 1분 안에 넘기기

○ 시간 있으면 꼼꼼히 외우기

0055

landsc ape

풍경(화)

□□□ 중 고등필수

landscape [lændskeip]

명 풍경(화)

landscape of the area

그 지역의 **풍경**

0056

le an

기울다, 기대다

형 호리호리한

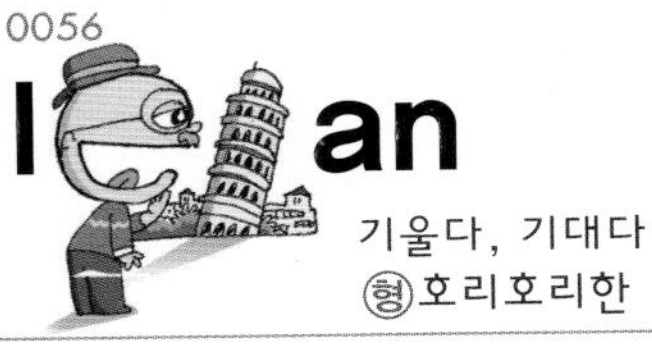

□□□ 중 고등필수

lean [li:n]

동 기울다, 기대다 형 호리호리한

The tower is **leaning** dangerously.

그 탑은 위험하게 **기울어져** 있다.

0057

leisure

여가[레저]

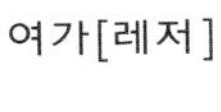

□□□ 상 고등필수

leisure [lí:ʒər]

명 여가[레저]

They enjoy **leisure** by the sea.

그 사람들은 해변에서 **여가**를 즐긴다.

0058

liberty

자유

□□□ 중 고등필수

liberty [líbərti]

명 자유

I have **liberty**.

나는 **자유**를 가지고 있다

0059

local

지역[지방]의

□□□ 중 내신필수

local [lóukəl]

형 지역[지방]의

It is important to learn the **local** customs.

그 **지역**의 관습을 배우는 것이 중요하다.

0060

location

장소[위치]

□□□ 중 내신필수

location [loukéiʃən]

명 장소[위치]

파 locate ~의 정확한 위치를 찾아내다

We can find a **location** with a smart phone.

우리는 스마트폰으로 **위치**를 찾을 수 있다.

0055 **랜**스케잎 0056 린- 0057 **리**-졀 0058 **리**벌디 0059 **로**우클 0060 로**케**이션

1분 안에 넘기기

시간 있으면 꼼꼼히 외우기

0061

m p

지도

□□□ 하 내신필수

map [mæp]

명 지도

Can I have a city **map**?

시내 **지도** 한 장 주시겠습니까?

0062

m rk

표시(하다), 부호, 자국

□□□ 중 내신필수

mark [ma:rk]

명동 표시(하다), 부호, 자국

Mark the date!

날짜를 **표시해라**!

0063

minut

분, 잠깐[순간]

□□□ 하 내신필수

minute [mínit]

명 분, 잠깐[순간]

I enjoyed 30 **minutes** at the top.

나는 30**분**간 정상에서 즐겼다.

숙 every few minutes 2, 3분마다 in less then a minute 순식간에

0064

n rrow

좁은

□□□ 중 고등필수

narrow [nǽrou]

형 좁은

The roads are **narrow** and winding.

도로들이 **좁고** 구불구불해요.

0065

n arby

가까운 부 가까이에(서)

□□□ 중 내신필수

nearby [nìərbái]

형 가까운 부 가까이에(서)

She went hiking to the **nearby** mountain.

그녀는 **가까운** 산으로 도보여행을 갔다.

0066

outdo r

야외의

□□□ 중 고등필수

outdoor [óut·dɔ̀ːr]

형 야외의

You can do it **outdoors**.

당신은 **실외에서** 그것을 할 수 있다.

0061 맵 0062 말-크 0063 미닡 0064 네뤄우 0065 니얼바이 0066 아웃도얼

○ 1분 안에 넘기기

○ 시간 있으면 꼼꼼히 외우기

0067

uter

밖[외부]의

□□□ 중 고등필수

outer [áutər]

형 밖[외부]의

I want to go to **outer space**.

나는 **우주 공간**으로 가고 싶다.

0068

utside

밖에[으로], 외부의, 바깥쪽

□□□ 중 내신필수

outside [áutsáid]

형 밖에[으로], 외부의, 바깥쪽

I went **outside**.

나는 **밖으로** 나갔다.

0069

verseas

해외로[에], 해외의

□□□ 상 고등필수

overseas [oʊvərsi:z]

형 해외로[에], 해외의

overseas students

외국 유학생

0070

p ck

(짐을)싸다, 꾸러미[묶음]

□□□ 중 내신필수

pack [pæk]

동 (짐을)싸다, 꾸러미[묶음]

I **packed** my things into a bundle.

나는 보따리에 내 물건들을 **꾸렸다**.

0071

packag

소포[꾸러미]

동 포장하다

□□□ 중 고등필수

package [pækidʒ]

명 소포[꾸러미] 동 포장하다

I have to mail this **package**.

저는 이 **소포**를 우편으로 보내야 되요.

0072

passeng r

승객

□□□ 중 고등필수

passenger [pǽsəndʒər]

명 승객

Train **passengers** can relax.

기차 **승객들**은 쉴 수 있다.

0067 아우럴 0068 아웃싸인 0069 오벌씨즈 0070 팩 0071 패키쥐 0072 패슨절

1분 안에 넘기기

시간 있으면 꼼꼼히 외우기

0073

passport

여권

□□□ 중 내신필수

passport [pǽspɔːrt]

명 여권

May I see your ticket and **passport**?

항공권과 **여권** 좀 보여 주시겠습니까?

0074

path

(좁은)길, 오솔길

□□□ 중 내신필수

path [pæθ]

명 (좁은)길, 오솔길

The **path** winds through the trees.

오솔길이 나무 사이로 꼬불꼬불 나 있다.

0075

photo

사진

□□□ 하 내신필수

photo [fóutou]

명 사진

파 photograph 사진

Let's take a **photo**!

사진 찍자!

0076

place

장소

동 두다[놓다]

□□□ 하 내신필수

place [pleis]

명 장소 동 두다[놓다]

What wonderful **places** our wetlands are!

우리의 습지대는 얼마나 훌륭한 **곳들**인가!

0077

pool

수영장, 웅덩이

□□□ 중 내신필수

pool [puːl]

명 수영장, 웅덩이

Shall we swim in the **pool**?

수영장에서 수영할래요?

0078

port

항구(도시)

□□□ 중 내신필수

port [pɔːrt]

명 항구(도시)

I was at the **port**.

나는 **항구**에 있었다.

0073 패스폴트 0074 팻뜨 0075 포우토우 0076 플레이스 0077 풀- 0078 폴트

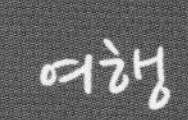

1분 안에 넘기기

시간 있으면 꼼꼼히 외우기

0079

portabl

휴대용의

□□□ 상 고등필수

portable [pɔ́:rtəbl]

형 휴대용의

Handguns are small and **portable**.

권총은 작고 **휴대 가능**하다.

0080

prim ry

주된, 주요한, 초기의

□□□ 중 고등필수

primary [práimeri]

형 주된, 주요한, 초기의

Travelers have relied on **primary** methods.

여행자들은 **주된** 방법들에 의존해왔다.

0081

rang

범위

□□□ 중 고등필수

range [reindʒ]

명 범위

The hotel offers a **wide range** of facilities.

그 호텔에서는 **다양한** 시설들을 제공합니다.

0082

r ach

이르다[도착하다]

□□□ 하 내신필수

reach [ri:ʧ]

동 이르다[도착하다]

Take food from within **reach**.

닿을 수 있는 곳에서 음식을 가져오세요.

0083

r ght

옳은, 오른쪽(의), 바로 명 권리

□□□ 하 내신필수

right [rait]

형 옳은, 오른쪽(의), 바로 명 권리

We went **right** up to the top.

우리는 꼭대기로 **바로** 올라갔다.

숙 right now 지금 당장

0084

ri k

위험

□□□ 중 내신필수

risk [risk]

명 위험

파 risky 위험한

If you go there you have to endure **risk**.

그곳에 가려면 **위험**을 감수해야 한다.

0079 **포**러블 0080 **프**라이메뤼 0081 뤠인지 0082 뤼-치 0083 롸이트 0084 뤼스크

○ 1분 안에 넘기기

○ 시간 있으면 꼼꼼히 외우기

0085

romanti
낭만적인

□□□ 중 고등필수

romantic [rouméntik]

형 낭만적인

a **romantic** dinner
낭만적인 저녁식사

0086

r und
둥근, 왕복의, 라운드

□□□ 중 내신필수

round [raund]

형 둥근, 왕복의, 라운드

I'll take a **round**-trip ticket.
왕복으로 하나 주세요.

숙 all the year round 일 년 내내

0087

rute
길[노선]

□□□ 중 내신필수

route [ru:tt]

명 길[노선]

This is the quickest **route**.
이것이 가장 빠른 **길**이다.

0088

ruh
서두르다 명돌진

□□□ 중 내신필수

rush [rʌʃ]

동 서두르다 명 돌진

Rush hour traffic
혼잡시(時)의 교통

0089

sil
항해하다 명돛

□□□ 중 내신필수

sail [seil]

동 항해하다 명 돛

I'd **sail** around the world.
난 온 세계를 **항해**하겠어.

0090

senery
경치[풍경]

□□□ 상 내신필수

scenery [síːnəri]

명 경치[풍경]

This place is famous for **scenery**.
이 곳은 **경치**로 유명하다.

0085 뤄우**맨**틱 0086 롸운드 0087 룻트 0088 뤄쉬 0089 쎄일 0090 **씨**-너뤼

1분 안에 넘기기

시간 있으면 꼼꼼히 외우기

0091

schedul

일정[시간표] 동 예정이다

□□□ 중 내신필수

schedule [skédʒu:l]

명 일정[시간표] 동 예정이다

a train **schedule**
기차 **운행 시간표**

0092

sculptur

조각(품)

□□□ 상 내신필수

sculpture [skΛlptʃər]

명 조각(품)

marble **sculpture**
대리석 **조각품**

0093

sh ll

(단단한) 껍질, 조가비

□□□ 중 고등필수

shell [ʃel]

명 (단단한) 껍질, 조가비

I collected **shells** on the beach.
나는 해변에서 **조개껍데기**를 모았다.

0094

sh re

물가[해안/호숫가]

□□□ 상 고등필수

shore [ʃɔ:r]

명 물가[해안/호숫가]

I lived near the **shore**.
나는 **해안** 가까이 살았어요.

0095

sightseeing

관광

□□□ 상 내신필수

sightseeing [sáitsì:iŋ]

명 관광

We just want to do some **sightseeing**.
그냥 **관광** 좀 하려구요.

0096

s gn

표지판, 신호(하다), 서명하다

□□□ 중 내신필수

sign [sain]

명 표지판, 신호(하다) 동 서명하다

파 signal 신호(를 보내다)

Sign here, please.
여기에 **서명**하세요.

0091 스께쥬얼 0092 스껄프쳘 0093 셸 0094 쇼얼 0095 싸잇-씨잉 0096 싸인

○ 1분 안에 넘기기

○ 시간 있으면 꼼꼼히 외우기

0097

singl

단 하나의,
독신의, 1인용의

□□□ 중 내신필수

single [síŋgl]

형 단 하나의, 독신의, 1인용의

I'd like a **single** room.

1인용 객실로 주세요.

0098

sit

장소, 현장, 웹사이트

□□□ 중 내신필수

site [sait]

명 장소, 현장, 웹사이트

At the **site**, he found a link.

그 **사이트**에서 그는 링크를 찾아냈다.

0099

situati  n

상황

□□□ 중 내신필수

situation [sìtʃuéiʃən]

명 상황

surprising **situation**

놀란 **상황**

0100

skys  raper

마천루,
초고층 건물

□□□ 상 고등필수

skyscraper [skáiskrèipər]

명 마천루, 초고층 건물

New York is famous for its **skyscrapers**.

뉴욕은 **고층빌딩**으로 유명하다.

0101

s  mewhere

어딘가에[로]

□□□ 중 내신필수

somewhere [sʌmhwɛər]

부 어딘가에[로]

I've seen her **somewhere** before.

내가 그녀를 전에 **어디에선가** 본 적이 있다.

0102

s  uthern

남쪽의

□□□ 중 내신필수

southern [sʌðərn]

형 남쪽의

southern Spain

스페인 **남부**

0097 씽글 0098 싸이트 0099 씨츄에이션 0100 스카이스크뤠펄 0101 썸웨얼 0102 써던

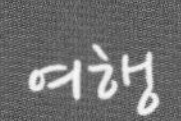

○ 1분 안에 넘기기

○ 시간 있으면 꼼꼼히 외우기

0103

sp nd

(시간/돈을) 쓰다

□□□ 중 내신필수

spend [spend]

동 (시간/돈을) 쓰다

How do you **spend** your free time?

여가시간을 어떻게 **보냅니까**?

0104

sp t

장소[지점], (반)점[얼룩]

□□□ 중 고등필수

spot [spat]

명 장소[지점], (반)점[얼룩]

the highest **spot**

가장 높은 **지점**

0105

stat on

(기차)역

□□□ 중 내신필수

station [stéiʃən]

명 (기차)역

I get off at the next **station**.

저는 다음 **역**에서 내려요.

0106

st tue

조각상

□□□ 중 내신필수

statue [stǽtʃuː]

명 조각상

There is a **statue** in the park.

그 공원에는 **동상**이 하나 있다.

0107

st y

머무르다, 견디어내다, 정지하다, 따라오다

□□□ 중 내신필수

stay [stei]

동 머무르다, 견디어내다, 정지하다, 따라오다

Stay awake!

정신 차려!

숙 stay in bed 자리에 누워 있다

0108

st ep

가파른. 비탈진

□□□ 중 고등필수

steep [stiːp]

형 가파른. 비탈진

steep hill

비탈진 언덕

0103 스팬드 0104 스팟 0105 스테이션 0106 스테츄 0107 스테이 0108 스팁

1분 안에 넘기기

시간 있으면 꼼꼼히 외우기

0109

st  p

걸음(을 옮기다), 단계, 계단

□□□ 중 내신필수

step [step]

명 걸음(을 옮기다), 단계, 계단

She took a **step** towards the door.

그녀가 문을 향해 **걸음**을 떼었다.

0110

sti  k

나뭇가지, 막대

동 붙(이)다, 찌르다

□□□ 중 내신필수

stick [stik]

명 나뭇가지, 막대 동 붙(이)다, 찌르다

Try using a walking **stick**.

지팡이를 사용하세요.

0111

stin 

쏘다, 찌르다

□□□ 중 내신필수

sting [stiŋ]

동 쏘다, 찌르다

The bee **stung** her nose.

벌이 그녀의 코를 **쏘았다**.

0112

 urf

파도타기를 하다

□□□ 상 고등필수

surf [səːrf]

동 파도타기를 하다

She **surfed** the internet.

그녀는 인터넷 **서핑(검색)을 했다**.

0113

surviv

살아남다

□□□ 중 내신필수

survive [sərváiv]

동 살아남다

파 survival 생존

They need water to **survive**.

그들은 **살아남기** 위해 물이 필요하다.

0114

templ 

사원[절]

□□□ 중 내신필수

temple [témpl]

명 사원[절]

There is a **temple** in the mountain.

산속에 **절**이 하나 있다.

0109 스텝 0110 스틱 0111 스팅 0112 썰프 0113 썰바이브 0114 템플

1분 안에 넘기기

시간 있으면 꼼꼼히 외우기

0115

끔찍한[지독한]

□□□ 중 내신필수

terrible [térəbl]

형 끔찍한[지독한]

A **terrible** wind blows over the tundra.

무서운 바람이 툰드라에 분다.

0116

여행, 관광[순회](하다)

□□□ 초 내신필수

tour [tuər]

명동 여행, 관광[순회](하다)

I'd love to do a world **tour**.

나는 세계**여행**을 하고 싶다.

0117

관광객

□□□ 중 내신필수

tourist [túərist]

명 관광객

Many **tourists** enjoy k-pop culture.

많은 **관광객**들이 한류 문화를 즐긴다.

0118

traditi n

전통

□□□ 중 고등필수

tradition [trədíʃən]

명 전통

파 traditional 전통의 traditionally 전통적으로

This is an old **tradition**.

이것은 오래된 **전통**이다.

0119

교통(량)

□□□ 중 내신필수

traffic [trǽfik]

명 교통(량)

a **traffic** jam

교통 체증

0120

rtation

운송, 교통수단

□□□ 중 고등필수

transportation [trænspərtéiʃən]

명 운송, 교통수단

public **transportation**

대중**교통**

0115 **테**뤄블 0116 투얼 0117 **투**얼이스트 0118 트뤄**디**션 0119 **트**뢔픽 0120 트뢘스폴**테**이션

1분 안에 넘기기

시간 있으면 꼼꼼히 외우기

0121
travel r
여행자, 나그네

□□□ 상 고등필수
traveler [trǽvələr]
명 여행자, 나그네
파 travel 여행(하다)
Two **travelers** walked along the seashore.
두 **여행자**는 해변을 따라 걸었다.

0122
tr p
여행

□□□ 하 내신필수
trip [trip]
명 여행
Learning can happen when you take a **trip**.
여행을 가서도 배움은 일어날 수 있다.

0123
tu n
돌(리)다, 바뀌다 명 차례, 회전

□□□ 중 내신필수
turn [təːrn]
동 돌(리)다, 바뀌다 명 차례, 회전
Turn right at the corner.
모퉁이에서 오른쪽으로 **돌아**.
숙 turn off (라디오, 전등 따위를) 끄다 turn on (라디오 따위를) 켜다

0124
valle

골짜기[계곡]

□□□ 중 고등필수
valley [vǽli]
명 골짜기[계곡]
wooded **valley**
나무가 우거진 **계곡**

0125
villag

마을

□□□ 중 내신필수
village [vílidʒ]
명 마을
파 villager (시골) 마을 사람
He returned to the **village**.
그는 **마을**로 돌아왔다.

0126
w rm
따뜻한 동 따뜻하게 하다

□□□ 중 내신필수
warm [wɔːrm]
형 따뜻한 동 따뜻하게 하다
파 warmth 온기
these **warm** and sunny days
이런 **따뜻하고** 햇빛이 나는 날들

0121 트뤠블럴 0122 트륍 0123 터언 0124 뷀리 0125 뷜리지 0126 워엄

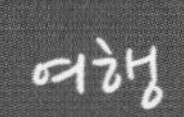

1분 안에 넘기기

시간 있으면 꼼꼼히 외우기

0127

서쪽의, 서양의

□□□ 중 고등필수

western [wéstərn]

형 서쪽의, 서양의

western Asia

서아시아

0128

wid

넓은
부 활짝

□□□ 중 내신필수

wide [waid]

형 넓은 부 활짝

파 widely 폭넓게

They open their mouths **wide**.

그들은 입을 **크게** 벌립니다.

0129

wil

야생의

□□□ 중 내신필수

wild [waild]

형 야생의

파 wildlife 야생 생물

Wild places can be dangerous.

야생의 장소는 위험할 수 있습니다.

0130

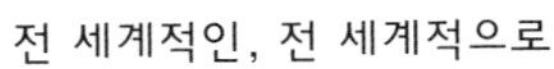

□□□ 상 고등필수

worldwide [wórld·wíde]

형 전 세계적인, 전 세계적으로

It is a **worldwide** problem.

그것은 **전 세계적인** 문제이다.

0131

지역[구역]

□□□ 중 내신필수

zone [zoun]

명 지역[구역] 팁 Ozone 오존

earthquake **zone**

지진 **지역**

0132

동물원

□□□ 중 내신필수

zoo [zuː]

명 동물원

파 zoologist 동물학자

I really enjoyed going to the **zoo**.

나는 **동물원**에 가는 것을 정말 좋아했다.

0127 **웨**스턴 0128 와이드 0129 와일드 0130 **월**드와이드 0131 죤- 0132 주-

Chapter 1 복습문제

A 우리말에 대응하는 영어 써보기

01. 대륙
02. 경험(하다)
03. 항공편, 비행
04. 외국의
05. 항구
06. 가까운
07. 장소[위치]
08. 소포[꾸러미]
09. 서두르다, 돌진
10. 여행자, 나그네

B 빈칸에 단어 넣어보기

11. 지방 **풍습** local ______s
12. **출발** 시각 the ______ time
13. 짧은 **거리** a short ________
14. 기차 **여행** train ___________
15. 유학생 ________ students
16. 놀란 **상황** surprising ________
17. **비탈진** 언덕 ______ hill
18. 정신 차려! _______ awake!
19. **무서운** 바람 a ______ wind
20. 오래된 **전통** an old _______

C 문맥에 맞는 단어 골라 쓰기

보기 | cost explore directly border float

21. The total _______ to you is $2,000. 당신께 부과된 총 **비용**은 2000달러입니다.
22. I crossed the _______. 나는 **국경**을 넘었다.
23. Does this ship sail _______ to Jeju? 이 배는 제주까지 **곧장** 갑니까?
24. Let's _______ a cave. 동굴을 **탐사**하자.
25. Everything in space _______s. 우주에 있는 모든 것은 **떠다닌다**.

정답 | **A** 앞면참조 **B** 11 custom 12 departure 13 distance 14 journey 15 overseas 16 situation 17 steep 18 Stay 19 terrible 20 tradition **C** 21 cost 22 border 23 directly 24 explore 25 float

20점 넘기기

Chapter 2

Nature and Science

자연과 과학

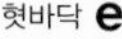

입벌린 c　머리묶은 a　동글이 o　목떨어진 i

- Scientific Fields (과학 분야)
- Organic Materials (생명체와 연관된 유기물질)
- Instruments and Ingredients (도구와 재료)
- Processes (과정)
- Associated Words (연관된 단어들)

○ 1분 안에 넘기기

○ 시간 있으면 꼼꼼히 외우기

0133

a  id

산 ⓗ산(성)의

□□□ 중 고등필수

acid [ǽsid]

ⓜ산 ⓗ산(성)의

Later they become **acid** rain.

나중에 그들은 **산성**비가 된다.

0134

 pply

지원하다, 적용하다

□□□ 중 내신필수

apply [əplái]

ⓓ 지원하다, 적용하다

The technology was **applied** to farming.

그 기술이 농사에 **적용**되었다.

0135

ar  a

지역, 분야, 면적

□□□ 중 내신필수

area [ɛ́əriə]

ⓜ 지역, 분야, 면적

Deserts are very dry **areas**.

사막은 매우 건조한 **지역**이다.

0136

ar  und

주위에

□□□ 중 내신필수

around [əráund]

ⓑ 주위에

The robot went **around** the world.

로봇이 지구 **주위**를 돌았다.

ⓢ all around 도처에 show around 안내하다

0137

atm  sphere

대기, 분위기

□□□ 상 고등필수

atmosphere [ǽtməsfiər]

ⓜ 대기, 분위기

pollution of the **atmosphere**

대기 오염

0138

 utumn

가을

□□□ 중 내신필수

autumn [ɔ́:təm]

ⓜ 가을

Autumn is a great season to travel.

가을은 여행하기에 좋은 계절이다.

헛바닥 e

입벌린 c

머리묶은 a

동글이 o

목떨어진 i

0133 **에**씨드 0134 어**플**라이 0135 **에**어리어 0136 어**라**운드 0137 **앳**모스퓌얼 0138 **어**텀

1분 안에 넘기기

시간 있으면 꼼꼼히 외우기

0139

brk

짖다 명나무껍질

□□□ 중 내신필수

bark [ba:rk]

동 짖다 명 나무껍질

Some dogs **bark** loudly.

어떤 개는 큰 소리로 **짖는다**.

0140

be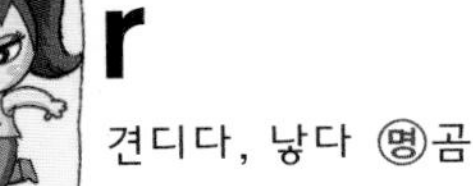r

견디다, 낳다 명곰

□□□ 하 내신필수

bear [bɛər]

동 견디다, 낳다 명 곰

I am **bearing** it now.

나는 지금 **참고** 있다.

0141

b ast

짐승[야수]

□□□ 중 내신필수

beast [bi:st]

명 짐승[야수]

The **beast** was very dangerous.

그 **짐승**은 매우 위험했다.

0142

be

벌

□□□ 중 내신필수

bee [bi:]

명 벌

파 beehive 벌집

Bees are buzzing.

벌들이 윙윙거리고 있다.

0143

bnefit

혜택

동이득(을 주다[얻다])

□□□ 중 고등필수

benefit [bénəfit]

명 혜택 동 이득(을 주다[얻다])

benefits of medicine

의학의 **혜택**

0144

ird

새

□□□ 하 

bird [bə:rd]

명 새

Birds wake up and start singing.

새들은 일어나서 노래 부르기 시작한다.

0139 발-크 0140 베얼 0141 비스트 0142 비- 0143 **베**너핏 0144 벌-드

○ 1분 안에 넘기기

○ 시간 있으면 꼼꼼히 외우기

0145

irth
출생

□□□ 중 내신필수

birth [bəːrθ]

명 출생

I watched the **birth** of my son.
저는 제 아들이 **태어나는** 걸 지켜봤습니다.

숙 give birth to (아기를) 낳다

0146

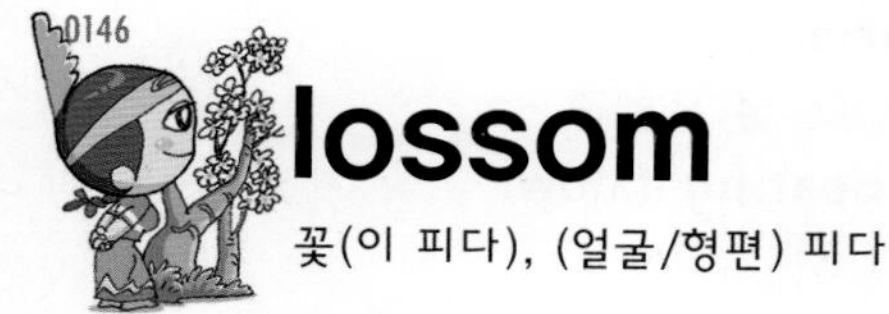

lossom
꽃(이 피다), (얼굴/형편) 피다

□□□ 상 내신필수

blossom [blάsəm]

동 꽃(이 피다), (얼굴/형편) 피다 유 bloom 꽃

The trees are in **blossom**.
나무들에 **꽃이 피었다**.

0147

bl w
(바람이) 불다 명 강타[타격]

□□□ 중 내신필수

blow [blou]

동 (바람이) 불다 명 강타[타격] 동 blow-blew-blow

The bad smell will **blow** across.
나쁜 냄새는 가로질러 **불** 것이다.

0148

one
뼈

□□□ 중 내신필수

bone [boun]

명 뼈

파 backbone 척추, 등뼈

Fish have a lot of **bones**.
생선은 **뼈**가 많다.

0149

bottl
병

□□□ 중 내신필수

bottle [bάtl]

명 병

I happened to find a **bottle** of water.
나는 물 한 **병**을 찾게 되었다.

0150

br nch
나뭇가지, 지사[지점]

□□□ 중 내신필수

branch [bræntʃ]

명 나뭇가지, 지사[지점]

The elves find a long **branch**.
요정들은 기다란 **나뭇가지**를 찾아요.

0145 버얼뜨 0146 **블**러썸 0147 블로우 0148 보-온 0149 **바**-를 0150 브뤤치

1분 안에 넘기기

시간 있으면 꼼꼼히 외우기

0151

breez

산들바람[미풍]

□□□ 상 고등필수

breeze [bri:z]

명 산들바람[미풍]

A light **breeze** was blowing.

가벼운 **미풍**이 불고 있었다.

0152

right

빛나는[밝은], 똑똑한

□□□ 중 내신필수

bright [brait]

형 빛나는[밝은], 똑똑한

파 brightness 빛남

bright sunshine

눈부신 햇살

0153

br lliant

눈부신, 뛰어난, 멋진

□□□ 중 고등필수

brilliant [bríljənt]

형 눈부신, 뛰어난, 멋진

Archimedes was a **brilliant** scientist.

아르키메데스는 **뛰어난** 과학자였다.

0154

road

넓은

□□□ 중 내신필수

broad [brɔ:d]

형 넓은

a **broad** river

넓은 강

0155

ug

작은 곤충, (컴퓨터) 오류

□□□ 상 내신필수

bug [bʌg]

명 작은 곤충, (컴퓨터) 오류

Bugs are everywhere.

곤충들은 어디든지 다 있다.

0156

urn

(불)타다[태우다]

□□□ 중 내신필수

burn [bə:rn]

동 (불)타다[태우다]

I was **burnt** by the hot sun.

나는 뜨거운 햇볕에 **그을렸다**.

0151 브**뤼**즈 0152 브롸이트 0153 **브**륄리언트 0154 **브**뤄-드 0155 버그 0156 버언

○ 1분 안에 넘기기

○ 시간 있으면 꼼꼼히 외우기

0157

c ge

새장[우리]

□□□ 상 내신필수

cage [keidʒ]

명 새장[우리]

The bird escaped from its **cage**.

그 새가 **새장**에서 도망쳤다.

0158

cav

동굴

□□□ 상 내신필수

cave [keiv]

명 동굴

mouth of the **cave**

동굴 입구

0159

ertain

확신하는[확실한], 어떤

□□□ 중 내신필수

certain [sə́ːrtn]

형 확신하는[확실한], 어떤

파 certainly 틀림없이

They eat **certain** plants.

그들은 **어떤** 식물들을 먹는다.

0160

ch mical

명 화학 물질 형 화학의

□□□ 중 고등필수

chemical [kémikəl]

명 화학 물질 형 화학의

Some **chemicals** help protect your body.

몇몇 **화학 물질들은** 당신의 신체를 보호하는데 돕는다.

0161

ch mistry

화학

□□□ 중 고등필수

chemistry [kéməstri]

명 화학

We do experiments in **chemistry** class.

우리는 **화학** 시간에 실험을 한다.

0162

ch w

씹다

□□□ 중 내신필수

chew [ʧuː]

동 씹다

He loves to **chew** on bones.

그는 뼈 **씹는** 것을 좋아한다.

0157 **캐**이-쥐　0158 **캐**이-브　0159 **썰**튼　0160 **케**미컬　0161 **케**미슈트뤼　0162 츄-

○ 1분 안에 넘기기

○ 시간 있으면 꼼꼼히 외우기

0163

□□□ 중 내신필수

climate [kláimit]

명 기후

Trees grow well in this **climate**.
나무들은 이 **기후**에서 잘 자란다.

0164

□□□ 상 내신필수

close [klouz]

동 닫다 형 가까운 파 closer 닫는 것

They are the **closest** relative to humans.
그들은 인간과 가장 **가까운** 종이다.

숙 close to : ~에 가까이

0165

□□□ 중 내신필수

cloudy [kláudi]

형 흐린

파 cloud 구름

cloudy day
흐린 날

0166

□□□ 중 고등필수

coal [koul]

명 석탄

Our electricity comes from the use of **coal**.
우리의 전력은 **석탄**의 사용으로 얻어진다.

0167

□□□ 중 내신필수

cold [kould]

형 추운, 차가운 명 감기

If it gets **cold** muscles tighten.
만일 **추워**지면 근육들은 조여든다.

0168

□□□ 상 내신필수

colorful [kʌlərfəl]

형 다채로운[화려한]

colorful costumes
색채가 풍부한 의상

0163 클라이밑 0164 클로우스 0165 클라우디 0166 코울 0167 코울드 0168 컬러풀

○ 1분 안에 넘기기

○ 시간 있으면 꼼꼼히 외우기

0169

onsist
(부분 · 요소로)되어[이루어져] 있다

□□□ 중 내신필수

consist [kənsíst]

동 (부분·요소로)되어[이루어져] 있다

Living things **consist of** cells.
생물은 세포로 **이루어진다**.

0170

contr st
대조[차이]
동대조하다

□□□ 중 고등필수

contrast [kəntrǽst]

명 대조[차이] 동 대조하다

Red makes a **contrast** with green.
빨강은 초록과 **대조**를 이룬다.

0171

ntrol
지배[통제]하다

□□□ 중 내신필수

control [kəntróul]

명동 지배[통제]하다

Machines need to be **controlled**.
기계들은 **조종될** 필요가 있다.

0172

ool
시원한 동식다[식히다]

□□□ 하 내신필수

cool [ku:l]

형 시원한 동 식다[식히다]

a **cool** drink
시원한 음료수

0173

c tton
목화, 면직물

□□□ 중 고등필수

cotton [kάtn]

명 목화, 면직물

He wears a **cotton** shirt.
그는 **면** 셔츠를 입고 있다.

0174

rack
갈라지다, (금)이 가다

□□□ 중 고등필수

crack [kræk]

동명 갈라지다, (금)이 가다

He **cracked** a rib.
그는 갈비뼈에 **금이 갔다**.

0169 컨**씨**스트 0170 **컨**트뤠스트 0171 컨트**뤄**얼 0172 쿠울 0173 **칼**은 0174 크뤡

○ 1분 안에 넘기기

○ 시간 있으면 꼼꼼히 외우기

0175

cr  ature
동물, 생명체

□□□ 중 고등필수

creature [kríːʧər]

명 동물, 생명체

He is a cruel **creature**.
그것은 잔인한 **생명체**이다.

0176

rop
농작물, 수확량

□□□ 중 고등필수

crop [krap]

명 농작물, 수확량

Their **crops** taste better now.
그들의 **작물들은** 지금 더 맛있다.

0177

 urrent
현재의, 지금의 명흐름

□□□ 중 고등필수

current [kə́ːrənt]

형 현재의, 지금의 명 흐름

파 recurrent 되풀이되는

current price
현재 물가

0178

 ark
어두운, 어둠

□□□ 중 내신필수

dark [daːrk]

명 어두운, 어둠

파 darkly 험악하게 darkness 어둠

It was a **dark** and rainy night.
그때는 **어둡고** 비 오는 밤이었다.

0179

d  te
날짜, 데이트

□□□ 중 내신필수

date [deit]

명 날짜, 데이트

Mark the **date**!
날짜에 표시하세요!

0180

d   wn
새벽

□□□ 중 고등필수

dawn [dɔːn]

명 새벽

At **dawn**, most birds wake up.
새벽에, 대부분의 새가 일어난다.

숙 at dawn 새벽에

0175 크뤼쳐 0176 크랍 0177 커뤈트 0178 돨크 0179 데이트 0180 더언

○ 1분 안에 넘기기

○ 시간 있으면 꼼꼼히 외우기

0181

d  sert

사막 ㉯버리다, 방치하다

□□□ 중 내신필수

desert [dézərt]

㉮사막 ㉯버리다, 방치하다

He is out in the middle of the **desert**.
그는 **사막** 한가운데 있다.

0182

destr  y

파괴하다

□□□ 중 내신필수

destroy [distrɔ́i]

㉯파괴하다

Floods will **destroy** a lot of homes.
홍수는 많은 집을 **파괴**할 것이다.

0183

dev  lop

발달하다, 개발하다

□□□ 중 내신필수

develop [divéləp]

㉯발달하다, 개발하다

파 development 발달, 개발

Scientists **develop** new products.
과학자들은 신제품을 **개발한다**.

0184

d  vice

장치

□□□ 중 내신필수

device [diváis]

㉮장치

Smart phones are great **devices**.
스마트 폰은 좋은 **장치**이다.

0185

dino  aur

공룡

□□□ 상 내신필수

dinosaur [dáinəsɔ̀ːr]

㉮공룡

Dinosaurs died out millions of years ago.
공룡은 수백만 년 전에 멸종했다.

0186

d sappear

사라지다

□□□ 중 내신필수

disappear [dìsəpíər]

㉯사라지다

They are slowly **disappearing**.
그들은 서서히 **사라지고** 있다.

0181 데절트 0182 디스트뤄이 0183 디벨롭 0184 디봐이스 0185 다이너쏘얼 0186 디써피얼

1분 안에 넘기기

시간 있으면 꼼꼼히 외우기

0187
disastr
재난[재해]

□□□ 중 고등필수
disaster [dizǽstər]
명 재난[재해]
Science cannot prevent natural **disasters**.
과학은 자연**재해**를 여전히 막을 수 없다.

0188
drag n
용

□□□ 상 고등필수
dragon [drǽgən]
명 용
The Komodo **Dragon** has large jaws.
코모도 **드래곤**은 큰 턱을 가지고 있다.

0189
drp
떨어뜨리다[떨어지다]

□□□ 중 내신필수
drop [drap]
동 떨어뜨리다[떨어지다] 명 방울, 소량
The **drops** of water are rain.
그 **물방울들**은 비입니다.

0190
ry
마른[건조한] 동말리다[마르다]

□□□ 중 내신필수
dry [drai]
형 마른[건조한] 동 말리다[마르다]
It's very cold and **dry**.
매우 춥고 **건조**합니다.

0191
ust
먼지, 때, 흙

□□□ 중 내신필수
dust [dʌst]
명 먼지, 때, 흙
A cloud of **dust** rose up.
부옇게 **흙먼지**가 일었다.

0192
eart
지구[세상] 땅

□□□ 중 내신필수
earth [ə:rθ]
명 지구[세상], 땅
I enjoyed a beautiful view of **Earth**.
나는 아름다운 **지구**의 모습을 즐겼다.

0187 디**제**쓰털 0188 **드**뤠곤 0189 드랍 0190 드롸이 0191 더쓰트 0192 얼쓰

1분 안에 넘기기

시간 있으면 꼼꼼히 외우기

0193

earthquak

지진

□□□ 상 고등필수

earthquake [3:rθkweɪk]

명 지진

He recorded shocks of **earthquakes.**

그는 **지진**의 충격을 기록했다.

0194

east  rn

동쪽의

□□□ 중 고등필수

eastern [í:stərn]

형 동쪽의

Middle Eastern cultures

중동 문화권

0195

edg 

끝[가장자리], 날

□□□ 중 내신필수

edge [edʒ]

명 끝[가장자리], 날

He stands on the **edge** of a cliff.

그는 벼랑 **끝**에 서 있다.

0196

eff 

ctive

효과적인

□□□ 중 고등필수

effective [iféktiv]

형 효과적인

Aspirin is an **effective** treatment.

아스피린은 **효과적인** 치료약이다.

0197

ele  tricity

전기

□□□ 중 내신필수

electricity [ilektrísəti]

명 전기

파 electric 전기의

Our **electiricity** needs coal.

우리의 **전기**는 석탄을 필요로 한다.

0198

electr  nic

전자의

□□□ 중 고등필수

electronic [ilektrάnik]

형 전자의

He can use his **electronic** microscope.

그는 **전자** 현미경을 사용할 수 있다.

0193 **얼**쓰퀘익 0194 **이**쓰턴 0195 **에**쥐 0196 이**펙**티브 0197 일렉트뤼**씨**디 0198 일렉**트롸**닉

1분 안에 넘기기

시간 있으면 꼼꼼히 외우기

0199

elem e nt
요소[성분]

□□□ 중 고등필수
element [éləmənt]
명 요소[성분]
파 elementary 초보의
This is an important **element**.
이것은 중요한 **요소**이다.

0200
end a ngered
(멸종) 위기에 처한

□□□ 상 고등필수
endangered [endéindʒərd]
형 (멸종) 위기에 처한
Manatees are **endangered** mammals.
해우는 **멸종 위기**의 포유동물이다.
숙 in danger 위태로운

0201
environm e nt
환경

□□□ 중 고등필수
environment [inváiərənmənt]
명 환경
solutions to protect our **environment**
우리 **환경**을 보호하기 위한 한 방법

0202
e quipment
장비, 설비

□□□ 중 내신필수
equipment [ikwípmənt]
명 장비, 설비
파 equip 장비를 갖추다
You don't need any special **equipment**.
특별한 **장비**는 필요 없다.

0203

e rupt
분출[폭발]하다, 터지다

□□□ 상 고등필수
erupt [irʌ́pt]
동 분출[폭발]하다, 터지다
The volcano **erupted**.
화산이 **폭발했다**.

0204

evidenc e
증거

□□□ 중 고등필수
evidence [évədəns]
명 증거
The **evidence** was in my favor.
그 **증거**는 나에게 유리했다.

0199 **엘**리먼트 0200 인**데**인절드 0201 인**봐**이뤈먼트 0202 이**퀍**먼트 0203 이**뤕**트 0204 **에**비던스

1분 안에 넘기기

시간 있으면 꼼꼼히 외우기

0205

exp riment

실험(하다)

□□□ 중 내신필수

experiment [ikspérəmənt]

명동 실험(하다)

The **experiment** was a failure.

그 **실험**은 실패였다.

0206

expl de

폭발하다
[폭파시키다]

□□□ 중 내신필수

explode [iksplóud]

동 폭발하다[폭파시키다]

Bombs are **exploding**.

폭탄이 **터지고** 있다.

0207

f int

희미한

□□□ 중 고등필수

faint [feint]

형 희미한

I saw a **faint** light.

나는 **희미한** 빛을 보았다.

0208

fir

불, 화재

□□□ 중 내신필수

fire [faiər]

명 불, 화재

They learned to use **fire** for cooking.

그들은 요리하기 위해 **불** 지피는 것을 배웠다.

숙 make a fire 불을 피우다

0209

f rewood

땔 나무[장작]

□□□ 고 고등필수

firewood [faiərwud]

명 땔 나무[장작]

They had to collect some **firewood**.

그들은 **장작나무** 몇을 모아야 했다.

0210

flam

불길[불꽃]
동타오르다

□□□ 중 내신필수

flame [fleim]

명 불길[불꽃] 동 타오르다

The **flames** were growing.

불길이 타올랐다.

0205 익스페뤄먼트 0206 익스플로우드 0207 풰인트 0208 퐈이얼 0209 퐈이얼우드 0210 플레임

1분 안에 넘기기

시간 있으면 꼼꼼히 외우기

0211

fl sh

번쩍이다[비추다] ⓜ섬광

□□□ 중 고등필수

flash [flæʃ]

ⓢ번쩍이다[비추다] ⓜ섬광

Lightning **flashed**.

번갯불이 **번쩍였다**.

0212

fl t

평평한, 바람이 빠진

□□□ 중 고등필수

flat [flæt]

ⓗ평평한, 바람이 빠진

Place on a **flat** dish.

납작한 그릇에 담아라.

0213

fle

벼룩

□□□ 상 고등필수

flea [fliː]

ⓜ벼룩

the **flea** market

벼룩시장

0214

flo d

물에 잠기다 ⓜ홍수

□□□ 중 내신필수

flood [flʌd]

ⓢ물에 잠기다 ⓜ홍수

Floods will destroy a lot of homes.

홍수는 많은 집을 파괴할 것이다.

0215

fl w

흐르다 ⓜ흐름

□□□ 중 내신필수

flow [flou]

ⓢ흐르다 ⓜ흐름

Air **flows** into each separate part.

공기는 각각의 부분 속으로 **흘러** 들어간다.

0216

fl

날다 ⓜ파리

□□□ 중 내신필수

fly [flai]

ⓢ날다 ⓜ파리

A bird **flew** slowly past.

새 한 마리가 천천히 **날아서** 지나갔다.

0211 플레쉬 0212 플렛 0213 플리이 0214 플러드 0215 플로우 0216 플라이

1분 안에 넘기기

시간 있으면 꼼꼼히 외우기

0217

f ggy

안개가 낀

□□□ 상 고등필수

foggy [fɔ́:gi]

형 안개가 낀

A **foggy** road is dangerous.
안개가 낀 도로는 위험하다.

0218

fore ast

예보(하다)

□□□ 중 고등필수

forecast [fɔ:rskæst]

명동 예보(하다)

Snow is **forecasted** for tomorrow.
내일은 눈이 내릴 것으로 **예측됩니다**.

0219

freez

얼(리)다

□□□ 중 내신필수

freeze [fri:z]

동 얼(리)다

The pipes have **frozen**.
수도관이 **얼었다**.

0220

fr sh

신선한, 새로운

□□□ 중 내신필수

fresh [freʃ]

형 신선한, 새로운

We enjoy the **fresh** air.
우리는 **신선한** 공기를 즐긴다.

0221

fu l

연료

□□□ 중 고등필수

fuel [fjú:əl]

명 연료

He is putting **fuel** in the car.
그가 차에 **연료**를 넣고 있다.

0222

f r
모피, (동물의) 털

□□□ 중 고등필수

fur [fə:r]

명 모피, (동물의) 털

She is wearing a **fur** coat.
그녀는 **털** 코트를 입고 있다.

0217 **풔**기 0218 **폴**케스트 0219 프**뤼**즈 0220 프**뤠**쉬 0221 **퓨**으얼 0222 **풔**얼-

1분 안에 넘기기

시간 있으면 꼼꼼히 외우기

0223

eneral

일반적인 ⑲육군[공군] 장군

□□□ 중 내신필수

general [dʒénərəl]

⑲ 일반적인 ⑲ 육군[공군] 장군

파 generally 일반적으로[대체로]

The **general** opinion is that he will recover.

그가 회복 될 거라는 것이 **일반적인** 견해이다.

0224

geneti

유전(학)의

□□□ 상 고등필수

genetic [dʒənétik]

⑲ 유전(학)의

DNA is a person's **genetic** fingerprint.

DNA는 **유전학적인** 지문감식법이다.

0225

g rm

세균, (생물) 배(아)

□□□ 상 고등필수

germ [dʒəːrm]

⑲ 세균, (생물) 배(아)

This drug kills **germs**.

이 약은 **세균**을 죽인다.

0226

gir fe

기린

□□□ 상 고등필수

giraffe [dʒəræ̀f]

⑲ 기린

Giraffes press their necks together.

기린들은 목을 서로 누른다.

0227

g ld

금

□□□ 하 내신필수

gold [gould]

⑲ 금

파 golden 금(빛)의

They were surprised to see **gold** in it.

그들은 안에 **금**이 들어있는 것을 보고 놀랐다.

0228

gr y

회색(의), 반백의

□□□ 중 내신필수

gray [grei]

⑲ 회색(의), 반백의

She wore a **grey** dress.

그녀는 **회색** 옷을 입었다.

0223 제너럴 0224 줘네딕 0225 줘엄 0226 줘래프 0227 고울드 0228 그뤠이

20점 넘기기

1분 안에 넘기기

시간 있으면 꼼꼼히 외우기

0229

h tch

부화하다 ⓜ쪽문

□□□ 상 고등필수

hatch [hæʧ]

동 부화하다 명 쪽문

Ten chicks **hatched**.

병아리 열 마리가 **부화했다**.

0230

h le

구멍

□□□ 중 내신필수

hole [houl]

명 구멍

The mouse went into the **hole**.

쥐가 **구멍**으로 들어갔다.

0231

h neybee

꿀벌

□□□ 상 내신필수

honeybee [hʌnibi:]

명 꿀벌

Honeybees have a strong sense of time.

꿀벌들은 강한 시간 감각을 가지고 있다.

0232

h t

뜨거운, 더운, 매운

□□□ 하 내신필수

hot [hat]

형 뜨거운, 더운, 매운

A tropical climate is **hot** and humid.

열대기후 날씨는 **무덥고** 습하다.

0233

h ur

1시간

□□□ 하 내신필수

hour [auər]

명 1시간

It takes me about an **hour**.

내가 일하는데 한 **시간**쯤 걸린다.

0234

ins ct

곤충

□□□ 중 고등필수

insect [ínsekt]

명 곤충

a long-legged **insect**

다리가 긴 **곤충**

0229 해-취 0230 호울 0231 허니비 0232 핫 0233 아월 0234 인쎅트

1분 안에 넘기기

시간 있으면 꼼꼼히 외우기

0235

institut

기관, 연구소
㊍시작하다

□□□ 상 고등필수

institute [ínstətjù:t]

㊔기관, 연구소 ㊍시작하다

a research **institute**

연구 **기관**

0236

instru tion

설명, 지시,
사용설명서

□□□ 상 내신필수

instruction [instrʌkʃən]

㊔설명, 지시, 사용설명서

파 instruct 지시하다

The robot is programmed with **instructions.**

로봇은 **설명**으로 프로그램 되어 있다.

0237

inventi n

발명(품)

□□□ 중 고등필수

invention [invénʃən]

㊔발명(품)

파 invent 발명하다

That is a wonderful **invention.**

그것은 놀라운 **발명품**이다.

0238

nvestigate

조사하다

□□□ 상 고등필수

investigate [invéstəgèit]

㊍조사하다

Do an out-and-out **investigation.**

철저히 사건을 **조사해라.**

0239

ir n

철, 다리미 ㊍다림질하다

□□□ 중 고등필수

iron [áiərn]

㊔철, 다리미 ㊍다림질하다

Water rusts **iron.**

물이 **쇠**를 녹슬게 한다.

0240

j wel

보석

□□□ 상 내신필수

jewel [dʒú:əl]

㊔보석

파 jeweler 보석 세공인

This **jewel** is of great value.

이 **보석**은 대단히 가치가 높다.

0235 인쓰티튵 0236 인쓰트뤅션 0237 인벤션 0238 인붸스티게잍 0239 아이언 0240 쥬얼

1분 안에 넘기기

시간 있으면 꼼꼼히 외우기

0241

l b

실험[실습]실, 연구실

□□□ 중 고등필수

lab [læb]

명 실험[실습]실, 연구실

There is a chemical **lab** in the school.

그 학교에는 화학 **실험실**이 있다.

0242

lak

호수

□□□ 중 내신필수

lake [leik]

명 호수

A small **lake** was formed.

작은 **호수**가 형성되었다.

0243

l nd

땅[육지] 동 착륙하다

□□□ 중 내신필수

land [lænd]

명 땅[육지] 동 착륙하다

파 landfill 쓰레기 매립지

This **land** cannot be used to grow food.

이 **땅**은 식물을 재배할 수 없다.

0244

le f

잎

□□□ 중 내신필수

leaf [li:f]

명 잎

The **leaves** are green.

잎들이 푸르다.

0245

l ther

가죽

□□□ 중 고등필수

leather [léðər]

명 가죽

leather goods

가죽 제품

0246

l ght

빛, 불 형 밝은, 가벼운

□□□ 하 내신필수

light [lait]

명 빛, 불 형 밝은, 가벼운

파 lighting 조명

The **light** upstairs was turned on.

윗 층의 **불**이 켜졌다.

0241 랩 0242 레이크 0243 랜드 0244 리프 0245 **래**덜 0246 라잍

1분 안에 넘기기

시간 있으면 꼼꼼히 외우기

0247

l mit

한계, 제한(하다)

□□□ 중 내신필수

limit [límit]

명동 한계, 제한(하다)

Coal and oil are **limited** resource.

석탄과 석유는 **한정된** 자원이다.

0248

liqui

액체(의)

□□□ 중 고등필수

liquid [líkwid]

명형 액체(의)

Slowly start to add the **liquid**.

천천히 **액체**를 넣기 시작해라.

0249

l g

통나무, 일지, 방명록

□□□ 중 고등필수

log [lɔ(:)g]

명 통나무, 일지, 방명록

팁 log in, log out 로그인[로그아웃]하다

There was nothing but a wet **log**.

젖은 **통나무** 밖엔 없었다.

0250

lun r

달의, 음력의

□□□ 상 고등필수

lunar [lú:nər]

형 달의, 음력의

Her **lunar** birthday is February 3rd.

그녀의 **음력** 생일은 2월 3일이다.

0251

ma hine

기계

□□□ 중 내신필수

machine [məʃí:n]

명 기계

파 machinery 기계(류)

We were in the **machine**.

우리는 **기계** 안에 있었다.

0252

m rs

화성

□□□ 상 고등필수

mars [ma:rz]

명 화성

Where is **Mars**?

화성은 어디에 있죠?

0247 리미트 0248 리퀴드 0249 로그 0250 루-널 0251 머씬 0252 마알즈

1분 안에 넘기기

시간 있으면 꼼꼼히 외우기

0253

mat rial

재료, 자료 ⓗ물질의

□□□ 상 고등필수

material [mətíəriəl]

ⓜ 재료, 자료 ⓗ 물질의

This **material** can be broken.

이 **재료**는 부서질 수 있다.

0254

medi al

의학[의료]의

□□□ 중 내신필수

medical [médikəl]

ⓗ 의학[의료]의

medical research

의학 연구

0255

m dicine

약, 의학

□□□ 중 내신필수

medicine [médəsin]

ⓜ 약, 의학

They take **medicine**.

그들은 **약**을 먹는다.

0256

m lt

녹다[녹이다]

□□□ 중 내신필수

melt [melt]

ⓓ 녹다[녹이다]

The snow is starting to **melt**.

눈이 **녹기** 시작한다.

0257

met l

금속

□□□ 중 내신필수

metal [métl]

ⓜ 금속

He used a small **metal** arm.

그는 작은 **금속** 팔을 사용했다.

0258

midn ht

자정

□□□ 중 내신필수

midnight [míd·nìght]

ⓜ 자정

It was **midnight** when we arrived.

우리는 **한밤중**에 도착했다.

0253 머**티**어뤼얼 0254 **메**디컬 0255 **메**디슨 0256 맬트 0257 **메**들 0258 **미**드나잍

○ 1분 안에 넘기기

○ 시간 있으면 꼼꼼히 외우기

0259

100만

million [míljən]
명 100만
millions of people
수백만 명의 사람들

□□□ 중 고등필수

0260

광물(질); 무기물, 미네랄

mineral [mínərəl]
명 광물(질); 무기물, 미네랄
Mineral water is good for health.
생수는 건강에 좋다.

0261

수분, 습기

moisture [mɔ́istʃər]
명 수분, 습기
Trees get a lot of **moisture**.
나무들은 많은 **수분**을 얻는다.

내신필수

0262

쥐, (컴퓨터)마우스

mouse [maus]
명 쥐, (컴퓨터)마우스
There is a **mouse** in that hole.
저 구멍에 **쥐**가 있다.

0263

진흙

mud [mʌd]
명 진흙
The wheel sunk in the **mud**.
차바퀴가 **진창**에 빠졌다.

□□□ 중 내신필수

0264

자연의, 자연스러운

natural [nǽtʃərəl]
형 자연의, 자연스러운
파 naturally 자연스럽게
natural disasters / **natural** talent
자연재해 / **천부적인** 재능

0259 밀리언 0260 미네럴 0261 모이스쳘 0262 마우스 0263 머드 0264 네츄럴

1분 안에 넘기기

시간 있으면 꼼꼼히 외우기

0265

natu e

자연, 천성

□□□   내신필수

nature [néiʧər]

명 자연, 천성

We must keep the balance of **nature**.

우리는 **자연**의 균형을 지켜야 한다.

0266

n rthern

북쪽의

□□□ 중 내신필수

northern [nɔ́:rðərn]

형 북쪽의

He spent 17 years in **northern** Michigan.

그는 **북부** 미시간에서 17년을 보냈다.

0267

nu lear

원자력의, 핵의

□□□ 중 고등필수

nuclear [njú:kliər]

형 원자력의, 핵의

a **nuclear** weapon

핵무기

0268

bserve

관찰하다, 준수하다

□□□ 중 고등필수

observe [əbzə́:rv]

동 관찰하다, 준수하다

파 observation 관찰

Early humans **observed** them also.

고대의 인간들 또한 그들을 **관찰했다**.

0269

oce n

대양[바다]

□□□ 중 내신필수

ocean [óuʃən]

명 대양[바다]

Water is moving from rivers to **oceans**.

물은 강에서 **바다**로 흐른다.

0270

operat

작동하다, 수술하다

□□□ 중 내신필수

operate [άpərèit]

동 작동하다, 수술하다

파 operation 수술, 작전

Learn how to **operate** this well.

그것을 잘 **작동시키는** 법을 배워라.

0265 네이철 0266 놀던 0267 뉴클리얼 0268 업졀브 0269 오우션 0270 아퍼뤠잍

1분 안에 넘기기

시간 있으면 꼼꼼히 외우기

0271

org nic
유기농의, 유기체의

□□□ 상 고등필수
organic [ɔːrgǽnik]
형 유기농의, 유기체의
organic vegetables
유기농 채소

0272

wl
올빼미, 부엉이

□□□ 상 내신필수
owl [aul]
명 올빼미, 부엉이
Owls usually cry at night.
부엉이는 주로 밤에 운다.

0273

xygen
산소

□□□ 상 고등필수
oxygen [ɑ́ksidʒen]
명 산소
Without **oxygen** people die.
산소가 없다면 사람은 죽는다.

0274

peri d
기간[시기/시대], 마침표

□□□ 중 내신필수
period [píriəd]
명 기간[시기/시대], 마침표
There were long **periods** without rain.
비가 오지 않는 긴 **기간**이었다.

0275

p t
애완동물

□□□ 중 내신필수
pet [pet]
명 애완동물
No **pets** allowed
반려동물 입장 금지

0276

p ll
알약[정제]

□□□ 중 내신필수
pill [pil]
명 알약[정제]
Take this **pill** and relax.
이 **약** 먹고 좀 쉬어.

0271 올**게**닉 0272 아울 0273 **악**씨즌 0274 **피**어뤼어드 0275 펫 0276 필-

1분 안에 넘기기

시간 있으면 꼼꼼히 외우기

0277

plan t
행성, 지구

□□□ 중 고등필수

planet [plǽnit]
명 행성, 지구
Planets go around the sun.
행성은 태양 주위를 돈다.

0278

pl nt
식물, 공장[설비] 동심다

□□□ 중 내신필수

plant [plænt]
명 식물, 공장[설비] 동심다
They made tools to **plant** vegetables.
그들은 **식물**을 심기 위해 도구를 만들었다.

0279

pois n
독
동독살하다

□□□ 중 고등필수

poison [pɔ́izn]
명 독 동 독살하다
There is **poison** in spiders.
거미에게는 **독**이 있다.

0280

pol
막대기[장대], 극

□□□ 중 내신필수

pole [poul]
명 막대기[장대], 극
Near the North **Pole**, there is the tundra.
북**극** 근처에 툰드라가 있습니다.

0281

p nd
연못

□□□ 중 내신필수

pond [pand]
명 연못
A big fish in a small **pond**
작은 **연못**의 큰 물고기(작은 팀에서 꼭 있어야 하는 중요한 사람)

0282

p ur
따르다, (퍼)붓다

□□□ 중 내신필수

pour [pɔːr]
동 따르다, (퍼)붓다
Rain **poured** down.
비가 **쏟아졌다**.

0277 플레닛 0278 플렌트 0279 포이즌 0280 포울 0281 판드 0282 포얼

○ 1분 안에 넘기기

○ 시간 있으면 꼼꼼히 외우기

0283

preserv

보존[보호]하다

□□□ 상 고등필수

preserve [prizə́:rv]

동 보존[보호]하다

Let's **preserve** wetlands for our selves.

우리 자신들을 위해 습지대를 **보호**합시다.

0284

proc ss

과정,
가공[처리]하다

□□□ 상 내신필수

process [prάses]

명동 과정, 가공[처리]하다

It is a complex **process** to do.

그것은 처리하기에 복잡한 **과정**이다.

0285

pr gress

진보[진전/진행]하다

□□□ 중 내신필수

progress [prάgres]

명동 진보[진전/진행]하다

the **progress** of science

과학의 **진보**

0286

ra it

토끼

□□□ 중 내신필수

rabbit [rǽbit]

명 토끼

One day a **rabbit** and a tortoise met.

어느 날 **토끼**와 거북이가 만났다.

0287

r inbow

무지개

□□□ 상 내신필수

rainbow [réinbòu]

명 무지개

A **rainbow** hangs in the sky.

하늘에 **무지개**가 떠 있다.

0288

rea t

반응하다

□□□ 중 고등필수

react [riǽkt]

동 반응하다

How did she **react**?

그녀는 어떻게 **반응**했습니까?

0283 프리**절**브 0284 **프**라쎄쓰 0285 **프라**그뤠쓰 0286 **래**빝 0287 **뤠**인보우 0288 뤼**액**트

1분 안에 넘기기

시간 있으면 꼼꼼히 외우기

0289

r  flect

비추다, 반사[반영]하다

□□□ 중 내신필수

reflect [riflékt]

동 비추다, 반사[반영]하다

파 reflection 반응

The windows **reflected** the sunlight.

창문들에 햇빛이 **반사되었다**.

0290

r search

연구(하다)

□□□ 중 고등필수

research [risə́:rtʃ]

명동 연구(하다)

파 researcher 연구원

The writer **researched** people.

그 작가는 사람들을 **연구했다**.

0291

resour e

(~s) 자원, 재원

□□□ 중 고등필수

resource [rí:sɔ:rs]

명 (~s) 자원, 재원

Climbers use up **resources**.

등산가들은 **자원들**을 고갈시킨다.

0292

resp  nd

반응하다,
대답[응답]하다

□□□ 중 고등필수

respond [rispɑ́nd]

동 반응하다, 대답[응답]하다

파 response 반응, 대답

The robot is can **respond** to each situation

로봇은 각 상황에 **반응**할 수 있다.

0293

r  sult

결과(로 생기다)

□□□ 중 내신필수

result [rizʌlt]

명동 결과(로 생기다)

Eating chocolate has better **results**.

초콜렛을 먹으면 **결과**가 더 좋다.

0294

rhino  eros

코뿔소

□□□ 상 고등필수

rhinoceros [rainɑ́sərəs]

명 코뿔소

Where does the **rhinoceros** live?

코뿔소는 어디서 사니?

0289 뤼**플**랙트 0290 뤼**썰**치 0291 **뤼**쏠쓰 0292 뤼스**판**드 0293 뤼**절**트 0294 롸이**나**써러쓰

1분 안에 넘기기

시간 있으면 꼼꼼히 외우기

0295

ris

오르다, (해가) 떠오르다

□□□ 중 내신필수

rise [raiz]

동 오르다, (해가) 떠오르다

The sun began to **rise**.

해가 **떠오르기** 시작했다.

0296

r ck

바위, 록 음악 동흔들다

□□□ 하 내신필수

rock [rak]

명 바위, 록 음악 동 흔들다

It is a huge **rock** travelling in space.

우주에서 돌아 다니는 것은 거대한 **암석**이다.

0297

r ll

구르다, 말다 명두루마리

□□□ 중 내신필수

roll [roul]

동 구르다, 말다 명 두루마리

A **rolling** stone gathers no moss.

구르는 돌에는 이끼가 끼지 않는다.

(속담: 꾸준히 노력하는 사람은 계속 발전한다는 뜻)

0298

r ot

뿌리 동응원하다

□□□ 중 내신필수

root [ru:t]

명 뿌리 동 응원하다

They are **root** vegetables.

그것들은 **뿌리** 채소다.

0299

ru ber

고무

□□□ 중 고등필수

rubber [rʌbər]

명 고무

Rubber is easily stretched.

고무는 잘 늘어진다.

0300

ru n

망치다, 파산(시키다)

□□□ 중 고등필수

ruin [rú:in]

동명 망치다, 파산(시키다)

financial **ruin**

재정적 **파탄**

0295 롸이즈 0296 롹 0297 뤄울 0298 루트 0299 뤄벌 0300 루인

○ 1분 안에 넘기기

○ 시간 있으면 꼼꼼히 외우기

0301
saf ty
안전

□□□ 중 내신필수

safety [séifti]

(명) 안전

파 safe 안전한 safely 무사히

Scientists wear **safety** glasses.
과학자들은 **보호** 안경을 착용한다.

0302
sampl
(통계 조사의) 표본

□□□ 중 내신필수

sample [sǽmpl]

(명) (통계 조사의) 표본

This is an important **sample**.
이것은 중요한 **샘플**이다.

0303
satellit
(인공)위성

□□□ 상 고등필수

satellite [sǽtəlàit]

(명) (인공)위성

They look at **satellites**.
그들은 **위성**을 검토한다.

0304
scienc
과학

□□□ 중 내신필수

science [sáiəns]

(명) 과학

파 scientific 과학의

The study of **science** comes in many forms.
과학 연구에는 다양한 형태가 있다.

0305
se ond
제2의, 둘째로, 초

□□□ 중 내신필수

second [sékənd]

(한) 제2의 (부) 둘째로 (명) 초

파 Secondly 두 번째로

Second, they are limited resources.
둘째로 이들은 한정된 자원이다.

0306
s ed
씨(앗)

□□□ 중 내신필수

seed [si:d]

(명) 씨(앗)

Sow the **seeds** outdoors.
그 **씨**를 집 밖에다 뿌려라.

0301 **쎄**이프티 0302 **쌤**플 0303 **쌔**럴라이트 0304 **싸**이언쓰 0305 **쎄**컨드 0306 씨드

○ 1분 안에 넘기기

○ 시간 있으면 꼼꼼히 외우기

0307

sep  rate

분리된, 별개의
동분리되다

□□□ 중 내신필수

separate [sépərèit]

형 분리된, 별개의 동 분리되다

You need to **separate** it.

그것을 따로 **분리**해야 한다.

0308

s t

두다[놓다], 세우다

□□□ 중 내신필수

set [set]

동 두다[놓다], 세우다

The sun **sets** in the evening.

해는 저녁에 **진다**.

숙 **set out** (배가) 출범하다 **set up** (벽 등에) 걸다

0309

shin

빛나다

□□□ 중 내신필수

shine [ʃain]

동 빛나다

In summer the sun **shines** longest.

여름에는 태양이 가장 오랫동안 **비춘다**.

0310

shuttl

정기 왕복 항공기
[버스/기차],

□□□ 상 고등필수

shuttle [ʃʌtl]

명 정기 왕복 항공기[버스/기차], 우주 왕복선

Does this **shuttle** go to the airport?

이 **셔틀버스** 공항으로 가는 겁니까?

0311

ink

가라앉다 명싱크대

□□□ 중 내신필수

sink [siŋk]

동 가라앉다 명 싱크대

I am **sinking**!

나는 **가라앉고** 있어!

0312

s il

흙[토양]

□□□ 중 내신필수

soil [sɔil]

명 흙[토양]

The **soil** in this area is polluted.

이 지역의 **토양**은 오염되었다.

0307 **쎄**퍼뤠이트 0308 쎗 0309 샤인 0310 **셔**를 0311 씽크 0312 쏘-일

○ 1분 안에 넘기기

○ 시간 있으면 꼼꼼히 외우기

□□□ 상 고등필수

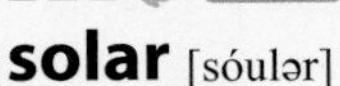

0313
s◯lar
태양의

solar [sóulər]
형 태양의
solar power
태양 에너지

0314
soli◯
고체(의), 단단한

□□□ 중 고등필수
solid [sάlid]
형 고체(의), 단단한
solid object
단단한 물체

0315
sour◯e
원천, 근원, 출처

□□□ 중 내신필수
source [sɔːrs]
명 원천, 근원, 출처
We should develop energy **sources**.
우리는 에너지 **자원**을 개발해야 한다.

0316
spa◯e
공간, 우주

□□□ 중 내신필수
space [speis]
명 공간, 우주
In **space**, there is no gravity.
우주에는 중력이 없다.

0317
spa◯eship
우주선

□□□ 상 내신필수
spaceship [spáce·shìp]
명 우주선
The **spaceship** is orbiting the moon.
우주선이 달의 주위를 돌고 있다.

0318
sp◯n
돌(리)다, 회전시키다

□□□ 중 고등필수
spin [spin]
동 돌(리)다, 회전시키다
spin of a wheel
바퀴의 **회전**

0313 쏘울럴 0314 썰리-ㄷ 0315 쏠스 0316 스페이스 0317 스페이스쉽 0318 스핀

○ 1분 안에 넘기기

○ 시간 있으면 꼼꼼히 외우기

0319

st am

증기

□□□ 중 고등필수

steam [sti:m]

명 증기

Steam comes from the kettle.

증기는 주전자로부터 나온다.

0320

st el

강철

□□□ 중 고등필수

steel [sti:l]

명 강철

It is made of **steel** pins.

그것은 **강철** 핀으로 구성되어 있다.

0321

st m

폭풍우

□□□ 중 내신필수

storm [stɔ:rm]

명 폭풍우

A terrible **storm** blew.

끔찍한 **폭풍**이 불었다.

0322

stre m

개울[시내], 흐름

□□□ 중 내신필수

stream [stri:m]

명 개울[시내], 흐름

A **stream** flows through the wood.

숲 속으로 **시냇물**이 흐르고 있다.

0323

sunris

해돋이[일출]

□□□ 상 내신필수

sunrise [sun·rise]

명 해돋이[일출]

We got up at **sunrise**.

우리는 **동틀 녘**에 일어났다.

0324

suns t

해넘이[일몰]

□□□ 상 내신필수

sunset [sún·sèt]

명 해넘이[일몰]

They watch for very red **sunsets**.

그들은 짙은 붉은 빛 **일몰**을 지켜본다.

0319 스**팀** 0320 스**틸** 0321 스**토**옴 0322 스트**림** 0323 **썬**라이즈 0324 **썬**쎗

○ 1분 안에 넘기기

○ 시간 있으면 꼼꼼히 외우기

0325
surfac
표면

□□□ 중 내신필수
surface [sə́:rfis]
명 표면
The planet's **surface** is covered with water.
행성 **표면**은 물에 덮여 있다.

0326
surg ry
수술

□□□ 상 고등필수
surgery [sə́:rdʒəri]
명 수술
When will the **surgery** be over?
수술은 언제 끝나죠?

0327
t chnique
기법[기술]

□□□ 중 고등필수
technique [tekní:k]
명 기법[기술]
It can use several **techniques**.
그것은 몇 가지 **기법**을 사용할 수 있다.

0328
technol gy
테크놀로지[과학 기술]

□□□ 중 내신필수
technology [teknάlədʒi]
명 테크놀로지[과학 기술]
modern **technology**
현대 **과학 기술**

0329
thund r
천둥, 우레

□□□ 상 고등필수
thunder [θʌndər]
명 천둥, 우레
Thunder crashed in the sky.
하늘에서는 **천둥**이 요란한 소리를 냈다.

0330
tri ngle
삼각형, 트라이앵글

□□□ 중 고등필수
triangle [tráiæŋgl]
명 삼각형, 트라이앵글
A **triangle** has three sides.
삼각형에는 세 개의 변이 있다.

0325 썰퓌스 0326 썰저뤼 0327 텍크닉 0328 테크널러지 0329 떤덜 0330 트롸이앵글

1분 안에 넘기기

시간 있으면 꼼꼼히 외우기

0331 tropi al
열대의

□□□ 중 고등필수

tropical [trάpikəl]

㉬ 열대의

Cacao trees grow in a **tropical** climate.
카카오나무는 **열대**기후에서 자란다.

0332 typ
유형[종류]
㉯타자를 치다

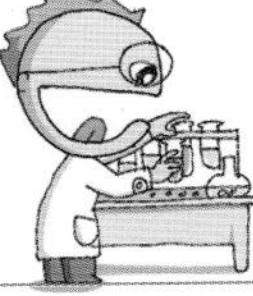

□□□ 하 내신필수

type [taip]

㉮ 유형[종류] ㉯타자를 치다

There are two main **types**.
여기에 2가지 주요 **타입들이** 있습니다.

0333 undergr und
지하의
㉰지하에[로]

□□□ 중 내신필수

underground [ùnder·gróund]

㉬ 지하의 ㉰지하에[로]

underground caves
지하 동굴

0334 und rwater
물속의, 수중의

□□□ 중 고등필수

underwater [ùnder·wáter]

㉬ 물속의, 수중의

underwater creatures
수중 생물들

0335 un verse
우주

□□□ 중 내신필수

universe [jú:nəvə̀:rs]

㉮ 우주

origin of the **universe**
우주의 기원

0336 vit l
필수적인

□□□ 중 고등필수

vital [váitl]

㉬ 필수적인

Good water is **vital** for life.
좋은 물은 생명에 **필수**이다.

0331 **트**롸피컬 0332 타입 0333 언덜**그**롸운드 0334 언덜**워**럴 0335 **유**니붤스 0336 **봐**이럴

 1분 안에 넘기기

 시간 있으면 꼼꼼히 외우기

0337

명 파도[물결] 동 흔들다

wave [weiv]

명 파도[물결] 동 흔들다

The **waves** rose high and strong.

파도가 거세게 일었다.

0338

w ed

잡초

weed [wiːd]

명 잡초

He pulled up a **weed**.

그는 **잡초**를 뽑았다.

0339

w t

젖은, 비 오는

wet [wet]

형 젖은, 비 오는

I was **wet**.

나는 **젖었다**.

0340

win

바람 동 감다[돌리다]

□□□ 하 내신필수

wind [wind]

명 바람 동 감다[돌리다]

The **wind** changed.

바람은 바뀌었다.

0341

w ng

날개

□□□ 하 내신필수

wing [wiŋ]

명 날개

Birds move small **wings**.

새들은 작은 **날개**를 움직인다.

0342

w od

나무[목재], 숲

□□□ 하 내신필수

wood [wud]

명 나무[목재], 숲

파 wooden 나무로 된

He cut **wood**.

그는 **나무**를 베었다.

0337 웨이브 0338 위-드 0339 웻 0340 윈드 0341 윙 0342 우드

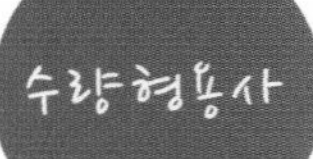

수량형용사란?

셀 수 있는 명사 (countable nouns)는 보통명사, 집합명사 등이 있는데, 아래의 숙어들은 모두 셀수 있는 명사 앞에 붙어 '많은' 이라는 의미를 나타내죠. 명사가 단수일 때 a/an을 단어 앞에 붙이고, 복수가 될 때는 단어 끝에 s가 붙거나 자체적인 복수형으로 변해요.
예를 들어 단수형일때는 a book, 복수형일대는 books 많은 이라는 의미를 나타내려면 many books 즉 many+ 복수명사로 쓰면 되요.

many	많은	There are **many** cookies in the Cookie shop. 과자 집에는 많은 과자가 있다.
a number of	다수의, 얼마간의	There are **a number of** people in the room. 그 방에 많은 사람들이 있다.
a great many	꽤[아주] 많은	I wish I had **a great many** friends. 좋은 친구들이 아주 많이 있었으면 좋겠다.
a lot of	많은	There are **a lot of** chocolates in this shop. 이 가게에는 많은 초콜릿이 있다.
lot's of	수많은	If I had **lot's of** balloons I could fly. 풍선을 많이 가지고 있다면 날 수도 있을 거야.
not a few	꽤 많은 수(의)	My clothes are many, **not a few.** 나는 옷이 꽤 많아요.
quite a few	상당수	We waited **quite a little** time. 우리는 많은 시간을 기다렸다.

셀 수 없는 명사(uncountable nouns)는 추상명사, 고유명사, 물질명사 등이 있는데, 아래의 숙어들은 모두 셀 수 없는 명사 앞에 붙어 '많은' 이라는 의미를 나타내죠. 셀 수 없는 명사앞에는 a/an이 붙지 않고, 복수일 때 형태도 변하지 않아요.
예를 들어 단수형일 때는 air, 복수형일 때도 air 이고 많은 이라는 의미를 나타내려면 much air 라고 표현하여 단수 취급을 하면 되요.

much	많은	It would be great if there was **much** snow. 눈이 많이 오면 좋겠어.
a good deal of	다량의	I have **a good deal of** money. 나는 돈이 많아.
a great quantity of	다량의	I would like to eat **a great quantity of** bread. 나는 빵을 엄청 많이 먹고 싶어.
plenty of	많은	I need **plenty of** time. 나에게는 많은 시간이 필요해요.
not a little	적지 않게, 크게	I was **not a little** angry. 나는 아주 많이 화났었어.
quite a little	많은, 다량의	I drink **quite a little** juice. 나는 주스를 많이 마셔.

Chapter2 복습문제

A 우리말에 대응하는 영어 써보기

01. 대기, 분위기

02. 이득을 주다

03. 확신하는, 어떤

04. 대조[차이]

05. 실험(하다)

06. 한계, 제한(하다)

07. 재료, 자료

08. 약, 의학

09. 자원

10. 결과(로 생기다)

B 빈칸에 단어 넣어보기

11. 물 한 **병** a ________ of water

12. **뛰어난** 과학자 a ________ scientist

13. **잔인한** 생명체 a ________ creature

14. 자연**재해** natural ________ s

15. **납작한** 그릇 a ________ dish

16. **희미한** 빛 a ________ light

17. **털** 코트 a ________ coat

18. 수**백만** 명 ________ s of people

19. 재정적 **파탄** financial ________

20. **열대**기후 a ________ climate

C 문맥에 맞는 단어 골라 쓰기

보기 | consist Flood accident birth area

21. Deserts are very dry ________ s. 사막은 매우 건조한 **지역**이다.

22. I watched the ________ of my son. 저는 제 아들이 **태어나는** 걸 지켜봤습니다.

23. Living things ________ of cells. 생물은 세포로 **이루어진다**.

24. ________ s will destroy a lot of homes. **홍수**는 많은 집들을 파괴할 것이다.

25. In ________ s, the airbags work. **사고**가 났을 때, 에어백이 작동합니다.

정답 | **A** 앞면참조 **B** 11 bottle 12 brilliant 13 cruel 14 disaster 15 flat 16 faint 17 fur 18 millions 19 ruin 20 tropical
C 21 area 22 birth 23 consist 24 Flood 25 accident

30점 넘기기

Chapter 3
Work and Society
직업과 사회

혓바닥 **e**

입벌린 **c**

머리묶은 **a**

동글이 **o**

목떨어진 **i**

- Professions (직업)
- Fields of Responsibility (책임분야)
- Ventures (사업)
- Historical (역사상의)
- Crime and Social (사회)

1분 안에 넘기기

시간 있으면 꼼꼼히 외우기

0343

□□□ 중 내신필수
accident [ǽksidənt]
명 사고[재해], 우연
In **accidents**, the airbags work.
사고가 날 때, 에어백이 작동합니다.

0344

□□□ 상 고등필수
accomplish [əkámpliʃ]
동 이루다, 성취하다
파 accomplishment 업적
He has **accomplished** many things.
그는 많은 것들을 **이루었다**.

0345

□□□ 중 고등필수
account [əkáunt]
명동 계좌, 설명(하다)
We opened a bank **account**.
우리는 은행 **계좌**를 개설했다.

0346

□□□ 상 고등필수
admiral [ǽdmərəl]
명 해군 장군[제독]
a Fleet **Admiral**
해군 원수

0347

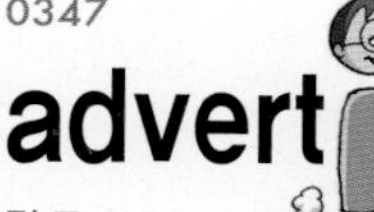

advertisement [ædvərtáizmənt]
명 광고
파 advertise 광고하다
I saw your **advertisement** on the website.
난 웹 사이트에서 귀하의 **광고**를 보았다.

0348

□□□ 중 고등필수
affair [əfέər]
명 일, 문제, 사건
Consumer Affairs help the shopper.
소비위원회는 구매자들을 돕는다.

0343 **액**씨던트 0344 어**컴**플리쉬 0345 어**카**운트 0346 **애**드머럴 0347 **애**드붤**타**이즈먼트 0348 어**풰**얼

○ 1분 안에 넘기기

○ 시간 있으면 꼼꼼히 외우기

0349

gent
대리인, 중개상

□□□ 중 고등필수

agent [éidʒənt]

명 대리인, 중개상

파 agency 대리점

He paid the **agent** a deposit.
그는 **중개업자**에게 계약금을 지불했다.

0350

a d
원조[도움] 동 돕다

□□□ 중 고등필수

aid [eid]

명 원조[도움] 동 돕다

medical **aid** programes
의료 **지원** 프로그램

0351

amat ur
아마추어

□□□ 상 고등필수

amateur [ǽmətʃùər]

명 아마추어

Amateur teams were playing.
아마추어 팀들이 경기를 하고 있었다.

0352

nniversary
기념일

□□□ 중 고등필수

anniversary [ænəvə́ːrsəri]

명 기념일

2nd **Anniversary** Free Dessert
2주년 **기념** 무료디저트

0353

announc
발표하다

□□□ 중 고등필수

announce [ənáuns]

동 발표하다

파 announcement 발표 (내용)

The winner is **announced**.
우승자는 **발표된다**.

0354

ar itect
건축가

□□□ 상 고등필수

architect [ɑ́ːrkətèkt]

명 건축가

파 architecture 건축학[술]

Architecture of Ancient Greece.
고대 그리스 **건축**

0349 **에**이전트 0350 에이드 0351 **애**머털 0352 **애**니**붜**서뤼 0353 어**나**운쓰 0354 **알**키텍트

∴ 무료 단어 발음 어플 제공
Play 스토어에서 '영포자 1등급 만들기'로 검색 무료 다운

1분 안에 넘기기

시간 있으면 꼼꼼히 외우기

0355

□□□ 중 내신필수
army [ɑ́:rmi]
명 군대, 육군
Why did you join the **army**?
왜 **육군**에 입대했나요?

0356

□□□ 상 고등필수
astronaut [ǽstrənɔ̀:t]
명 우주 비행사
Astronauts have to live in space.
우주비행사들은 우주에서 살아야만 한다.

0357

□□□ 상 내신필수
athlete [ǽθli:t]
명 운동선수
Olympic **athletes**
올림픽 **참가 선수들**

0358

□□□ 중 내신필수
author [ɔ́:θər]
명 저자
The **author** writes about another person.
그 **작가**는 다른 사람에 관해 쓴다.

0359

□□□ 상 고등필수
authority [əθɔ́:rəti]
명 권한[권위], 당국
Authority is based first of all upon reason.
권위는 무엇보다도 이성에 근거해야 한다.

0360

□□□ 중 고등필수
award [əwɔ́:rd]
명 상 동 수여하다
He is an **award**-winning artist.
그는 **수상** 경력이 있는 예술가이다.

0355 **알**-미 0356 **애**스트뤄넛 0357 **애**뜰맅 0358 **어**-떨 0359 어**또**뤄디 0360 어**월**드

1분 안에 넘기기

시간 있으면 꼼꼼히 외우기

0361

b nk
은행, 둑

□□□ 내신필수

bank [bæŋk]

명 은행, 둑

I'm going to the **bank**.
은행에 가려고요.

0362

b r
막대, 술집

□□□ 내신필수

bar [ba:r]

명 막대, 술집

I often visit a **bar** after work.
나는 퇴근 후에 종종 **술집**에 들른다.

0363

bas ment
지하

□□□ 내신필수

basement [béismənt]

명 지하

basement garage
지하 주차장

0364

battl
전투

□□□ 내신필수

battle [bǽtl]

명 전투

The **battle** started.
전쟁은 시작됐다.

0365

b g
간청하다, 구걸하다

□□□ 내신필수

beg [beg]

동 간청하다, 구걸하다

파 beggar 거지

He **begged** him for help.
그는 그에게 도와 달라고 **간청했다**.

0366

b t
돈을걸다

□□□ 내신필수

bet [bet]

동 돈을 걸다

He **bet** $1000 on the game.
그는 그 경기에 1000달러를 **걸었다**.

0361 뱅크 0362 바-알 0363 **베**이스먼트 0364 **배**를 0365 베그 0366 벹-

○ 1분 안에 넘기기

○ 시간 있으면 꼼꼼히 외우기

0367

b ll
청구서, 지폐, 법안

□□□ 중 고등필수
bill [bil]
명 청구서, 지폐, 법안
Banks receive money and **paper bills.**
은행은 돈과 **지폐**를 받는다.

0368

billi n
10억

□□□ 중 내신필수
billion [bíljən]
명 10억
We have $ **1 billion.**
우리는 **10억** 달러가 있다.

0369

b mb
폭탄 동폭파[폭격]하다

□□□ 중 내신필수
bomb [bam]
명 폭탄 동 폭파[폭격]하다
a **bomb** explosion
폭탄의 폭발

0370

br adcast
방송(하다)

□□□ 중 내신필수
broadcast [brɔ́:dkæst]
명동 방송(하다)
They began **broadcasting**.
그들은 **방송**을 시작했다.

0371

bull t
총알

□□□ 중 고등필수
bullet [búlit]
명 총알
The bird was hit by one **bullet**.
새는 총 한 **방**을 맞았다.

0372

ampaign
운동[캠페인]

□□□ 중 내신필수
campaign [kæmpéin]
명 운동[캠페인]
a political **campaign**
선거**운동**

0367 빌 0368 **빌**리언 0369 밤- 0370 **브**뤄드캐스트 0371 **불**릿 0372 캠**페**인

1분 안에 넘기기

시간 있으면 꼼꼼히 외우기

0373

captal

수도, 대문자, 자본

□□□ 출 내신필수

capital [kǽpətl]

명 수도, 대문자, 자본

Where is the **capital** of Korea?

한국의 **수도**는 어디인가?

0374

aptain

선장[기장], (팀의) 주장, 육/공군 대위, 해군 대령

□□□ 출 내신필수

captain [kǽptən]

명 선장[기장], (팀의) 주장, 육/공군 대위, 해군 대령

The **captain** navigated his boat.

선장은 배를 몰았다.

0375

carer

직업, 경력

□□□ 출 내신필수

career [kəríər]

명 직업, 경력

a change of **career**

직업 변경

0376

carton

만화 (영화)

□□□ 상 고등필수

cartoon [ka:rtú:n]

명 만화 (영화)

a Walt Disney **cartoon**

월트 디즈니 **만화 영화**

0377

sh

현금(화하다)

□□□ 출 내신필수

cash [kæʃ]

명동 현금(화하다)

파 cashier 출납원

How much would you like in **cash**?

얼마나 **현금**으로 바꾸시겠어요?

0378

ast

(시선/미소/표/낚시줄) 던지다
명 배역진[출연자]

□□□ 출 고등필수

cast [kæst]

동 (시선/미소/표/낚시줄) 던지다

명 배역진[출연자]

a **cast** list

출연자 명단

0373 **캐**피들 0374 **캡**틴 0375 커**뤼**얼 0376 칼**튠** 0377 캐쉬 0378 캐스트

○ 1분 안에 넘기기

○ 시간 있으면 꼼꼼히 외우기

0379

centrl

중심[중앙]의

□□□ 중 내신필수

central [séntrəl]

㊚ 중심[중앙]의

She is the **central** figure.

그녀가 **중심**인물이다.

0380

cntury

세기[100년]

□□□ 중 내신필수

century [séntʃəri]

명 세기[100년]

War continued in the 20th **century**.

20**세기**에는 전쟁이 계속되었다.

0381

ceremny

의식(儀式), 의례

□□□ 중 내신필수

ceremony [sérəmòuni]

명 의식(儀式), 의례

The Hopi Indian **ceremony** is interesting.

호피 인디언의 **의식**은 흥미롭다.

0382

hange

변화(하다), 바꾸다, 동전

□□□ 하 내신필수

change [ʧeindʒ]

명동 변화(하다), 바꾸다, 동전

Can I **change** money here for dollars?

여기서 달러로 **환전**할 수 있습니까?

0383

charg

요금, 책임

동 청구하다

□□□ 중 내신필수

charge [ʧa:rdʒ]

명 요금, 책임 동 청구하다

admission **charges**

입장**료**

0384

chrity

자선 (단체)

□□□ 중 고등필수

charity [ʧǽrəti]

명 자선 (단체)

Many **charities** sent relief funds.

많은 **구호 단체들**이 구호금을 보냈다.

0379 쎈트럴 0380 쎈츄뤼 0381 쎄뤄모니 0382 췌인지 0383 챨-지 0384 췌러디

1분 안에 넘기기

시간 있으면 꼼꼼히 외우기

0385
hef
주방장[요리사]

□□□ 상 내신필수

chef [ʃef]
명 주방장[요리사]
The **chef** is something special.
그 **요리사**는 무언가가 특별하다.

0386
chi f

장[우두머리]
형 주된, 최고의

□□□ 중 내신필수

chief [tʃi:f]
명 장[우두머리] 형 주된, 최고의
Do you know what is the **chief** cause?
주된 원인이 무엇인줄 아느냐?

0387
citiz n

시민, 국민

□□□ 중 내신필수

citizen [sítəzən]
명 시민, 국민
She's an Australian **citizen**.
그녀는 오스트레일리아 **시민**이다.

0388
cl rk

사무원, 판매원

□□□ 중 내신필수

clerk [klə:rk]
명 사무원, 판매원
The **clerk** said nothing.
점원은 아무말도 하지 않았다.

0389
lient
의뢰인[고객]

□□□ 중 내신필수

client [kláiənt]
명 의뢰인[고객]
He's with a **client** right now.
그는 지금 **고객**과 함께 있어요.

0390
cl wn

어릿광대

□□□ 상 내신필수

clown [klaun]
명 어릿광대
He is wearing **clowns** clothes.
그는 **광대** 차림을 하고 있다.

0385 쉐프 0386 취프 0387 씨티즌 0388 클럭크 0389 클라이언트 0390 클라운

1분 안에 넘기기

시간 있으면 꼼꼼히 외우기

0391

c◯in

동전

□□□ 중 내신필수

coin [kɔin]

명 동전

a gold **coin**

금화

0392

c◯lony

식민지

□□□ 중 내신필수

colony [kάləni]

명 식민지

This was once a **colony**.

이곳은 한때 **식민지**였다.

0393

comment

논평(하다)

□□□ 상 고등필수

comment [kάment]

명동 논평(하다)

Have you any **comment**?

무슨 **논평**하실 말씀이 있습니까?

0394

comm◯rcial

상업의 명광고 방송

□□□ 상 고등필수

commercial [kəmə́:rʃəl]

형 상업의 명 광고 방송

commercial town

상업 도시

0395

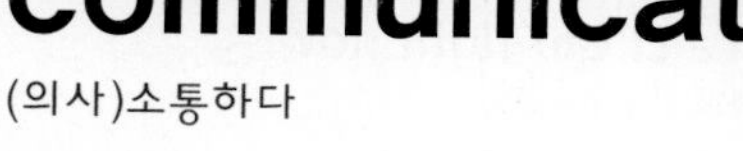

communicat◯

(의사)소통하다

□□□ 중 내신필수

communicate [kəmjú:nəkèit]

동 (의사)소통하다

Smart phones help us **communicate**.

스마트폰은 **의사소통**을 하는데 도움을 준다.

0396

community

공동체[지역사회]

□□□ 중 내신필수

community [kəmjú:nəti]

명 공동체[지역사회]

The **local community** was small.

그 **지역 사회**는 작았다.

0391 코인 0392 **칼**러니 0393 **커**멘트 0394 커**멀**셜 0395 커**뮤**니케이트 0396 커**뮤**-너디

1분 안에 넘기기

시간 있으면 꼼꼼히 외우기

0397

회사, 친구, 교제

□□□ 중 내신필수
company [kʌmpəni]
명 회사, 친구, 교제
I would like to join your **company**.
나는 당신의 **회사**에 가입하고 싶다.

0398

ompose
구성하다, 작곡하다

□□□ 상 고등필수
compose [kəmpóuz]
동 구성하다, 작곡하다 파 composer 작곡가
The association is **composed of** 10 members.
그 회는 10명의 회원으로 **구성되어** 있다.

0399

음악회

□□□ 중 내신필수
concert [kάnsəːrt]
명 음악회
musical **concert**
음악 **연주회**

0400
onflict
갈등[충돌] 동 대립[충돌]하다

□□□ 상 고등필수
conflict [kənflíkt]
명 갈등[충돌] 동 대립[충돌]하다
A military **conflilct** began.
군사적 **충돌**이 시작됐다.

0401
onfuse
혼란시키다, 혼동하다

□□□ 중 고등필수
confuse [kənfjúːz]
동 혼란시키다, 혼동하다
That would **confuse** the public.
그것은 대중을 **혼란스럽게** 만들 것이다.

0402

의회[국회]

□□□ 중 고등필수
congress [kάŋgrəs]
명 의회[국회]
A regular **congress** was opened.
정기 **국회**가 열렸다.

0397 **컴**퍼니 0398 컴**포**즈 0399 **칸**설트 0400 **컨**플릭트 0401 컨**퓨**-즈 0402 **캉**-그뤠스

1분 안에 넘기기

시간 있으면 꼼꼼히 외우기

0403

c nquer

정복하다

□□□ 상 고등필수

conquer [káŋkər]

동 정복하다

This place was **conquer**ed by Napoleon.

이곳은 나폴레옹에게 **정복**당했다.

0404

constru ion

건설[공사]

□□□ 상 고등필수

construction [kənstrʌkʃən]

명 건설[공사]

Construction workers

건설 노동자들

0405

consum r

소비자

□□□ 중 고등필수

consumer [kənsúːmər]

명 소비자

Today we have a **consumer** society.

오늘날은 **소비** 사회이다.

0406

ntact

연락[접촉] 동연락하다

□□□ 중 고등필수

contact [kántækt]

명 연락[접촉] 동 연락하다

I am in **contact with** him.

나는 그와 **연락**하고 지낸다.

0407

ontest

경연[대회] 동겨루다

□□□ 중 내신필수

contest [kántest]

명 경연[대회] 동 겨루다

He won the first prize in the **contest**.

그는 **경연 대회**에서 최우수상을 수상했다.

0408

ntribute

기부하다, 기여하다

□□□ 중 고등필수

contribute [kəntríbjuːt]

동 기부하다, 기여하다

Do you wish to **contribute**?

기부를 하시겠어요?

0403 **캉**-퀄 0404 컨스트**뤅**션 0405 컨**쑤**멀 0406 **컨**택트 0407 **컨**테스트 0408 컨**트**뤼뷰

○ 1분 안에 넘기기

○ 시간 있으면 꼼꼼히 외우기

0409

convenint

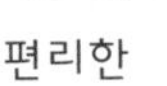

편리한

□□□ 중 고등필수

convenient [kənvíːnjənt]

형 편리한

파 convenience 편리[편의]

Convenient items can help old people.

편리한 아이템들은 연장자들을 돕는다.

0410

unselor

상담원[카운슬러]

□□□ 상 고등필수

counselor [káunsələr]

명 상담원[카운슬러]

He became a **counselor**.

그는 **상담자**가 되었다.

0411

ourt

법정, 경기장, 궁정

□□□ 중 내신필수

court [kɔːrt]

명 법정, 경기장, 궁정

He will appear in **court** tomorrow.

그가 내일 **법원**에 출두한다.

0412

crdit

신용[신뢰](하다), 외상

□□□ 중 내신필수

credit [krédit]

명 동 신용[신뢰](하다), 외상

Many people use **credit** cards.

많은 사람이 **신용** 카드를 사용한다.

0413

rime

범죄

□□□ 중 고등필수

crime [kraim]

명 범죄

There is an increase in violent **crime**.

폭력 **범죄**의 증가가 있다.

0414

ulture

문화

□□□ 중 내신필수

culture [kʌltʃər]

명 문화

파 cultural 문화의

Each country has its own **culture**.

각각의 나라는 그들만의 **문화**를 가지고 있다.

0409 컨뷔니언트 0410 카운슬럴 0411 콜-트 0412 크뤠딧 0413 크롸임 0414 컬쳘

1분 안에 넘기기

시간 있으면 꼼꼼히 외우기

0415

ustomer

고객

□□□ 중 내신필수

customer [kʌstəmər]

명 고객

Where is the **customer** service center?

고객 서비스 센터가 어디에 있나요?

0416

cyberspac

사이버 공간

□□□ 상 고등필수

cyberspace [sáibərspèis]

명 사이버 공간

At the core of **cyberspace** is the Internet.

가상 공간의 핵심은 인터넷이다.

0417

d ocracy

민주주의

□□□ 상 내신필수

democracy [dimάkrəsi]

명 민주주의

liberal **democracy**

자유 **민주주의**

0418

d partment

부서[학과]

□□□ 중 내신필수

department [dipά:rtmənt]

명 부서[학과]

Governmental **Department**

정부 **부처**

0419

d tective

형사[탐정]

□□□ 상 고등필수

detective [ditéktiv]

명 형사[탐정]

I like to read a **detective** story.

나는 **탐정**소설 읽는 것을 좋아한다.

0420

uty

의무, 세금

□□□ 중 내신필수

duty [djú:ti]

명 의무, 세금

It is my **duty** to report you.

당신에게 보고하는 것이 내 **의무**이다.

0415 카스터멀 0416 싸이벌스페이스 0417 디마크뤄시 0418 디팔트먼트 0419 디텍티브 0420 듀디

 1분 안에 넘기기

 시간 있으면 꼼꼼히 외우기

0421

dyn  **sty**

왕조

□□□ 상 고등필수

dynasty [dáinəsti]

명 왕조

He wanted to found a **dynasty**.
그는 **왕조**를 세우기 원했다.

0422

 **rn**

(돈을) 벌다, 얻다

□□□ 중 내신필수

earn [əːrn]

동 (돈을) 벌다, 얻다

He **earns** about $10,000 a year.
그는 1년에 만 달러 정도 **번다**.

숙 earn one's living 생계를 유지하다

0423

e  **onomy**

경제

□□□ 중 내신필수

economy [ikάnəmi]

명 경제

It plays a role in the **economy**.
그것은 **경제**에서 역할을 한다.

0424

effi  **ient**

능률[효율]적인

□□□ 중 내신필수

efficient [ifíʃənt]

형 능률[효율]적인

She is an **efficient** secretary.
그녀는 **유능한** 비서이다.

0425

 **lderly**

연세 드신

□□□ 중 고등필수

elderly [éldərli]

형 연세 드신

They are an **elderly** couple.
그들은 **노**부부이다.

0426

 **lect**

(투표로) 선출하다

□□□ 중 내신필수

elect [ilékt]

동 (투표로) 선출하다

He is the newly **elected** leader.
그는 새로 **선출된** 지도자이다.

0421 **다**이너스티 0422 언- 0423 이**카**너미 0424 이**퓌**쎤트 0425 **엘**덜리 0426 일**렉**트

1분 안에 넘기기

시간 있으면 꼼꼼히 외우기

0427

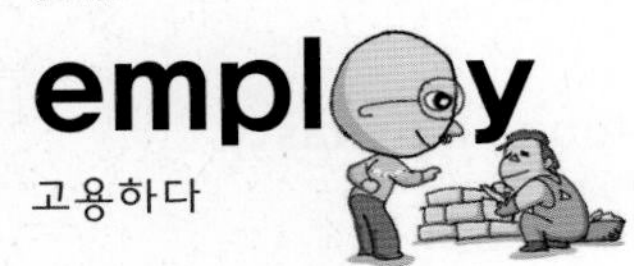

employ
고용하다

□□□ 중 내신필수
employ [implɔ́i]
동 고용하다
파 employee 종업원
We need to **employ** a laborer.
우리는 노동자를 **고용하는게** 필요하다.

0428

enemy
적

□□□ 중 내신필수
enemy [énəmi]
명 적
He fought the **enemy**.
그는 **적**들과 싸웠다.

0429

entire
전체[전부]의

□□□ 중 내신필수
entire [intáiər]
형 전체[전부]의
파 entirely 완전히
the **entire** staff
직원 **전체**

0430

export
명 수출(품) 동 수출하다

□□□ 중 내신필수
export [ikspɔ́:rt]
명 수출(품) 동 수출하다
They are **exported** to Europe.
그것들은 유럽으로 **수출된다**.

0431

extend
연장[확장]하다, 뻗다

□□□ 중 내신필수
extend [iksténd]
동 연장[확장]하다, 뻗다
There are plans to **extend** the road.
그들은 도로를 **넓힐** 계획을 한다.

0432

extra
추가의, 엑스트라

□□□ 중 내신필수
extra [ékstrə]
형 추가의, 엑스트라
Extra 15% Discount
15% **추가** 할인

0427 임플로이 0428 애너미 0429 인타이얼 0430 엑스폴트 0431 익쓰텐드 0432 엑스트라

1분 안에 넘기기

시간 있으면 꼼꼼히 외우기

0433
fa tory

공장

□□□ 중 내신필수
factory [fǽktəri]
명 공장
the **factory** manager
공장장

0434
fam us
유명한

□□□ 중 내신필수
famous [féiməs]
형 유명한
Albert Einstein is a **famous** scientist.
알버트 아인슈타인은 **유명한** 과학자이다.
숙 be famous for : ~으로 덮이다

0435
f r

멀리, 훨씬, 먼

□□□ 중 내신필수
far [fa:r]
부 멀리, 훨씬, 먼
Is it too **far** to walk?
걷기에는 너무 **먼가요**?
숙 so far 지금까지

0436
far

(교통) 요금

□□□ 중 내신필수
fare [fɛər]
명 (교통) 요금
How much is the **fare** to Seoul?
서울까지 **요금**이 얼마죠?

0437
f e
수수료[요금]

□□□ 중 내신필수
fee [fi:]
명 수수료[요금]
You must pay a patent **fee**.
당신은 특허 **비용**을 지불해야 합니다.

0438
fin l

마지막의
명 결승전, 기말 시험

□□□ 중 내신필수
final [fáinl]
형 마지막의 명 결승전, 기말 시험
파 finally 마침내
the **final** round
(경기의) **결승**

0433 **퐥**토리 0434 **풰**이머스 0435 퐐- 0436 풰얼 0437 퓌 0438 **퐈**이늘

1분 안에 넘기기

시간 있으면 꼼꼼히 외우기

0439

finan  ial

재정[금융]의

□□□ 중 고등필수

financial [fanǽnʃəl]

(형) 재정[금융]의

financial services

금융 서비스

0440

fi 

회사 (형)단단한[딱딱한]

□□□ 중 내신필수

firm [fəːrm]

(명) 회사 (형) 단단한[딱딱한]

firm ground

견고한 땅, 대지

0441

fo  us

초점(을 맞추다), 집중하다

□□□ 중 내신필수

focus [fóukəs]

(동) 초점(을 맞추다), 집중하다

The discussion **focused** on main problems.

그 논의는 주요 문제에 **집중했다**.

0442

f  llow

따르다

□□□ 중 내신필수

follow [fálou]

(동) 따르다

Ted and Jack **followed** me.

테드와 잭은 날 **따라왔다**.

0443

f  rbid

금(지)하다

□□□ 중  고등필수

forbid [fərbíd]

(동) 금(지)하다

My doctor has **forbidden** me to smoke.

의사가 내게 담배를 **금했다**.

0444

f  und

설립하다

□□□ 중 내신필수

found [faund]

(동) 설립하다

He **founded** a company.

그는 회사를 **설립했다**.

0439 퐈이**낸**셜 0440 풤- 0441 **포**커스 0442 **퐐**로우 0443 풜**비**드 0444 퐈운드

1분 안에 넘기기

시간 있으면 꼼꼼히 외우기

0445
foundation
기초, 기반, 창설

□□□ 중 고등필수
foundation [faundéiʃən]
명 기초, 기반, 창설
They'll start digging the **foundation**.
그들은 **기초** 공사를 시작할 겁니다.

0446
fund

기금[자금], 돈

□□□ 중 내신필수
fund [fʌnd]
명 기금[자금], 돈
파 refund 환불(금)
The **fund** increased.
자금이 늘어났다.

0447
gate

(대문), 탑승구

□□□ 중 내신필수
gate [geit]
명 (대문), 탑승구
Many people gathered at the front **gate**.
그 정**문**에 많은 사람이 모였다.

0448
global
세계[지구]의

□□□ 중 내신필수
global [glóubəl]
형 세계[지구]의
Get along with others in **global** society.
국제 사회 속에서 다른 사람들과 같이 잘 지내라.

0449
government

정부

□□□ 중 내신필수
government [gΛvərnmənt]
명 정부
파 govern 통치[지배]하다
The **government** bought Lincoln's picture.
그 **정부**는 링컨의 그림을 샀다.

0450
greet

인사하다, 환영하다

□□□ 중 내신필수
greet [gri:t]
동 인사하다, 환영하다
She **greeted** us with a smile.
그녀가 미소로 우리를 **환영했다**.

0445 파운**데**이션 0446 펀드 0447 게이트 0448 글**로**벌 0449 **가**붤먼트 0450 그륏

1분 안에 넘기기

시간 있으면 꼼꼼히 외우기

0451
gr wth
성장, 증가

□□□ 중 고등필수
growth [grouθ]
명 성장, 증가
rapid population **growth**
급속한 인구의 **증가**

0452
har

열심히, 세게
형단단한, 어려운

□□□ 하 내신필수
hard [ha:rd]
부 열심히, 세게 형 단단한, 어려운
It's **hard**, but I **work hard** because I like it.
힘들어도 제가 좋아서 하는 일이니까 **열심히 해요**.

0453
h lpful

도움이 되는, 유익한

□□□ 중 내신필수
helpful [hélpfl]
형 도움이 되는, 유익한
She got a **helpful** reply.
그녀는 **유익한** 답장을 받았다.

0454
hir

빌리다[세내다], 고용하다

□□□ 중 내신필수
hire [haiər]
동 빌리다[세내다], 고용하다
bicycles for **hire**
자전거 **대여**

0455
hu t
사냥하다

□□□ 중 내신필수
hunt [hʌnt]
동 사냥하다
They made weapons to **hunt** animals.
그들은 동물을 **사냥하기** 위해 무기를 만들었다.

0456
ill gal

불법의

□□□ 상 고등필수
illegal [ilíːgəl]
형 불법의
They buy **illegal** drugs.
그들은 **불법** 마약을 산다.

0451 그뤄우쓰 0452 할-드 0453 **햄**프풀 0454 **하**이얼 0455 헌트 0456 일**리**걸

 1분 안에 넘기기

 시간 있으면 꼼꼼히 외우기

0457

mport
수입(품) ⓢ수입하다

□□□ 중 내신필수
import [impɔ́:rt]
명 수입(품) 동 수입하다
imports from abroad
해외에서 들여온 **수입품들**

0458

inc me
소득[수입]

□□□ 중 고등필수
income [ínkʌm]
명 소득[수입]
Our **income** is fixed.
우리 **수입**은 일정하다.

0459
incre se
증가(하다),
증가시키다

□□□ 중 내신필수
increase [inkrí:s]
명동 증가(하다), 증가시키다
This growth **increases** the sales of products.
이러한 성장은 제품 판매를 **증가 시킨다**.

0460

indu try
산업[공업], 근면

□□□ 중 내신필수
industry [índəstri]
명 산업[공업], 근면
파 industrial 산업[공업]의
a hub of **industry**
산업의 중심지

0461

inf rm
알리다[통지하다]

□□□ 중 내신필수
inform [infɔ́:rm]
동 알리다[통지하다]
He **informed** us.
그가 우리에게 **알려줬어**.

0462

nformal
격식을 차리지 않는[비공식의]

□□□ 중 고등필수
informal [infɔ́:rməl]
형 격식을 차리지 않는[비공식의]
Our meetings are **informal** events.
저희 회의는 **비공식** 행사입니다.

0457 임**폴**트 0458 **인**컴 0459 인**크**뤼스 0460 **인**더스트뤼 0461 인**포**-옴 0462 인**포**멀

○ 1분 안에 넘기기

○ 시간 있으면 꼼꼼히 외우기

0463

inf rmation

정보

□□□ 중 내신필수

information [ìnfərméiʃən]

명 정보

Our brain receives a lot of **information**.

우리의 뇌는 많은 **정보**를 얻는다.

0464

internati nal

국제의, 국제적인

□□□ 중 내신필수

international [ìntərnǽʃənəl]

형 국제의, 국제적인

English is an **international** language.

영어는 **국제** 언어이다.

0465

int rview

면접(시험)

□□□ 중 내신필수

interview [íntərvjùː]

명 면접(시험)

Do a good job **interview**.

취업 **면접**을 잘 봐라.

0466

invad

(군사적으로) 침입하다, 쳐들어가다

□□□ 상 내신필수

invade [invéid]

동 (군사적으로)침입하다, 쳐들어가다

파 invasion 침략, 침해

Troops **invaded** on that year.

그해에 군대가 **침입했다**.

0467

inv t

(수익을 위해)투자하다

□□□ 중 내신필수

invest [invést]

동 (수익을 위해)투자하다

파 investment 투자

Now is a good time to **invest**.

지금이 **투자하기** 좋은 때이다.

0468

issu

쟁점[문제], 호
동 발표[발급]하다

□□□ 중 내신필수

issue [íʃuː]

명 쟁점[문제], 호 동 발표[발급]하다

It became a grave international **issue**.

그것이 중대한 국제적 **문제**가 됐다.

0463 **인**폴**메**이션 0464 **인**털**네**셔널 0465 **인**털뷰 0466 인**붸**이드 0467 인**붸**스트 0468 **이**슈

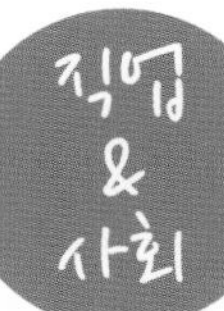

1분 안에 넘기기

시간 있으면 꼼꼼히 외우기

0469

j il

감옥[교도소]

□□□ 상 내신필수

jail [dʒeil]

명 감옥[교도소]

Police put her in **jail**.

경찰이 그녀를 **감옥**에 넣었다.

0470

j b

일, 일자리

□□□ 하 내신필수

job [dʒab]

명 일, 일자리

Don't worry. You'll do a great **job**.

걱정 마. 너는 정말 잘 해낼 거야.

0471

j in

가입하다, 함께하다, 연결하다

□□□ 하 내신필수

join [dʒɔin]

동 가입하다, 함께하다, 연결하다

Please **join** us!

같이 하자.

0472

journ lism

저널리즘[언론]

□□□ 중 고등필수

journalism [dʒə́:rnəlìzm]

명 저널리즘[언론]

Are you interested in **journalism**?

언론 쪽 일에 관심 있으세요?

0473

judg

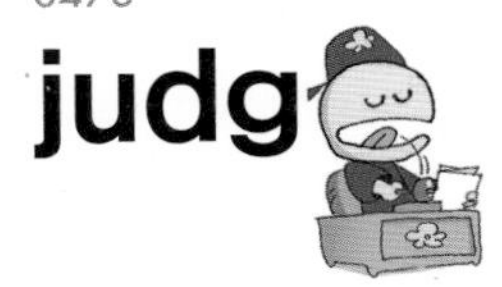

재판관

동판단[재판]하다

□□□ 중 내신필수

judge [dʒʌdʒ]

명 재판관 동 판단[재판]하다

파 judgment 판단, 심판

The **judge** handed down his decision.

재판관은 판결을 내렸다.

0474

k ngdom

왕국, ~(동물,식물)계

□□□ 중 고등필수

kingdom [kíŋdəm]

명 왕국, ~(동물,식물)계

the **kingdom** of God

하느님의 **왕국**

0469 줴일 0470 좝 0471 죠인 0472 져널리즘 0473 줘-지 0474 킹덤

1분 안에 넘기기

시간 있으면 꼼꼼히 외우기

0475

l bel
라벨[표/상표]

□□□ 중 내신필수
label [léibəl]
명 라벨[표/상표]
price **labels**
가격**표**

0476

lab r
노동(하다), 애쓰다

□□□ 중 고등필수
labor [léibər]
동 노동(하다), 애쓰다
labor union
노동조합

0477

l w
법(률)

□□□ 중 내신필수
law [lɔː]
명 법(률)
Finally, the **law** was changed.
마침내, **법률**이 개정되었다.

0478

lawy r
변호사

□□□ 중 내신필수
lawyer [lɔ́ːjər]
명 변호사
I need to hire a **lawyer**.
나는 **변호사**를 고용해야 한다.

0479

li ense
면허(증) 동 허가하다

□□□ 중 고등필수
license [láisəns]
명 면허(증) 동 허가하다
He got his driver's **license**.
그는 운전**면허증**을 땄다.

0480

litt r
쓰레기, 애완동물 깔개

□□□ 상 고등필수
litter [lítər]
명 쓰레기, 애완동물 깔개
No **Litter**.
쓰레기를 버리지 마시오.

0475 **레이**블 0476 **레이**벌 0477 러- 0478 **로이**열 0479 **라**이쓴스 0480 **리**럴

○ 1분 안에 넘기기

○ 시간 있으면 꼼꼼히 외우기

0481
magazin
잡지

□□□ 중 내신필수
magazine [mægəzíːn]
명 잡지
trade **magazine**
업계**지** (특정 업계나 전문 직업인 상대의 잡지)

0482

m jor
주요한, 중대한 명 전공

□□□ 중 내신필수
major [méidʒər]
형 주요한, 중대한 명 전공
There are two **major** problems.
두 가지 **큰** 문제점이 있다.

0483

m nage
경영[관리]하다, 해내다

□□□ 중 내신필수
manage [mǽnidʒ]
동 경영[관리]하다, 해내다
파 management 경영[관리] manager 경영[관리]자
'I can **manage**,' she said firmly.
"내가 **해낼** 수 있어." 그녀가 단호히 말했다.

0484
manufactur
제조하다

□□□ 중 고등필수
manufacture [mænjufǽktʃər]
동 제조하다
manufactured goods
제조된 상품

0485

m ber
구성원(특정 집단에 속하는 사람/동물/식물)

□□□ 하 내신필수
member [mémbər]
명 구성원(특정 집단에 속하는 사람/동물/식물)
The **members** spend many hours talking.
그 **회원들**은 대화하는데 많은 시간을 보냅니다.

0486

mer hant
상인

□□□ 중 고등필수
merchant [mə́ːrtʃənt]
명 상인
The **merchant** made a fortune.
상인은 큰돈을 벌었다.

0481 **매**거진- 0482 **메**이졀 0483 **매**니지 0484 **매**뉴**퓍**쳘 0485 **맴**벌 0486 **멀**쳔트

1분 안에 넘기기

시간 있으면 꼼꼼히 외우기

0487

militry

군사의, 군대

□□□ 중 고등필수

military [mílitèri]

형 군사의 명 군대

Our **military** is powerful.

우리의 **군대**는 강력하다.

0488

ministr

(영국을 비롯한 많은 국가들에서) 장관

□□□ 중 내신필수

minister [mínəstər]

명 (영국을 비롯한 많은 국가들에서) 장관

He criticized the **minister**.

그는 **장관**을 비난했다.

0489

mssion

임무, 전도, 포교

□□□ 중 고등필수

mission [míʃən]

명 임무, 전도, 포교

He has a sense of **mission**.

그는 **사명감**을 가지고 있다.

0490

mel

모델[모형/모범]

□□□ 초 내신필수

model [mάdl]

명 모델[모형/모범]

He is a true role **model** for us all.

그는 우리 모두에게 진정한 **본보기**이다.

0491

mdern

현대의, 현대적인

□□□ 중 내신필수

modern [mɑːdərn]

형 현대의, 현대적인

modern city life

현대의 도시 생활

0492

naton

국가, 민족

□□□ 중 내신필수

nation [néiʃən]

명 국가, 민족

파 national 국가[민족]의

There are many tourist areas in that **nation**.

그 **국가**에는 관광지가 많이 있다.

0487 **밀**리테뤼 0488 **미**니스털 0489 **미**션 0490 **마**들 0491 **마**던 0492 **네**이션

1분 안에 넘기기

시간 있으면 꼼꼼히 외우기

0493

n vy
해군

□□□ 중 내신필수

navy [néivi]

명 해군

an officer in the **navy**

해군 장교

0494

nurs
간호사

□□□ 중 내신필수

nurse [nəːrs]

명 간호사

The **nurse** is busy.

그 **간호사**는 바쁘다.

0495

ccupation
직업, 점령

□□□ 상 고등필수

occupation [ὰkjupéiʃən]

명 직업, 점령

파 occupy 차지하다

What's your **occupation**?

직업이 무엇입니까?

0496

offi e
사무실, 관청

□□□ 중 내신필수

office [ɔ́ːfis]

명 사무실, 관청

I'm looking for the **post office**.

저는 **우체국**을 찾고 있는데요.

0497

offi er
장교, 관리, 경찰관

□□□ 중 내신필수

officer [ɔ́ːfisər]

명 장교, 관리, 경찰관

파 official 공식의, 관리[임원]

public officer

공무원

0498

ord r
순서, 질서, 명령(하다), 주문(하다)

□□□ 하 내신필수

order [ɔ́ːrdər]

명동 순서, 질서, 명령(하다), 주문(하다)

파 orderly 정돈된, 정연한

May I take your **order**? **주문**하시겠습니까?

숙 in order to + 동사 : ~하기 위하여

0493 **네**이비 0494 널스 0495 어큐**페**이션 0496 **오**퓌스 0497 **오**퓌셜 0498 **올**덜

○ 1분 안에 넘기기

○ 시간 있으면 꼼꼼히 외우기

0499

organization

조직[단체/기구]

□□□ 상 고등필수

organization [ɔ̀rgən-izéiʃən]

명 조직[단체/기구]

파 organize 준비[조직]하다

Bin Laden **organization**

빈라덴 **조직**

0500

orphanage

보육원

□□□ 상 고등필수

orphanage [ɔ́:rfənidʒ]

명 보육원

She grew up in an **orphanage**.

그녀는 **보육원**에서 자랐다.

0501

ow

빚[신세]지고 있다

□□□ 중 내신필수

owe [ou]

동 빚[신세]지고 있다

You **owe** me!

나한테 **빚진** 거야!

숙 **owe** A **to** B : A는 B의 덕분이다

0502

pala

궁전

□□□ 중 내신필수

palace [pǽlis]

명 궁전

a royal **palace**

왕**궁**

0503

rk

공원 동주차하다

□□□ 중 내신필수

park [pa:rk]

명 공원 동 주차하다

I went to the **park** near my house.

집 근처의 **공원**에 갔다.

0504

p y

지불하다 명 봉급

□□□ 중 내신필수

pay [pei]

동 지불하다 명 봉급 파 payment 지불(금)

She had a hard time **paying** them **off**.

그녀는 그 돈을 **갚느라** 고생했다.

숙 **pay off** (빚을) 갚아 버리다

0499 올거너제이션 0500 올풔니이지 0501 오-우 0502 펠러스 0503 팔크 0504 페이

1분 안에 넘기기

시간 있으면 꼼꼼히 외우기

0505

p rform

공연[연주]하다, 수행하다

□□□ 중 내신필수

perform [pərfɔ́:rm]

명동 공연[연주]하다, 수행하다

The **dance** was performed yesterday.

그 **춤**은 어제 공연되었다.

0506

perf rmance

공연[연주], 수행

□□□ 중 고등필수

performance [pərfɔ́:rməns]

명 공연[연주], 수행

Brain size does not mean better **performance**.

뇌용량이 더 나은 **성능**을 의미하는 것은 아니다.

0507

pitf ll

위험[곤란]

□□□ 상 고등필수

pitfall [pɪtfɔ:l]

명 위험[곤란]

He fell into a **pitfall**.

그는 **위험**에 빠졌다.

0508

pock t

호주머니

형 소형의

□□□ 중 내신필수

pocket [pákit]

명 호주머니 형 소형의

Last week I bought a **pocket** calculator.

지난주에 나는 **소형** 계산기를 샀다.

0509

polic

경찰

□□□ 하 내신필수

police [pəlí:s]

명 경찰

There was the sound of **police** outside.

밖에서는 **경찰** 소리가 들렸다.

0510

politi s

정치

□□□ 중 고등필수

politics [pálətiks]

명 정치

파 political 정치의

party **politics**

정당 **정치**

0505 펄폼 0506 펄포먼스 0507 핏퓔 0508 파켙 0509 폴리스 0510 팔러틱스

1분 안에 넘기기

시간 있으면 꼼꼼히 외우기

0511

오염, 공해

□□□ (중) 내신필수

pollution [pəlúːʃən]

명 오염, 공해

파 pollute 오염

They cause a lot of **pollution.**

그들은 많은 **공해**를 초래한다.

0512

가난한, 불쌍한

□□□ (하) 내신필수

poor [puər]

형 가난한, 불쌍한

Wars make people **poor.**

전쟁은 사람들을 **가난하게** 한다.

0513

인기 있는, 대중의

□□□ (중) 내신필수

popular [pάpjulər]

형 인기 있는, 대중의

School uniforms are becoming **popular.**

학교 교복은 **인기**가 많아지고 있다

0514

population

인구

□□□ (중) 내신필수

population [pὰpjuléiʃən]

명 인구

China has the largest **population.**

중국은 가장 많은 **인구수**를 가지고 있다.

0515

초상화, 묘사

□□□ (상) 고등필수

portrait [pɔ́ːrtrit]

명 초상화, 묘사

He is painting a **portrait.**

그가 **초상화**를 그리고 있다.

0516

우편(물), 직위
동 게시하다

□□□ (중) 내신필수

post [poust]

명 우편(물), 직위 동 게시하다

I'm looking for the **post office.**

나는 **우체국**을 찾고 있다.

0511 폴루션 0512 푸얼 0513 파퓰럴 0514 파퓰레이션 0515 폴트뤹 0516 포우스트

○ 1분 안에 넘기기

○ 시간 있으면 꼼꼼히 외우기

0517

강력한

□□□ 중 내신필수

powerful [páuərfəl]

형 강력한

K-pop has become very **powerful** in Asia.

케이팝은 아시아에서 큰 **영향력**을 미치고 있다.

0518

현실[실질/실제]적인

□□□ 중 내신필수

practical [prǽktikəl]

형 현실[실질/실제]적인

The robot is **practical**.

그 로봇은 **실용적**이다.

0519

기도[기원]하다

□□□ 중 내신필수

pray [prei]

동 기도[기원]하다

They **prayed** to Amon.

그들은 Amon(이집트 신)에게 **기도했다**.

0520

pres dent

대통령, 장(長)

□□□ 중 내신필수

president [prézədənt]

명 대통령, 장(長)

He was one of the greatest **presidents**.

그는 위대한 **대통령** 중 한 명이었다.

0521

값[가격]

□□□ 중 내신필수

price [prais]

명 값[가격]

The **price** is too high.

가격이 너무 비싸군요.

0522

교장, 장 형주요한

□□□ 상 내신필수

principal [prínsəpəl]

명 교장, 장 형 주요한

He is the **principal** cause of the failure.

그가 실패한 **주요** 원인이다.

0517 파월풜 0518 프뤡티컬 0519 프뤠이 0520 프뤠지던트 0521 프롸이스 0522 프륀씨플

○ 1분 안에 넘기기

○ 시간 있으면 꼼꼼히 외우기

0523

pris○n

감옥[교도소]

□□□ 중 내신필수

prison [prízn]

명 감옥[교도소]

They escaped from **prison**.
그들은 탈**옥**했다.

0524

produ○e

생산하다

□□□ 중 내신필수

produce [prədjúːs]

동 생산하다

파 producer 생산자

Countries need to **produce** more food.
나라들은 더 많은 식량을 **생산해야** 합니다.

0525

pr○duct

생산물[제품]

□□□ 중 내신필수

product [prάdʌkt]

명 생산물[제품]

파 production 생산

What **product** do you want?
어떤 **제품**을 원하세요?

0526

prof○ssion

전문직[직업/직종]

□□□ 중 고등필수

profession [prəféʃən]

명 전문직[직업/직종]

파 professional 직업의

She is a medical doctor by **profession**.
그녀의 **직업**은 의사이다.

0527

pr○fit

이익(을 얻다[주다])

□□□ 중 고등필수

profit [prάfit]

명동 이익(을 얻다[주다])

He gained a lot of **profit**.
그는 많은 **이익**을 얻었다.

0528

prov○e

제공[공급]하다

□□□ 중 내신필수

provide [prəváid]

동 제공[공급]하다

They **provide** many things.
그들은 많은 것을 **제공한다**.

0523 **프**뤼즌 0524 프뤄**듀**스 0525 **프**롸덕트 0526 프뤄**풰**션 0527 **프**롸핕 0528 프뤄**봐**이드

○ 1분 안에 넘기기

○ 시간 있으면 꼼꼼히 외우기

0529

publi

대중[공공]의
명 대중

□□□ 중 내신필수

public [pΛblik]

형 대중[공공]의 명 대중

파 publication 출판

Where is there a **public** restroom?
공중화장실은 어디에 있어요?

0530

publ sh

출판[발행]하다

□□□ 중 고등필수

publish [pʌblɪʃ]

동 출판[발행]하다

파 publisher 출판인

The first edition was **published** in 2000.
초판은 2000년에 **출판되었다**.

0531

pun sh

벌주다[처벌하다]

□□□ 중 내신필수

punish [pΛniʃ]

동 벌주다[처벌하다]

파 punishment 처벌

We'll **punish** him with the law.
우리는 그를 법에 따라 **처벌**할 것이다.

0532

ra

경주(하다), 인종

□□□ 중 내신필수

race [reis]

명동 경주(하다), 인종

Who won the **race**?
그 **경주**에서는 누가 이겼나요?

0533

r nk

지위[계급]

□□□ 중 내신필수

rank [ræŋk]

명 지위[계급]

people of high social **rank**
사회적 **지위**가 높은 사람들

0534

rap d

빠른, 급속한

□□□ 중 고등필수

rapid [rǽpid]

형 빠른, 급속한

파 rapidly 빨리

rapid population growth
급속한 인구의 증가

0529 **퍼**블릭 0530 **퍼**블리쉬 0531 **퍼**니쉬 0532 뤠이스 0533 뤵크 0534 **뤠**피드

○ 1분 안에 넘기기

○ 시간 있으면 꼼꼼히 외우기

0535

reg on
지역

□□□ 중 내신필수
region [rí:dʒən]
명 지역
Some birds move to a warmer **region**.
몇몇 새들은 더 따뜻한 **지역**으로 이동한다.

0536

r ject
거부[거절]하다

□□□ 중 고등필수
reject [ridʒékt]
동 거부[거절]하다
The proposal was **rejected**.
그 계획안은 **거절당했다**.

0537

rel ase
풀어 주다, 방출하다

□□□ 중 고등필수
release [rilí:s]
동 풀어 주다, 방출하다
He was **released**.
그는 **석방되었다**.

0538

r ligion
종교

□□□ 중 고등필수
religion [rilídʒən]
명 종교
파 religious 종교의
Nations fought over **religious** differences.
국가들은 **종교적인** 차이점으로 싸웠다.

0539

r nt
임대료, 빌리다[임대하다]

□□□ 중 고등필수
rent [rent]
명 임대료 동 빌리다[임대하다]
How much does it **rent** for?
그거 **임대료**가 얼마에요?

0540
rep rt
보고[보도](하다)

□□□ 중 내신필수
report [ripɔ́:rt]
명동 보고[보도](하다)
The committee will **report** on its research.
그 위원회가 조사에 대한 **발표**를 할 것이다.

0535 뤼젼 0536 뤼젝트 0537 륄리스 0538 륄리젼 0539 렌트 0540 뤼폴트

○ 1분 안에 넘기기

○ 시간 있으면 꼼꼼히 외우기

0541 represent
나타내다, 대표하다

□□□ 중 고등필수

represent [rèprizént]

㊐ 나타내다, 대표하다

He **represents** us.
그는 우리를 **대표한다**.

0542 republic
공화국

□□□ 중 고등필수

republic [ripΛblik]

㊔ 공화국

Ameriaca is a **republic**.
미국은 **공화국**이다.

0543 request
요청[요구/신청](하다)

□□□ 상 고등필수

request [rikwést]

㊔㊐ 요청[요구/신청](하다)

They made a **request** for further aid.
그들은 추가 원조를 **요청**했다.

0544 reservation
예약

□□□ 중 내신필수

reservation [rèzərvéiʃən]

㊔ 예약

파 reserve 예약하다

What is your **reservation** number?
예약 번호가 무엇입니까?

0545 responsibility
책임

□□□ 상 내신필수

responsibility [rispɑ̀nsəbíləti]

㊔ 책임

파 responsible 책임 있는

They have **responsibility** in common.
그들은 공통의 **책임감**을 가지고 있습니다.

0546 restaurant
레스토랑[식당]

□□□ 중 내신필수

restaurant [réstərənt]

㊔ 레스토랑[식당]

Richard's Family **Restaurant**
리차드의 가족 **레스토랑**

0541 **뤠**프리**젠**트 0542 뤼**퍼**블릭 0543 뤼**퀘**스트 0544 **뤠**절**붸**이션 0545 뤼스**판**서**빌**러디 0546 **뤠**스토란트

1분 안에 넘기기

시간 있으면 꼼꼼히 외우기

0547

rev al
드러내다[밝히다]

□□□ 중 고등필수
reveal [riví:l]
동 드러내다[밝히다]
The murder was **revealed** in the paper.
그 살인 사건이 신문에 **드러나** 있었다.

0548

revoluti n
혁명, 회전(공전)

□□□ 중 고등필수
revolution [rèvəlú:ʃən]
명 혁명, 회전(공전)
Famine started the **revolution**.
기근은 **혁명**을 일으켰다.

0549

rew rd
보상(하다), 보상금

□□□ 중 고등필수
reward [riwɔ́:rd]
명동 보상(하다), 보상금
The **reward** is a beautiful picture.
그 **보상**은 멋진 그림이다.

0550

rid
타다 명타기, 탈것

□□□ 중 내신필수
ride [raid]
동 타다 명 타기, 탈것
Many people **ride** a bike.
많은 사람은 자전거를 **탄다**.
숙 go for a ride 타러 가다, 드라이브하러 가다

0551

r b
강탈하다[털다, 빼앗다]

□□□ 중 고등필수
rob [rab]
동 강탈하다[털다, 빼앗다]
He **robbed** a bank.
그는 은행을 **털었다**.

0552

robb r
강도, 도둑

□□□ 상 고등필수
robber [rάbər]
명 강도, 도둑
bank **robber**
은행 **강도**

0547 뤼**빌** 0548 **뤠**볼**루**션 0549 뤼**월**드 0550 롸이드 0551 롸- 0552 **롸**벌

○ 1분 안에 넘기기

○ 시간 있으면 꼼꼼히 외우기

0553

□□□ 중 내신필수

royal [rɔ́iəl]
㊎ 왕의
the **royal** family
왕가[왕실]

0554

□□□ 중 내신필수

sale [seil]
㊔ 판매
Sales are up on last year.
매출이 작년에 비해 올랐다.

0555

□□□ 중 내신필수

scale [skeil]
㊔ 규모, 등급, 저울
This is a huge-**scale** project.
이건 대**규모** 프로젝트다.

0556

장면, 현장

□□□ 중 내신필수

scene [siːn]
㊔ 장면, 현장
I would never forget the last **scene**.
나는 마지막 **장면**을 절대 못 잊을거야.

0557

화면[스크린]
㊍가리다/차단하다

□□□ 하 내신필수

screen [skriːn]
㊔ 화면[스크린] ㊍ 가리다/차단하다
Never sit too close to a **screen**.
화면에 너무 가까이 앉지 마라.

0558

찾기, 수색 ㊍찾아[살펴]보다

□□□ 중 내신필수

search [səːrʧ]
㊔ 찾기, 수색 ㊍ 찾아[살펴]보다
They have to **search** through the trash.
그들은 쓰레기를 **뒤져야**만 한다.
㊏ in search of ~을 찾아서 : ~을 추구하여

0553 로열 0554 쎄일 0555 스케일 0556 씬- 0557 스크륀 0558 썰취

○ 1분 안에 넘기기

○ 시간 있으면 꼼꼼히 외우기

0559

se retary

비서

□□□ 중 고등필수

secretary [sékrətèri]

명 비서

Please contact my **secretary**.

제 **비서**와 연락해 주시기 바랍니다.

0560

se urity

보안[안보], 보호

□□□ 중 고등필수

security [sikjúərəti]

명 보안[안보], 보호

airport **security**

공항 **보안**[경비]

0561

s ll

팔다

□□□ 하 내신필수

sell [sel]

동 팔다 팁 oversell 부풀려[과장해서] 말하다

Sweden even **sells** butter to England.

스웨덴은 심지어 버터를 영국에 **팔기**까지 한다.

0562

s rvant

하인

□□□ 중 내신필수

servant [sə́:rvənt]

명 하인

The **servant** was faithful.

그 **하인**은 충실했다.

0563

sett e

해결하다, 정착하다

□□□ 중 고등필수

settle [sétl]

동 해결하다, 정착하다

They were able to **settle** the problem.

그들은 그 문제를 **해결할** 수 있었다.

0564

sheph rd

양치기

□□□ 상 고등필수

shepherd [ʃépərd]

명 양치기

A **shepherd** takes care of sheep.

양치기는 양들을 돌본다.

0559 **쎄**크러테리 0560 씨**큐**러리 0561 쎌 0562 **썰**붠트 0563 **쎄**를 0564 **쎄**펄드

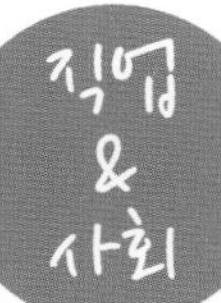

○ 1분 안에 넘기기

○ 시간 있으면 꼼꼼히 외우기

0565

slav

노예

□□□ 중 고등필수

slave [sleiv]

명 노예 유 slavery 노예

I was not a **slave** any more!
나는 더 이상 **노예**가 아니었다.

0566

so ial
사회의

□□□ 중 내신필수

social [sóuʃəl]

형 사회의

social problems
사회적 문제들

0567

soc ety

사회

□□□ 중 내신필수

society [səsáiəti]

명 사회

Today we studied **society**.
오늘 우리는 **사회**를 공부했다.

0568

s ldier

군인[병사]

□□□ 중 내신필수

soldier [sóuldʒər]

명 군인[병사]

He was a very proud **soldier**.
그는 매우 자랑스러운 **군인**이었다.

0569

spe tator

관중, 관객, 구경꾼

□□□ 상 고등필수

spectator [spékteitər]

명 관중, 관객, 구경꾼

The **spectators** yelled.
관중은 소리를 질렀다.

0570

sp ech

연설, 말

□□□ 중 내신필수

speech [spiːtʃ]

명 연설, 말

His **speech** was reported.
그의 **연설**이 보도되었다.

숙 make a speech 연설을 하다

0565 슬레이브　0566 **쏘**셜　0567 쏘**싸**이어디　0568 **쏠**졀　0569 스**펙**테이럴　0570 스피치

1분 안에 넘기기

시간 있으면 꼼꼼히 외우기

0571

st ge
단계, 무대

□□□ 하 내신필수

stage [steidʒ]
명 단계, 무대
파 backstage 무대 뒤에서
She sang on the **stage**.
그녀는 **무대**에서 노래를 불렀다.

0572

statem nt
성명, 진술

□□□ 중 고등필수

statement [stéitmənt]
명 성명, 진술
Is your **statement** true or false?
당신의 **진술**은 참인가요 거짓인가요?

0573

sto k
(상점의) 재고품, 주식

□□□ 중 고등필수

stock [stak]
명 (상점의) 재고품, 주식
The **stock** I bought has gone up.
내가 산 **주식**이 올랐다.

0574

st re
가게 동 비축[저장] 하다

□□□ 중 내신필수

store [stɔ:r]
명 가게 동 비축[저장] 하다
I bought a skirt in your **store**.
나는 당신의 **상점**에서 치마를 샀다.

0575

stre t
거리[도로]

□□□ 하 내신필수

street [stri:t]
명 거리[도로]
I ride a bike on city **streets**.
나는 도시의 **거리**에서 자전거를 탄다.

0576

stru ture
구조, 구조[건축]물

□□□ 중 고등필수

structure [strʌktʃər]
명 구조, 구조[건축]물
the **structure** of the building
그 건물의 **구조**

0571 스테이지 0572 스테잍먼트 0573 스탁 0574 스토얼 0575 스트륃- 0576 스트뤜춸

○ 1분 안에 넘기기

○ 시간 있으면 꼼꼼히 외우기

0577

tuff
것(들) ⓢ채우다

□□□ 상 고등필수
stuff [stʌf]
명 것(들) 동 채우다
The room is full of **stuff**.
그 방은 **물건**들로 가득하다.

0578
subw  y
지하철

□□□ 상 내신필수
subway [sʌbwèi]
명 지하철
subway station
지하철역

0579
succ  ss
성공, 성과

□□□ 중 내신필수
success [səksés]
명 성공, 성과
파 successful 성공한 successfully 성공적으로
The road to **success** was hard for her.
그녀에게 **성공**을 향한 길은 힘들었다.

0580

upply
공급(량) ⓢ공급하다

□□□ 중 내신필수
supply [səplái]
명 공급(량) 동 공급하다
They **supplied** food to us.
그들은 우리에게 식량을 **공급했다**.

0581
surv  y
조사(하다)

□□□ 중 고등필수
survey [sərvéi]
명동 조사(하다)
The results of the **survey** came out.
조사 결과가 나왔다.

0582
sw  ar
맹세하다, 욕하다

□□□ 중 고등필수
swear [swɛər]
동 맹세하다, 욕하다
I **swear** in the name of God.
신의 이름으로 **맹세합니다**.

0577 스터프 0578 써브웨이 0579 썩쎄스 0580 써플라이 0581 썰붸이 0582 스웨얼

1분 안에 넘기기

시간 있으면 꼼꼼히 외우기

0583
symb l
상징

□□□ 하 내신필수
symbol [símbəl]
명 상징
We are surrounded by many **symbols**.
우리는 다양한 **상징들**에 둘러싸여 있다.

0584
t x
세금

□□□ 중 내신필수
tax [tæks]
명 세금
tax increases
세금 인상

0585
temp rary
일시적인[임시의]

□□□ 상 고등필수
temporary [témpərèri]
형 일시적인[임시의]
The staff are **temporary**.
직원들은 **임시직**이다.

0586
th ater
극장, 연극

□□□ 중 내신필수
theater [θí:ətər]
명 극장, 연극
uncomfortable movie **theater** seats
불편한 **극장** 좌석들

0587
thi f
도둑

□□□ 중 내신필수
thief [θi:f]
명 도둑
The **thief** is probably in the same room.
그 **도둑**도 분명히 같은 방에 있을 것이다.

0588
th usand
천[1000]의

□□□ 중 내신필수
thousand [θáuzənd]
명형 천[1000]의
It is worth a few **thousand** dollars.
그것은 몇 **천** 달러의 가치가 있어요.

0583 **씸**벌 0584 택스 0585 **템**퍼레뤼 0586 **띠**어럴 0587 띠프 0588 **따**우젼드

1분 안에 넘기기

시간 있으면 꼼꼼히 외우기

0589

t p

(뾰족한) 끝, 팁, 조언

□□□ 중 내신필수

tip [tip]

명 (뾰족한) 끝, 팁, 조언

Here is a **tip** you should keep in mind.

꼭 기억해야 할 **요령** 하나가 있어요.

0590

trad

거래[무역](하다)

□□□ 중 내신필수

trade [treid]

명형 거래[무역](하다)

He had **trade** contacts all over Africa.

그는 아프리카 전역을 접촉하면서 **거래**했다.

0591

tr nslate

번역[통역]하다

□□□ 상 고등필수

translate [trænsléit]

동 번역[통역]하다

She **translated** the letter into English.

그녀는 그 편지를 영어로 **번역했다**.

0592

treasur

보물

□□□ 중 내신필수

treasure [tréʒər]

명 보물

It's a ship carrying rich **treasures**.

그것은 풍부한 **보물**을 싣고 있는 배이다!

0593

tr al

재판, 시험[실험, 시도]

□□□ 중 고등필수

trial [tráiəl]

명 재판, 시험[실험, 시도]

The case is on **trial**.

그 사건은 **재판** 중이다

0594

typ cal

전형적인

□□□ 상 고등필수

typical [típikəl]

형 전형적인

This is **typical** of the British.

이것은 영국의 **전형적인** 모습이다.

0589 팁 0590 트뤠이드 0591 트뢘스레잍 0592 트뤠졀 0593 트롸이얼 0594 티피컬

1분 안에 넘기기

시간 있으면 꼼꼼히 외우기

0595

unaware

을 알지[눈치 채지] 못하는

□□□ 상 고등필수

unaware [ʌnəwer]

형 을 알지[눈치 채지] 못하는

He was completely **unaware.**

그는 전혀 **눈치 채지** 못했다.

0596

unfy

통일[통합]하다

□□□ 상 내신필수

unify [júːnəfài]

동 통일[통합]하다

파 unification 통일[통합]

Shilla **unified** three Kingdoms.

신라가 삼국을 **통일했다.**

0597

unit

연합[통합]하다

□□□ 중 내신필수

unite [juːnáit]

동 연합[통합]하다

They **united.**

그들은 **연합했다.**

0598

un ty

통합, 통일

□□□ 중 고등필수

unity [júːnəti]

명 통합, 통일

European **unity**

유럽 **통합**

0599

usful

유용한[쓸모 있는]

□□□ 중 내신필수

useful [júːsfəl]

형 유용한[쓸모 있는]

파 usual 보통의

I will give you **useful** information.

유용한 정보를 드리겠습니다.

0600

varius

여러 가지의[다양한]

□□□ 중 고등필수

various [vέəriəs]

형 여러 가지의[다양한]

Various programs should be offered.

여러 가지 프로그램이 제공되야 한다.

0595 **언**어**웨**얼 0596 **유**니퐈이 0597 유**나**이트 0598 **유**니티 0599 **유**쓰풀 0600 **붸**리어스

1분 안에 넘기기

시간 있으면 꼼꼼히 외우기

0601

vi tory

승리

□□□ 중 내신필수

victory [víktəri]

명 승리

He led his team to **victory**.

그는 팀을 **승리**로 이끌었다.

0602

volunt er

자원봉사자,
자원[지원]하다

□□□ 상 고등필수

volunteer [vɑ̀ləntíər]

명 자원봉사자 동 자원[지원]하다

They were prompt to **volunteer**.

그들은 즉시 **지원**했다.

0603

v te

투표(하다)

□□□ 중 내신필수

vote [vout]

명동 투표(하다)

파 voter 투표자

You have the right to **vote**.

당신은 **투표**할 권리가 있습니다.

0604

wag

임금[급료]

□□□ 중 고등필수

wage [weidʒ]

명 임금[급료]

They have asked for a **wage** increase.

그들은 **급료** 인상을 요구했다.

0605

wag n

짐마차,
4륜마차

□□□ 상 내신필수

wagon [wǽgən]

명 짐마차, 4륜마차

A horse draws a **wagon**.

말은 **짐마차**를 끈다.

0606

w r

전쟁

□□□ 하 내신필수

war [wɔːr]

명 전쟁

Second World **War**

제2차 세계 **대전**

0601 **뷕**토리 0602 **발**룬**티**얼 0603 **뷔**우트 0604 웨이쥐 0605 **왜**건 0606 월-

1분 안에 넘기기

시간 있으면 꼼꼼히 외우기

0607

w  rn

경고하다

□□□ 중 내신필수

warn [wɔːrn]

동 경고하다

The referee **warned** him.

심판이 그에게 **경고를 주었다**.

0608

w  apon

무기

□□□ 중 고등필수

weapon [wépən]

명 무기

They made **weapons** to hunt animals.

그들은 동물을 사냥하기 위해 **무기**를 만들었다.

0609

whi  tle

호각, 호루라기

□□□ 중 고등필수

whistle [hwísl]

명 호각, 호루라기

police **whistle**

경찰 **호루라기**

0610

w n

이기다, 획득하다

□□□ 하 내신필수

win [win]

동 이기다, 획득하다

He **won** the game.

그는 게임에서 **이겼다**.

0611

w  rk

일(하다) 명 작품

□□□ 하 내신필수

work [wəːrk]

동 일(하다) 명 작품

It is unpleasant **work**.

그것은 하기 싫은 **작업**이다.

숙 go to work 일하러 가다

0612

yi  ld

(수익/결과/농작물 등을) 내다

□□□ 중 고등필수

yield [jiːld]

동 (수익/결과/농작물 등을) 내다

How much does it **yield**?

얼마나 많은 **수익을 냈니**?

0607 워-언 0608 **웨**펀 0609 **위**쓸 0610 윈- 0611 월크 0612 이일드

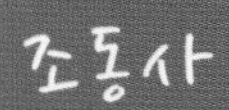

조동사란?

다른동사 앞에 붙어 능력, 허가, 추측, 제안, 의무, 충고 등의 의미를 더하는 동사인데요. 주어의 인칭과 수에 관계없이 항상 형태가 같고 형식은 '조동사+동사원형'이에요.

can	…할 수 있다	I **can** play football well. 나는 축구를 잘할 수 있어요.
might	…해도 된다	You **might** play the game. 게임 해도 된다.
must	…해야 하다	You **must** sleep less. 너는 잠을 줄여야 해.
have to	…해야 한다	I **have to** exercise. 나는 운동을 해야만 해.
have got to	…해야 한다.	You **have got to** clean your room. 난 방청소를 해야 해.
do not have to	…할 필요가 없다	You **do not have to** study today. 오늘은 공부할 필요가 없단다.
need not	…할 필요가 없다. …하지 않아도 된다	You **need not** fear him. 그를 무서워 할 필요는 없어.
must not	…해서는 안된다.	You **must not** tell lies. 거짓말해서는 안 된단다.
had better	(~하는 것이) 좋을 것이다 (꼭 그래야 함을 뜻함)	You **had better** open the door. 문을 열어두었으면 좋겠구나.
should	…해야 한다	You **should** wash. 너 좀 씻어야겠다.
should rather	…해야 한다	You **should rather** concentrate in class. 수업시간에 집중하는 게 좋겠구나.
should have p.p	…했어야 했다	You **should have** gone to bed early. 일찍 잤으면 좋았을 텐데.
may I	…도 될까요?	**May I** watch TV? tv 봐도 되나요?
could I	…도 될까요?	**Could I** play with my friends? 친구랑 놀아도 되나요?
would you	…도 될까요?	**Would you** like to eat? 먹을 것 좀 드실래요?
could you	…도 될까요?	**Could you** do me a favor? 부탁 하나만 들어줄 수 있어?
could	…해 보는게 좋을거 같은데	It would be good if I **could** read many books. 책을 많이 읽어 보는 게 좋을 텐데.
would	…하곤 했다	At night he **would** go out. 그는 밤에 집을 나가곤 했다.
used to	…하곤 했다 (과거에 했지만 현재에는 하지 않음)	I **used to** catch frogs in the summer. 여름이면 개구리를 잡곤 했다.

Chapter3 복습문제

A 우리말에 대응하는 영어 써보기

01. 기념일
02. 저자
03. 건설[공사]
04. 공장
05. 인사하다
06. 증가(하다)
07. 정보
08. 순서, 질서
09. 기도[기원]하다
10. 거래[무역]

B 빈칸에 단어 넣어보기

11. 20**세기** the 20th ________
12. 입장**료** admission ________s
13. **편리한** 아이템들 ________ items
14. 직원 **전체** ________ staff
15. 특허 **비용** a patent ________
16. **금융** 서비스 ________ services
17. **산업**의 중심지 a hub of ________
18. **사회적** 문제들 ________ problems
19. 풍부한 **보물**들 rich ________s
20. 여러 가지 **프로그램** ________ programs

C 문맥에 맞는 단어 골라 쓰기

보기 | contact efficient speech chief occupation

21. Do you know what is the ________ cause? **주된** 원인이 무엇인줄 아느냐?
22. I am in ________ with him. 나는 그와 **연락하고** 지낸다.
23. She is an ________ secretary. 그녀는 **유능한** 비서이다.
24. What's your ________? **직업**이 무엇입니까?
25. His ________ was reported. 그의 **연설**이 보도되었다.

정답 | **A** 앞면참조 **B** 11 century 12 charge 13 convenient 14 entire 15 fee 16 financial 17 industry 18 social 19 treasure 20 various **C** 21 chief 22 contact 23 efficient 24 occupation 25 speech

40점 넘기기

Chapter 4
School
학교

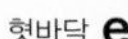

입벌린 c

머리묶은 a

동글이 o

목떨어진 i

- On Campus (교내에서)
- Curriculum (교육과정)
- Student Life (학생생활)
- Human Studies (인류연구)
- Sports (스포츠)
- Associated Words (연관된 단어들)

○ 1분 안에 넘기기

○ 시간 있으면 꼼꼼히 외우기

0613

bsent
결석한, 없는

□□□ 중 내신필수

absent [ǽbsənt]

형 결석한, 없는

She's **absent**.
그녀는 **결석**이다.

숙 be absent from : ~에 결석하다

0614

ac demic
학문의, 학구적인

□□□ 중 고등필수

academic [ækədémik]

형 학문의, 학구적인

파 academically 학문적으로

They start the new **academic** year.
그들은 새 **학**년을 시작한다.

0615

a m
목표(로 삼다), 겨누다

□□□ 중 고등필수

aim [eim]

명동 목표(로 삼다), 겨누다

the **aims** of the lesson
학습 **목표**

0616

ngle
각(도)

□□□ 중 내신필수

angle [ǽŋgl]

명 각(도)

Take a photo from a different **angle**.
다른 **각도**에서 찍어라.

0617

ptitude
적성

□□□ 중 고등필수

aptitude [ǽptətjùːd]

명 적성

An **aptitude** test was held in the second period.
2교시에 **적성** 검사를 실시했다.

0618

rt
미술, 예술, 기술

□□□ 하 내신필수

art [ɑːrt]

명 미술, 예술, 기술

modern **art**
현대 **미술**

혓바닥 e

입벌린 c

머리묶은 a

동글이 o

목떨어진 i

0613 엡쓴트 0614 애커데믹 0615 에임 0616 앵글 0617 앱티튜-드 0618 알-트

○ 1분 안에 넘기기

○ 시간 있으면 꼼꼼히 외우기

0619

ttend

출석[참석]하다, 다니다

□□□ 중 내신필수

attend [əténd]

동 출석[참석]하다, 다니다

파 attendant 종업원

She **attended** the meeting.

그녀는 회의에 **참석했다**.

0620

attenti n

주의[주목]

□□□ 중 내신필수

attention [əténʃən]

명 주의[주목]

Drivers have to **pay attention to** the road.

운전자들은 도로에서 세심한 **주의를 해**야 한다.

숙 bpay attention to : ~에 주의를 기울이다

0621

attitud

태도[자세]

□□□ 중 고등필수

attitude [ǽtitjùːd]

명 태도[자세]

Change your **attitude**!

너의 **태도**를 바꿔라.

0622

b dly

잘못[안 좋게], 몹시[심하게]

□□□ 하 내신필수

badly [bǽdli]

부 잘못[안 좋게], 몹시[심하게]

I **badly** want a new cell phone.

새 핸드폰을 **몹시** 갖고 싶다.

0623

b t

박쥐, 배트(로 공을 치다)

□□□ 중 내신필수

bat [bæt]

명동 박쥐, 배트(로 공을 치다)

a baseball **bat**

야구 **방망이**

0624

bl nk

공백[빈칸](의)

□□□ 중 고등필수

blank [blæŋk]

명 공백[빈칸](의)

Fill in the **blank**.

빈칸을 채우세요.

0619 어**텐**드 0620 어**텐**션 0621 **애**디튜드 0622 **배**들리 0623 배트 0624 블랭크

1분 안에 넘기기

시간 있으면 꼼꼼히 외우기

0625

borr w
빌리다

□□□ 중 내신필수
borrow [bɑ́rou]
동 빌리다
Could I **borrow** your pen?
펜 좀 **빌려** 줄래?

0626

b th
양쪽[둘 다](의)

□□□ 하 내신필수
both [bouθ]
형 양쪽[둘 다](의)
Both travelers rushed to the beach.
두 여행자 모두는 해변으로 달려갔다.

0627

c lculate
계산하다

□□□ 상 내신필수
calculate [kǽlkjulèit]
동 계산하다
파 calculator 계산기
It is easy to **calculate** it.
이건 **계산하기** 쉬워.

0628

ch lk
분필

□□□ 중 내신필수
chalk [ʧɔ:k]
명 분필
a box of coloured **chalks**
색**분필** 한 통

0629

ch ose
고르다[선택하다]

□□□ 중 내신필수
choose [ʧu:z]
동 고르다[선택하다]
파 choice 선택
He **chose** a reference book.
그는 참고서를 **골랐다**.

0630

circl
원(을 그리다),
집단

□□□ 중 내신필수
circle [sə́:rkl]
명동 원(을 그리다), 집단
파 encircle (둥글게)둘러싸다
Draw a **circle**.
원을 하나 그려라.

0625 **버**뤄우 0626 보우쓰 0627 **캘**큐레이트 0628 쵸크 0629 츄~즈 0630 **썰**클

○ 1분 안에 넘기기

○ 시간 있으면 꼼꼼히 외우기

0631
class cal
고전의, 고전적인

□□□ 중 내신필수
classical [klǽsikəl]
형 고전의, 고전적인
Some **classical** composers died quite young.
몇몇 **클래식** 작곡가 중 일부는 아주 젊어서 죽었다.

0632

coa h
코치, 코치[지도]하다

□□□ 중 고등필수
coach [koutʃ]
명동 코치, 코치[지도]하다
He is a **coach** of a basketball team.
그는 농구 팀의 **코치**입니다.

0633

colleg
대학

□□□ 중 내신필수
college [kálidʒ]
명 대학
He is in **college**.
그는 **대학**을 다니고 있다.

0634

mmunication
의사소통, 통신

□□□ 중 내신필수
communication [kəmjù:nəkéiʃən]
명 의사소통, 통신
E-mail is a means of **communication**.
E-메일은 **커뮤니케이션**의 수단이다.

0635

mpete
경쟁하다

□□□ 상 고등필수
compete [kəmpí:t]
동 경쟁하다
파 competition 경쟁, 대회[시합]
They **compete** for first and second place.
그들은 1, 2등을 **다툰다**.

0636

c mplete
완전한 동 끝내다[완성하다]

□□□ 상 내신필수
complete [kəmplí:t]
형 완전한 동 끝내다[완성하다]
파 completely 완전히
It was a moment of **complete** happiness.
그것은 **완전한** 행복의 순간이었다.

0631 **클**래씨컬 0632 코우치 0633 **칼**리지 0634 커**뮤**니**케**이션 0635 컴**피**트 0636 컴**플**리트

 1분 안에 넘기기

 시간 있으면 꼼꼼히 외우기

0637

mprehend

이해하다, 포함하다

□□□ 상 고등필수

comprehend [kàmprihénd]

동 이해하다, 포함하다

Can you **comprehend** this problem?

이 문제를 **이해**할 수 있니?

0638

c ncentrate

집중하다

□□□ 중 고등필수

concentrate [kánsəntrèit]

동 집중하다 파 concentration 집중(력)

Smart phones are used to **concentrate** on games.

스마트폰은 게임에 **집중하는데** 사용된다.

0639

nclude

결론을 내리다

□□□ 중 고등필수

conclude [kənklú:d]

동 결론을 내리다

파 conclusion 결론

What do you **conclude**?

결론은 무엇인가요?

0640

congr tulation

축하

□□□ 중 내신필수

congratulation [kəngrætʃuléiʃən]

명 축하

Congratulations! I envy you.

축하해! 네가 부럽구나.

0641

c ntent

내용(물) 형 만족하는

□□□ 중 고등필수

content [kántent]

명 내용(물) 형 만족하는

The table of **contents** is on the front page.

책 앞 페이지에 **목차**표가 있다.

0642

c ntinue

계속하다

□□□ 중 내신필수

continue [kəntínju:]

동 계속하다

"In fact," he **continued**.

"사실은," 그가 **계속해서 말했다**.

0637 컴프리핸드 0638 컨-센트뤠잍 0639 컨클루-드 0640 컹그뤠츌레이션 0641 컨텐트 0642 컨티뉴

1분 안에 넘기기

시간 있으면 꼼꼼히 외우기

0643

대화, 회화

□□□ 중 내신필수

conversation [kὰnvərséiʃən]

명 대화, 회화

파 conversationalist 이야기를 잘 하는 사람

Body language helps a **converstion.**

바디 랭귀지는 **대화**를 돕는다.

0644

맞는[올바른] 동바로잡다

□□□ 중 내신필수

correct [kərékt]

형 맞는[올바른] 동 바로잡다

파 correctly 바르게

Look for the **correct** answer.

맞는 답을 찾으세요.

0645

cours

강좌, 과정, 진로

□□□ 중 내신필수

course [kɔ:rs]

명 강좌, 과정, 진로

This **course** is very helpful in real life.

이 **강좌**는 실생활에 많은 도움이 된다.

숙 of course 물론 in the course of : ~의 과정에서

0646

곡선(을 이루다)

□□□ 중 고등필수

curve [kə:rv]

명동 곡선(을 이루다)

It is difficult to plot a **curve** on a graph.

그래프에 **곡선**을 그리는 것은 어렵다.

0647

dan

댄스, 춤

□□□ 하 내신필수

dance [dæns]

명 댄스, 춤

파 dancer 춤을 추는 사람

Why don't we go to the **dance** festival?

댄스 축제에 가는 게 어때?

0648

친애하는, 소중한

□□□ 하 내신필수

dear [diər]

형 친애하는, 소중한

Dear Mr. Shin,

친애하는 신 선생님께

0643 **컨벌쎄**이션 0644 커**렉**트 0645 코올스 0646 컬-브 0647 댄스 0648 디얼-

1분 안에 넘기기

시간 있으면 꼼꼼히 외우기

0649

deb te

토론[논의](하다)

□□□ 중 고등필수

debate [dibéit]

명동 토론[논의](하다)

파 debatable 이론[논란]의 여지가 있는

That is the key to the **debate**.

그것이 **토론**의 핵심이다.

0650

egree

도, 정도, 학위

□□□ 중 고등필수

degree [digríː]

명 도, 정도, 학위

Water freezes at zero **degrees**.

물은 섭씨 0**도**에서 언다.

0651

d scribe

묘사[기술]하다

□□□ 상 고등필수

describe [diskráib]

동 묘사[기술]하다

Can you **describe** him to me?

그가 어떻게 생겼는지 내게 **말해 줄** 수 있어요?

0652

eserve

받을 만하다[자격이 있다]

□□□ 중 고등필수

deserve [dizə́ːrv]

동 받을 만하다[자격이 있다]

I believe I **deserve** that.

난 내가 **자격이 있다**고 믿어.

0653

d sign

디자인

□□□ 중 내신필수

design [dizáin]

명 디자인 파 designer 디자이너

They were **designed** for kings.

그것들은 왕들을 위해서 **디자인** 되었다.

0654

d sk

책상

□□□ 하 

desk [desk]

명 책상

Clean the **desk** well.

책상 위를 깨끗이 치워라.

0649 디**베**이트 0650 디그**뤼** 0651 디스**크롸**이브 0652 디**졀**브 0653 디**쟈**인 0654 **데**스크

1분 안에 넘기기

시간 있으면 꼼꼼히 외우기

0655

d tail

세부 사항

□□□ 중 내신필수

detail [ditéil]

명 세부 사항

Let's draw up a **detailed** plan.

상세한 계획을 짜자.

0656

dialogu

대화

□□□ 중 고등필수

dialogue [dáiəlɔ̀:g]

명 대화

Comics tell a story through **dialogue**.

만화책은 **대화**를 통해 이야기를 말한다.

0657

di ry

일기(장)

□□□ 하 내신필수

diary [dáiəri]

명 일기(장)

My old **diary** recalled memories to mind.

옛날 **일기장**을 보니 기억이 되살아났다.

숙 keep a diary 일기를 쓰다

0658

dict tion

받아쓰기

□□□ 중 고등필수

dictation [diktéiʃən]

명 받아쓰기

파 dictate 받아쓰게 하다

She gave **dictation** to the child.

그녀는 그 아이에게 **받아쓰기**를 시켰다.

0659

di tionary

사전

□□□ 중 내신필수

dictionary [díkʃənèri]

명 사전

May I see your **dictionary**?

당신의 **사전**을 볼 수 있습니까?

0660

d scuss

토론[논의]하다

□□□ 중 내신필수

discuss [diskʌs]

동 토론[논의]하다

파 discussion 논의

We need to **discuss** the problem.

우리는 그 문제를 **논의** 할 필요가 있다.

0655 디테일 0656 다이알로그 0657 다이어뤼 0658 딕테이션 0659 딕셔네뤼 0660 디쓰커스

1분 안에 넘기기

시간 있으면 꼼꼼히 외우기

0661

d cument

문서

□□□ 중 내신필수

document [dάkjumənt]

명 문서

You must carry **documents**.

너는 **서류들**을 챙겨야 한다.

0662

doz n

다스[12개]

□□□ 중 내신필수

dozen [dΛzn]

명 다스[12개]

Give me a **dozen**, please.

한 **다스** 주세요.

0663

dr w

그리다, 끌어당기다, 뽑다

□□□ 중 내신필수

draw [drɔ:]

동 그리다, 끌어당기다, 뽑다

파 drawer 서랍

We **draw** what we think about.

우리는 우리가 생각하는 것들을 **그립니다**.

0664

asily

쉽게

□□□ 중 내신필수

easily [í:zili]

부 쉽게

파 easy 쉬운

These problesms are **easily** solved.

이 문제들은 **쉽게** 풀린다.

0665

ducation

교육

□□□ 중 내신필수

education [èdʒukéiʃən]

명 교육

International **education** programs

국제 **교육** 프로그램

0666

ffort

노력

□□□ 중 내신필수

effort [éfərt]

명 노력

You must put more **effort** into study.

넌 공부에 더 많은 **애를** 써야 한다.

0661 다큐멘트 0662 더즌 0663 드뤄- 0664 이즐리 0665 에쥬케이션 0666 에풜트

1분 안에 넘기기

시간 있으면 꼼꼼히 외우기

0667

ementary
기본적인, 초등학교의

□□□ 중 내신필수

elementary [èləméntəri]

형 기본적인, 초등학교의

elementary school
초등학교

0668

nter
들어가다, 입학하다

□□□ 중 내신필수

enter [éntər]

동 들어가다, 입학하다

Before **entering** take off your shoes.
들어가기 전에 신발을 벗어라.

0669

entran e
입구, 입장, 입학

□□□ 중 내신필수

entrance [éntrəns]

명 입구, 입장, 입학

The man is at the **entrance**.
남자는 **입구**에 있다.

0670

rase
지우다

□□□ 중 내신필수

erase [iréis]

동 지우다

파 eraser 고무지우개

Could you **erase** the board?
칠판 좀 **지워** 줄 수 있니?

0671

est blish
설립[확립]하다

□□□ 상 고등필수

establish [istǽbliʃ]

동 설립[확립]하다

파 establishment 기관

The school was **established**.
그 학교는 **설립되었다**.

0672

vent
사건[행사]

□□□ 하 내신필수

event [ivént]

명 사건[행사]

The **event** began.
그 **행사**는 시작되었다.

0667 엘러**멘**터뤼 0668 **엔**털 0669 **앤**터뤈스 0670 이**뤠**이스 0671 이스**테**블리쉬 0672 이**벤**트

○ 1분 안에 넘기기

○ 시간 있으면 꼼꼼히 외우기

0673

xam
시험

□□□ 중 내신필수

exam [igzǽm]

명 시험

Good luck for your **exam**.
시험 잘 봐라.

0674

ex mine
조사[검사]하다

□□□ 중 내신필수

examine [igzǽmin]

동 조사[검사]하다

The goods were **examined**.
그 물품들은 **검사**를 받았다.

0675

exercis
운동(하다), 연습(하다)

□□□ 중 내신필수

exercise [éksərsàiz]

명동 운동(하다), 연습(하다)

Regular **exercise** is good for us.
규칙적인 **운동**은 우리에게 좋다.

0676

exh bition
전시(회)

□□□ 중 고등필수

exhibition [èksəbíʃən]

명 전시(회)

Have you seen the Van Gogh **exhibition**?
반고흐 **전시회** 봤니?

0677

xplain
설명하다

□□□ 중 내신필수

explain [ikspléin]

동 설명하다

파 unexplained 설명되지 않은

I'll **explain** the rules.
규칙을 **설명**하겠다.

0678

f ble
우화

□□□ 중 고등필수

fable [féibl]

명 우화

Aesop's **Fables**
이솝 **우화**

0673 이그**잼** 0674 이그**재**민 0675 **엑**썰싸이즈 0676 **액**써**비**션 0677 익쓰**플**레인 0678 **풰**이블

○ 1분 안에 넘기기

○ 시간 있으면 꼼꼼히 외우기

0679

frien ship

우정

□□□ 중 내신필수

friendship [fréndʃip]

명 우정

There is no change in our **friendship**.

우리의 **우정**은 변함이 없다.

0680

glu

접착제(로 붙이다)

□□□ 중 고등필수

glue [gluː]

명동 접착제(로 붙이다)

Stick it together with **glue**.

접착제로 붙여라.

0681

g al

목표[목적], 골[득점]

□□□ 중 내신필수

goal [goul]

명 목표[목적], 골[득점]

You scored both of our **goals**!

네가 우리**골** 두 개를 다 넣었지!

0682

gr de

성적, 등급, 학년

□□□ 중 내신필수

grade [greid]

명 성적, 등급, 학년

He got good **grades** in his exams.

그는 시험 과목들에서 좋은 **성적**을 받았다.

0683

gradu te

졸업하다 명 졸업자

□□□ 중 내신필수

graduate [grǽdʒuət]

동 졸업하다 명 졸업자

When will you **graduate** from school?

너는 학교를 언제 **졸업**하니?

숙 graduate from : ~를 졸업하다

0684

gr mmar

문법

□□□ 중 내신필수

grammar [grǽmər]

명 문법

English **grammar** is difficult.

영어 **문법**은 어렵다.

0679 프랜쉽 0680 글루- 0681 고울 0682 그뤠이드 0683 그뢔쥬에잍 0684 그뢔멀

1분 안에 넘기기

시간 있으면 꼼꼼히 외우기

0685

gr und

땅, 운동장

□□□ 중 내신필수

ground [graund]

명 땅, 운동장

I found him lying on the **ground**.

나는 그가 **땅바닥**에 누워 있는 것을 발견했다.

0686

gr up

무리[집단]

□□□ 하 내신필수

group [gru:p]

명 무리[집단]

He became part of a peer **group**.

그는 또래**집단**의 일원이 되었다.

0687

ym

체육관, 운동

□□□ 중 내신필수

gym [dʒim]

명 체육관, 운동

school **gym**

학교 **체육관**

0688

histori

역사상 중요한 [역사적인]

□□□ 중 고등필수

historic [histɔ́ːrik]

형 역사상 중요한[역사적인]

파 historical 역사상의

a **historic** building

역사적으로 중요한 건물

0689

hist ry

역사

□□□ 중 내신필수

history [hístəri]

명 역사

Each country has its own **history**.

각각의 나라는 그들만의 **역사**를 가지고 있다.

0690

h nor

존경(하다), 영광, 명예

□□□ 중 내신필수

honor [ɑ́nər]

명동 존경(하다), 영광, 명예

The students pay **honor** to their teachers.

학생들은 선생님들께 **경의**를 표한다.

0685 그롸운드 0686 그룹 0687 짐- 0688 히스토뤽 0689 히스토뤼 0690 어널

1분 안에 넘기기

시간 있으면 꼼꼼히 외우기

0691

ind x

색인, 지수[지표]

□□□ 내신필수

index [índeks]

명 색인, 지수[지표]

There is a full **index** at the back.

뒤쪽에 전체 **목차**가 있습니다.

0692

influen

영향(을 미치다)

□□□ 내신필수

influence [ínfluəns]

명동 영향(을 미치다)

Friends can be an **influence** in your life.

친구들은 당신의 삶에 **영향**을 줄 수 있다.

0693

inst nce

사례, 예, 보기

□□□ 내신필수

instance [ínstəns]

명 사례, 예, 보기

For **instance**

예를 들면

0694

intell ent

총명한[똑똑한]

□□□ 고등필수

intelligent [intélədʒənt]

형 총명한[똑똑한]

파 intelligence 지능

They are also very **intelligent**.

그들은 또한 매우 **영리합니다**.

0695

inv lve

포함[수반]하다,
관련시키다

□□□ 고등필수

involve [invάlv]

동 포함[수반]하다, 관련시키다

파 involvement 관련

They **involved** us.

그들은 우리를 **참여시켰다**.

0696

jun r

하급의
명연하, 졸업 전 학년생

□□□ 내신필수

junior [dʒú:njər]

형 하급의 명 연하, 졸업 전 학년생

He is two years my **junior**.

그는 나의 2년 **후배**다.

0691 **인**덱스 0692 **인**플루언스 0693 **인**스턴쓰 0694 인**텔**리젼트 0695 인**뷜**브 0696 **쥬**니얼

1분 안에 넘기기

시간 있으면 꼼꼼히 외우기

0697

kinderg rten

유치원

□□□ 상 고등필수

kindergarten [kíndərgὰ:rtn]

명 유치원

We met in **kindergarten**.

우리는 **유치원**에서 만났다.

0698

knowledg

지식

□□□ 중 내신필수

knowledge [nάlidʒ]

명 지식

Use your **knowledge**.

너의 **지식**을 이용하라.

0699

languag

언어

□□□ 중 내신필수

language [lǽŋgwidʒ]

명 언어

We must learn their **languages**.

우리가 반드시 그들의 **언어**를 배워야겠죠.

0700

l ad

이끌다[데리고 가다/안내하다]

□□□ 중 내신필수

lead [li:d]

동 이끌다[데리고 가다/안내하다]

파 leader 지도자

I had the **leading** role in our musical.

나는 우리 뮤지컬에서 **주연** 역할을 맡았다.

0701

l arn

배우다, 알게 되다

□□□ 중 내신필수

learn [lə:rn]

동 배우다, 알게 되다

Learn when you are young.

젊을 때 **배워라**.

0702

le ture

강의

□□□ 중 내신필수

lecture [léktʃər]

명 강의

The **lecture** was so boring.

강의가 너무 지루하다.

○ 1분 안에 넘기기

○ 시간 있으면 꼼꼼히 외우기

0703

lett  **r**

편지, 글자

□□□ 중 내신필수

letter [létər]

명 편지, 글자

Use a mix of **letters** and numbers.
문자와 숫자들의 조합을 사용하세요.

0704

l  **vel**

수준, 높이

□□□ 중 내신필수

level [lévəl]

명 수준, 높이

I get high **level** classes.
나는 높은 **수준**의 수업을 받는다.

0705

libr  **ry**

도서관

□□□ 중 내신필수

library [láibrèri]

명 도서관

Let's go to the **library**.
도서관으로 가자.

0706

literatur 

문학

□□□ 상 고등필수

literature [lítərətʃər]

명 문학

great works of **literature**
위대한 **문학** 작품들

0707

m  **th**

수학

□□□ 중 내신필수

math [mæθ]

명 수학

We can solve **math** problems easily.
우리는 **수학** 문제를 쉽게 푼다.

0708

mus  **um**

박물관[미술관]

□□□ 중 내신필수

museum [mju:zí:əm]

명 박물관[미술관]

You can learn at a **museum**.
너는 **박물관**에서 배울 수 있다.

0703 레럴 0704 레블 0705 라이브뤄리 0706 리러레철 0707 메뜨 0708 뮤지엄

○ 1분 안에 넘기기

○ 시간 있으면 꼼꼼히 외우기

0709

nam

이름(을 붙이다)

□□□ 하 내신필수

name [neim]

명 이름(을 붙이다)

Hi. My **name** is Jean Carison.

안녕, 내 **이름**은 진 카리슨이야.

0710

ne d

필요(하다), 욕구

□□□ 하 내신필수

need [ni:d]

명동 필요(하다), 욕구

A friend in **need** is a friend indeed.

필요할 때 친구가 진정한 친구이다.

숙 in need 곤경 속에 빠져

0711

ffer

제의[제공](하다)

□□□ 중 내신필수

offer [ɔ́:fər]

명동 제의[제공](하다)

School uniforms **offer** many benefits.

학교 교복은 많은 혜택을 **제공한다**.

0712

outlin

개요, 윤곽

□□□ 중 내신필수

outline [óut·lìne]

명 개요, 윤곽

She drew the **outline** of a tree.

그녀는 나무의 **윤곽**을 그렸다.

0713

pap r

종이, 서류, 신문

□□□ 하 내신필수

paper [péipər]

명 종이, 서류, 신문

He is holding a piece of **paper**.

그는 **종이** 한 장을 들고 있다.

0714

p er

또래

□□□ 중 내신필수

peer [piər]

명 또래

The Influence of **peers** is important.

또래집단의 영향은 중요하다.

0709 네임 0710 니드 0711 **아**퍼 0712 **아**웃라인 0713 **페**이펄 0714 피얼

○ 1분 안에 넘기기

○ 시간 있으면 꼼꼼히 외우기

0715

pl  n

계획(하다)

□□□ 하 고등필수

plan [plæn]

명동 계획(하다)

Make a **plan** to prepare for the test.

시험 대비를 위해 **계획**을 만들어라.

0716

pl  yground

운동장[놀이터]

□□□ 중 내신필수

playground [pléigràund]

명 운동장[놀이터]

They played soccer on the **playground**.

그들은 **운동장**에서 축구를 했다.

숙 make a plan 계획을 세우다

0717

p  em

시

□□□ 중 고등필수

poem [póuəm]

명 시

파 poet 시인

I learned the **poem** by heart.

나는 그 **시**를 외웠다.

0718

p  int

(요)점, 점수 동가리키다

□□□ 하 내신필수

point [pɔint]

명(요)점, 점수 동가리키다

That's beside the **point**.

요점은 그게 아니야.

0719

p  lite

예의 바른[공손한]

□□□ 중 내신필수

polite [pəláit]

형 예의 바른[공손한]

파 politely 공손히

He was much too **polite**.

그는 너무 **공손**하였다.

0720

p  int

그리다, 페인트를 칠하다

□□□ 하 내신필수

paint [peint]

동그리다, 페인트를 칠하다

Now I am putting **paint** on the fence.

지금 울타리에 **페인트**를 칠하고 있어요.

0715 플렌 0716 플레이그롸운드 0717 포엄 0718 포인트 0719 폴라잍 0720 페인트

1분 안에 넘기기

시간 있으면 꼼꼼히 외우기

0721

위치, 자세, 지위

□□□ 중 내신필수

position [pəzíʃən]

명 위치, 자세, 지위

Sit in a comfortable **position**.

편안한 **자세**로 앉으세요.

0722

연습[실행](하다)

□□□ 중 내신필수

practice [prǽktis]

명동 연습[실행](하다)

They **practiced** the dance until it was perfe

그들은 완벽해질 때까지 그 춤을 **연습했다**.

0723

자랑스러움[자부심]

□□□ 중 고등필수

pride [praid]

명 자랑스러움[자부심]

School uniforms give students **pride**.

교복은 학생들에게 **자부심**을 준다.

0724

원칙[원리/법칙]

□□□ 상 고등필수

principle [prínsəpl]

명 원칙[원리/법칙]

Tell me about a fundamental **principle**.

기본적인 **원칙**에 대해 말해라.

0725

상[상품]

□□□ 중 내신필수

prize [praiz]

명 상[상품]

He won a **prize** at the piano contest.

그는 피아노 경연 대회에서 **수상**했다.

0726

문제

□□□ 중 내신필수

problem [prάbləm]

명 문제

Can you solve the **problem**?

그 **문제**를 풀 수 있니?

0721 포지션 0722 프뤡티스 0723 프롸이드 0724 프륀써플 0725 프롸이즈 0726 프롸블름

1분 안에 넘기기

시간 있으면 꼼꼼히 외우기

0727

prfessor

교수

□□□ 중 내신필수

professor [prəfésər]

명 교수

He's a hard **professor**.

그분은 까다로운 **교수**입니다.

0728

projet

프로젝트 [계획/기획] 동 비추다, 돌출되다

□□□ 중 내신필수

project [prάdʒekt]

명 프로젝트[계획/기획] 동 비추다, 돌출되다

I believe this **project** will succeed.

나는 이 **계획**이 성공할 것이라고 믿는다.

0729

prverb

격언[속담]

□□□ 중 내신필수

proverb [prάvəːrb]

명 격언[속담]

There is an old **proverb**.

오래된 **속담**이 있다.

0730

pupl

(어린) 학생, 눈동자

□□□ 중 고등필수

pupil [pjúːpl]

명 (어린) 학생, 눈동자

He was an intelligent **pupil**.

그는 총명한 **학생**이었다.

0731

redy

준비된

□□□ 하 내신필수

ready [rédi]

형 준비된

Are you **ready** for school?

학교 갈 **준비** 되었니?

숙 be ready for : ~의 준비가 되어 있다

0732

rgular

규칙적인, 보통의

□□□ 중 내신필수

regular [régjulər]

형 규칙적인, 보통의

파 regularly 정기[규칙]적으로

Regular exercise is good for us.

규칙적인 운동이 우리에게 좋다.

0727 프로풰썰 0728 프러젝트 0729 프라-뷜브 0730 퓨플 0731 뤠디 0732 뤠귤럴

1분 안에 넘기기

시간 있으면 꼼꼼히 외우기

0733
rel tionship
관계

□□□ 중 고등필수
relationship [relátion·shìp]
명 관계
They have a very close **relationship**.
그들은 절친한 **관계**이죠.

0734

r peat
되풀이하다, 반복(하다)

□□□ 중 내신필수
repeat [ripí:t]
동명 되풀이하다, 반복(하다) 파 repeatedly 되풀이
Repeat this process four times in all.
이 과정을 총 4번 **반복해라**.
숙 again and again 몇 번이고, 되풀이하여

0735

r ply
대답(하다)

□□□ 중 내신필수
reply [riplái]
명동 대답(하다)
I was about to **reply**.
나는 이제 막 **대답**을 하려 했어요.

0736

resp ct
존경[존중](하다)

□□□ 중 내신필수
respect [rispékt]
명동 존경[존중](하다)
파 respectively 각자
People will **respect** you.
사람들은 당신을 **존중**할 것이다.

0737

r view
복습하다, 검토(하다), 논평

□□□ 중 고등필수
review [rivjú:]
동명 복습하다, 검토(하다), 논평
Can you **review** these reports?
이 보고서를 **검토**할 수 있니?

0738

r le
역할

□□□ 중 내신필수
role [roul]
명 역할
Who is in the leading **role**?
주**역**은 누가 맡나요?

0733 륄**레**이션쉽 0734 뤼**핏**트 0735 뤼**플**라이 0736 뤼스**펙**트 0737 뤼**뷰** 0738 뤄울

1분 안에 넘기기

시간 있으면 꼼꼼히 외우기

0739

(표면이) 고르지 않은, 거친

□□□ 중 내신필수

rough [rʌf]

형 (표면이) 고르지 않은, 거친

The water turned **rough**.
물살이 **거세어**졌다.

0740

줄[열], 배[노]를 젓다

□□□ 중 고등필수

row [rou]

명동 줄[열], 배[노]를 젓다

We sat in a **row**.
우리는 한 **줄**로 앉았다.

0741

규칙, 지배(하다)

□□□ 중 내신필수

rule [ru:l]

명동 규칙, 지배(하다)

파 ruler 지배자

Keep this **rule** in mind.
이 **규칙**을 기억해라.

0742

sayin
속담[격언]

□□□ 하 내신필수

saying [séiiŋ]

명 속담[격언]

There is such a **saying**.
그런 **속담**이 있다.

0743

득점[점수], 득점하다

□□□ 중 내신필수

score [skɔ:r]

명동 득점[점수], 득점하다

Our team won by a **score** of 3 to 2.
우리 팀은 3대 2로 이겼다.

0744

좌석[자리], 앉히다

□□□ 중 내신필수

seat [si:t]

명동 좌석[자리], 앉히다

My **seat** number is 15D.
내 좌석**번호**는 15D이다.

0739 뤄프 0740 뤄우 0741 루올 0742 쎄잉 0743 스코얼 0744 씨잇트

○ 1분 안에 넘기기

○ 시간 있으면 꼼꼼히 외우기

0745

s mester

학기

□□□ 상 고등필수

semester [siméstər]

명 학기

spring **semester**

봄 **학기**

0746

seni r

연상, 어르신 형상급의

□□□ 중 내신필수

senior [síːnjər]

명 연상, 어르신 형 상급의

He is seven years **senior** to me.

그는 나보다 7년 **연상**이다.

0747

sentenc

문장

□□□ 중 내신필수

sentence [séntəns]

명 문장

In this **sentence**, what is the verb?

이 **문장**에서 무엇이 동사입니까?

0748

kill

기술[기능]

□□□ 중 내신필수

skill [skil]

명 기술[기능]

Build your **skills**.

너의 **기술**을 축적해라.

0749

sm rt

영리한[똑똑한]

□□□ 하 내신필수

smart [smaːrt]

형 영리한[똑똑한]

People who wear glasses look **smart**.

안경 쓴 사람은 **똑똑해** 보인다.

0750

solv

풀다[해결하다]

□□□ 중 내신필수

solve [salv]

동 풀다[해결하다]

How can we **solve** this problem?

우리는 이 문제를 어떻게 **풀** 수 있습니까?

0745 쓰**메**쓰털 0746 **씨**니얼 0747 **쎈**턴스 0748 스킬 0749 스말트 0750 썰브

○ 1분 안에 넘기기

○ 시간 있으면 꼼꼼히 외우기

0751

sp ll

철자를 쓰다[말하다]

□□□ 중 내신필수

spell [spel]

동 철자를 쓰다[말하다]

Tell me how to **spell** the word.

그 단어의 **철자**를 말해줘.

0752

spre d

펴다,
퍼지다[퍼뜨리다]

□□□ 중 내신필수

spread [spred]

동 펴다, 퍼지다[퍼뜨리다]

This **spreads** harmful viruses.

이것은 해로운 바이러스를 **퍼뜨립니다**.

0753

squar

정사각형(의),
제곱(의), 광장

□□□ 중 내신필수

square [skwɛər]

명형 정사각형(의), 제곱(의), 광장

The angles of a **square** are right angles.

사각형의 각도는 직각이다.

0754

st rt

시작[출발]하다

□□□ 중 내신필수

start [sta:rt]

동 시작[출발]하다

Leave when a fire **starts**.

불이 **나면** 떠나라.

0755

st ry

이야기, 층

□□□ 하 내신필수

story [stɔ́:ri]

명 이야기, 층

This is a special kind of **story**.

이것은 특별한 **이야기**이다.

0756

subj ct

과목, 주제

□□□ 중 내신필수

subject [sʌbdʒikt]

명 과목, 주제

Please be well prepared for the **subject**.

그 **주제**에 대해서 잘 준비해오시기 바란다.

0751 스펠 0752 스프뤠드 0753 스퀘얼 0754 스탈트 0755 스**토**뤼 0756 **써**브젝트

○ 1분 안에 넘기기

○ 시간 있으면 꼼꼼히 외우기

0757

suggst

제안하다[권하다]

□□□ 중 내신필수

suggest [səgdʒést]

동 제안하다[권하다]

파 suggestion 제안

What did she **suggest**?

그녀는 무엇을 **제안하는**가?

0758

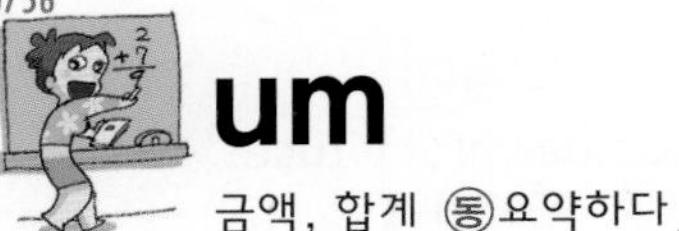um

금액, 합계 동 요약하다

□□□ 중 고등필수

sum [sʌm]

명 금액, 합계 동 요약하다

The **sum** of 2 and 7 is 9.

2과 7의 **합**은 9이다.

0759

tke

데려[가져]가다, 받다

□□□ 하 내신필수

take [teik]

동 데려[가져]가다, 받다

I'll **take** them away.

가지고 갈겁니다.

숙 take ~to : ~를 ~로 데려 가다

0760

tle

이야기

□□□ 중 내신필수

tale [teil]

명 이야기

This **tale** is widely known.

이 **이야기**는 널리 알려져 있다.

0761

talnt

재능

talent [tǽlənt]

명 재능

They have a **talent** for success.

그들은 성공에 대한 **재능**을 갖고 있다.

0762

targt

목표[표적/과녁]

□□□ 중 내신필수

target [tά:rgit]

명 목표[표적/과녁]

This is only their first **target**.

이것은 그들의 첫 번째 **목표물**일 뿐이다.

0757 써제스트 0758 썸 0759 테이크 0760 테일 0761 텔런트 0762 탈길

 1분 안에 넘기기

 시간 있으면 꼼꼼히 외우기

0763

tsk

과업[과제], 일

□□□ 중 내신필수

task [tæsk]

명 과업[과제], 일

difficult **task**

어려운 **임무**

0764

tach

가르치다

□□□ 하 내신필수

teach [tiːʧ]

동 가르치다

He **teaches** or shows something.

그는 무언가를 **가르친다**거나 보여준다.

0765

tenager

십대 소년, 소녀

□□□ 중 내신필수

teenager [tíːnèidʒər]

명 십대 소년, 소녀

He is still a **teenager**.

그는 여전히 **10대**이다.

0766

tnd

경향이 있다[~하기 쉽다]

□□□ 중 내신필수

tend [tend]

동 경향이 있다[~하기 쉽다]

People **tend to** overuse them.

사람들이 그것들을 남용하는 **경향이 있다**.

0767

trm

기간[기한], 용어

□□□ 중 내신필수

term [təːrm]

명 기간[기한], 용어

the end of the **term**

학기 말

0768

thory

이론[학설]

□□□  중 내신필수

theory [θíːəri]

명 이론[학설]

His **theory** is of vital importance.

그의 **이론**은 상당히 중요하다.

0763 테스크 0764 티취 0765 **틴**에이졀 0766 탠드 0767 터-엄 0768 **띠**어뤼

1분 안에 넘기기

시간 있으면 꼼꼼히 외우기

0769

troubl
곤란[곤경], 괴롭히다

□□□ 중 내신필수

trouble [trʌbl]

명동 곤란[곤경], 괴롭히다

Ask for help when in **trouble**.
어려움에 처했을 때 도움을 구하라.

숙 be in trouble 곤경에 빠지다

0770

un versity
대학

□□□ 중 내신필수

university [jùːnəvə́ːrsəti]

명 대학

a **university** student
대학생

0771

vacati n
휴가[방학]

□□□ 중 내신필수

vacation [vekéiʃən]

명 휴가[방학]

Adults get **vacations**.
어른들은 **휴가**가 있다.

숙 on vacation 휴가 중에

0772

w ll
의지[뜻], 유언장

□□□ 하 내신필수

will [wɪl]

명 의지[뜻], 유언장

파 willing 기꺼이 하는

He overcame with a strong **will**.
그는 강한 **의지**와 함께 극복하였다.

0773

wisd m
지혜

□□□ 중 내신필수

wisdom [wízdəm]

명 지혜

A sage has **wisdom**.
현명한 사람은 **지혜**를 가지고 있다.

0774

y t
아직, 벌써, 그렇지만

□□□ 중 내신필수

yet [jet]

부 아직, 벌써, 그렇지만

You didn't hand in your homework **yet**.
너는 **아직** 과제를 제출하지 않았다.

0769 트**뤄**블 0770 유니**뷜**씨디 0771 붸**케**이션 0772 윌 0773 **위**즈덤 0774 옡

접속사란?

등위접속사는 명사와 명사, 동사와 동사, 전치사구와 전치사구, 절과 절을 동등하게 연결하는데요. 문법적으로 같은 성분을 연결해주기 때문에 명사와 동사를 연결하거나 구와 절을 동등하게 등위접속사로 연결할 수는 없어요.

A and B	A와 B 둘 다	You **and** I should meet. 너와 나는 만나야만 해.
A but B	B가 아닌 A	I met your friend **but** not him. 나는 그가 아니라 너의 친구를 만났었어.
A or B	A 또는 B	Do you prefer him **or** me? 너는 그와 나 중에서 누가 더 좋아?
A so B	A 여서 B	I was late **so** I missed the bus. 저는 늦어서 버스를 놓쳤어요.
A for B	A를 B로	He gave dollars **for** won. 그는 달러를 원화로 주었다.

상관 접속사는 두 개의 접속사가 한 쌍이 되어 같이 다니는 접속사를 말하는 거예요. 등위 접속사처럼 단어는 단어와, 부정사구는 부정사구와, 절은 절과 동등하게 연결해요.

both A and B	A와 B 둘 다	**Both** you **and** I like ice cream. 너와 나 둘 다 아이스크림을 좋아한다.
not A but B	A가 아니라 B	Do**n't** be late **but** drive carefully. 늦더라도 운전 조심해서 해.
either A or B	A와 B 둘 중 하나	He is now **either** in London **or** in Paris. 그는 현재 런던이나 파리 중 어는 한 곳에 있다.
neither A nor B	A와 B 둘 다 ~아니다	**Neither** he **nor** I will go. 그와 나 모두 가지 않을 거야.
not only A but also B	A뿐만 아니라 B도	I like **not only** you **but also** your sister. 나는 너뿐만 아니라 너의 여동생도 좋아해.

Chapter4 복습문제

A 우리말에 대응하는 영어 써보기

01. 태도[자세]
02. 고르다[선택하다]
03. 대화
04. 영향(을 미치다)
05. 지식
06. 도서관
07. 박물관[미술관]
08. 제의[제공]
09. 이론[학설]
10. 지혜

B 빈칸에 단어 넣어보기

11. 규칙적인 **운동** regular ________
12. **예**를 들면 For ________
13. **수학** 문제 ________ problems
14. 편안한 **자세** a comfortable ______
15. 오래된 **속담** an old ________
16. 기본적인 **원칙** a fundamental ________
17. **또래** 집단 a ________ group
18. 봄 **학기** spring ________
19. 밀접한 **관계** a strong ________
20. 어려운 **임무** difficult ________

C 문맥에 맞는 단어 골라 쓰기

보기 | learn solve correct language draw

21. Look for the ________ answer. **맞**는 답을 찾으세요.
22. We ________ what we think about. 우리는 우리가 생각하는 것들을 **그립니다**.
23. We must learn their ________s. 우리가 반드시 그들의 **언어**를 배워야겠죠.
24. ________ when you are young. 젊을 때 **배워라**
25. How can we ________ this problem? 우리는 이 문제를 어떻게 **풀** 수 있습니까?

정답 | **A** 앞면참조 **B** 11 exercise 12 instance 13 math 14 position 15 proverb 16 principle 17 peer 18 semester 19 relationship 20 task **C** 21 correct 22 draw 23 language 24 Learn 25 solve

50점 넘기기

Chapter 5

Home Life

가정

혓바닥 **e**

입벌린 **c**

머리묶은 **a**

동글이 **o**

목떨어진 **i**

- **Table & Kitchen Utensils** (식탁과 부엌용품)
- **Clothing Goods** (의류 잡화)
- **Family** (가족)
- **Equipment and Ingredient** (장비와 재료)
- **Habit And Attitude** (습관과 태도)

1분 안에 넘기기

시간 있으면 꼼꼼히 외우기

0775

addr ss

주소, 연설

□□□ 중 내신필수

address [ədrés]

명 주소, 연설

Can I have your **address**?

당신의 **주소**를 받을 수 있습니까?

0776

fford

여유[형편]가 되다

□□□ 중 고등필수

afford [əfɔ́ːrd]

동 여유[형편]가 되다 파 affordable 줄 수 있는

They can **afford** a good education.

그들은 좋은 교육을 받을 **여유**가 있다.

숙 can afford to+동사 : ~할 여유가 있다

0777

backgr und

배경

□□□ 중 내신필수

background [bækgraʊnd]

명 배경

background music

배경 음악

0778

baggag

(여행) 짐[수하물]

□□□ 중 내신필수

baggage [bǽgidʒ]

명 (여행) 짐[수하물]

The couples are waiting for their **baggage**.

커플이 그들의 **수화물**을 기다리고 있다.

0779

bak

굽다

□□□ 중 내신필수

bake [beik]

동 굽다

Just **bake** it a few minutes longer.

몇 분만 더 **구워라**.

0780

basi

기본[기초]의

□□□ 중 내신필수

basic [béisik]

형 기본[기초]의

It is a **basic** model.

그것은 **기본** 사양이다.

혓바닥 e

입벌린 c

머리묶은 a

동글이 o

목짧아진 i

0775 어드**뤠**스 0776 어**풔**올드 0777 **백**그롸운드 0778 **배**기쥐 0779 베이크 0780 **베**이직

1분 안에 넘기기

시간 있으면 꼼꼼히 외우기

0781

ath

욕조,목욕

□□□ 중 내신필수

bath [bæθ]

명 욕조,목욕

He jumped out of the **bath**.

그는 **욕조** 밖으로 뛰어나왔다.

숙 take a bath 목욕하다

0782

b gin

시작하다

□□□ 하 내신필수

begin [bigín]

동 시작하다

Begin putting them together.

그것들을 함께 놓는 것을 **시작해라**.

숙 begin with : ~부터 시작하다 in the beginning 처음에는

0783

b long

~에 속하다, ~ 소유이다

□□□ 중 내신필수

belong [bilɔ́:ŋ]

동 ~에 속하다, ~ 소유이다

Who does this watch **belong to**?

이 시계 누구**거죠**?

0784

bin

묶다, 감다[싸다]

□□□ 중 내신필수

bind [baind]

동 묶다, 감다[싸다]

Bind it with a string.

그것을 끈으로 **묶어라**.

0785

lanket

담요

□□□ 중 내신필수

blanket [blǽŋkit]

동 담요

Cover the child with a **blanket**.

아이에게 **담요**를 덮어 주어라.

0786

bl ss

축복하다

□□□ 중 고등필수

bless [bles]

동 축복하다

God **bless** you.

신의 **은총**이 있길.

0781 뱃뜨 0782 비긴 0783 빌롱 0784 바인드 0785 블랭킷 0786 블레스

○ 1분 안에 넘기기

○ 시간 있으면 꼼꼼히 외우기

0787

oil
끓다[끓이다]

□□□ 중 내신필수

boil [bɔil]
동 끓다[끓이다]
The kettle's **boiling**.
주전자가 **끓고** 있다.

0788

owl
사발[공기]

□□□ 중 내신필수

bowl [boul]
명 사발[공기]
a salad **bowl**
샐러드 **그릇**

0789

ring
가져[데려]오다

□□□ 중 내신필수

bring [briŋ]
동 가져[데려]오다
I will **bring** it to her.
그녀에게 이것을 **가져가야**지.

0790

bubbl
거품

□□□ 중 내신필수

bubble [bʌbl]
명 거품
champagne **bubbles**
샴페인 **거품**

0791

bu ket
양동이

□□□ 중 고등필수

bucket [bʌkit]
명 양동이
They played with their **buckets**.
그들은 **양동이**를 가지고 놀았다.

0792

buil

짓다[건축/건설하다]

□□□ 중 내신필수

build [bild]
동 짓다[건축/건설하다]
파 builder 건축업자
People **build** houses out of mud.
사람들은 진흙을 이용해 집들을 **짓는다**.

0787 보일 0788 보울 0789 브링 0790 **버블** 0791 **버킷** 0792 빌드

1분 안에 넘기기

시간 있으면 꼼꼼히 외우기

0793
ulb
전구, 알뿌리[구근]

□□□ 중 고등필수

bulb [bʌlb]

명 전구, 알뿌리[구근]

a clear **bulb**
투명**전구**

0794
urden
부담[짐]

□□□ 중 고등필수

burden [bə́:rdn]

명 부담[짐]

I took responsibility for the **burden**.
나는 그 **짐**에 대한 책임을 맡았다.

0795

bur t
터지다, (파열)하다

□□□ 중 고등필수

burst [bə:rst]

동명 터지다, (파열)하다

The pipe **burst** at last.
그 파이프는 결국 **터졌다**.

0796
ury
묻다[매장하다]

□□□ 중 고등필수

bury [béri]

동 묻다[매장하다]

We **bury** the dead in cemeteries.
우리는 죽은 사람을 공동묘지에 **묻는다**.

0797

y
사다

□□□ 하 내신필수

buy [bai]

동 사다

Did you **buy** everything you need?
네가 필요한 거 다 **샀**니?

0798

c ll
전화하다, 부르다 명 통화, 방문

□□□ 하 내신필수

call [kɔ:l]

동 전화하다, 부르다 명 통화, 방문

Who's **call**ing, please?
누구시죠?

숙 call for : ~을 필요로 하다 be called to : ~에 초대되다

0793 벌브 0794 **벌**든 0795 벌-스트 0796 **베**뤼 0797 바이 0798 콜

1분 안에 넘기기

시간 있으면 꼼꼼히 외우기

0799

c  ndle

(양)초

□□□ 중 내신필수

candle [kǽndl]

명 (양)초

The foot of the **candle** is dark.

초의 밑 부분이 어둡다.(등잔 밑이 어둡다)

0800

c  sual

평상시의, 무심한

□□□ 중 고등필수

casual [kǽʒuəl]

형 평상시의, 무심한

파 casually 우연히

casual clothes

평상복

0801

eiling

천장

□□□ 중 고등필수

ceiling [síːliŋ]

명 천장

The man is staring at the **ceiling**.

그 남자는 **천장**을 응시하고 있다.

0802

ch  in

사슬[쇠줄], 체인[연쇄점]

□□□ 중 고등필수

chain [ʧein]

명 사슬[쇠줄], 체인[연쇄점]

a **chain** of supermarkets

슈퍼마켓 **체인점**

0803

ch  nnel

채널

□□□ 중 고등필수

channel [ʧǽnl]

명 채널

What's on **Channel** 6?

채널 6에서는 뭘 하지?

0804

ch  ap

싼

□□□ 중 내신필수

cheap [ʧiːp]

형 싼

파 cheaper 값이 더 싼

Clothes are **cheaper** than in England.

옷가지들은 영국에서**보다 쌌다**.

0799 **캔**들 0800 **캐**쥬얼 0801 **씰**링 0802 **췌**인 0803 **쵀**널 0804 **칩**프

 ○ 1분 안에 넘기기

 ○ 시간 있으면 꼼꼼히 외우기

0805

childhood

어린 시절, 유년시절

□□□ 중 고등필수

childhood [ʧáildhùd]

명 어린 시절, 유년시절

childhood memories

어린 시절의 추억들

0806

chimney

굴뚝

□□□ 중 고등필수

chimney [ʧímni]

명 굴뚝

Smoke goes up a **chimney**.

굴뚝 위로 연기가 오른다.

0807

clear

형 명확한, 맑은 동 치우다

□□□ 하 내신필수

clear [kliər]

형 명확한, 맑은 동 치우다

파 clearly 또렷하게 clearance 없애기[정리]

This is a very **clear** fact.

이것은 매우 **명백한** 사실이다.

0808

clothes

옷[의복]

□□□ 중 내신필수

clothes [klouz]

명 옷[의복]

His **clothes** were old.

그의 **옷**은 낡았다.

0809

combine

결합하다

□□□ 중 고등필수

combine [kəmbáin]

동 결합하다

Combine sugar and water.

설탕과 물을 **섞으세요**.

0810

connect

연결[접속]하다

□□□ 중 내신필수

connect [kənékt]

동 연결[접속]하다

파 connection 관련성

There is a problem with the **connection**.

연결에 문제가 있다.

0805 **좌**일드훋 0806 **췸**니 0807 클리얼 0808 클로우즈 0809 컴**바**인 0810 커넥트

○ 1분 안에 넘기기

○ 시간 있으면 꼼꼼히 외우기

0811

cont in

포함[함유]하다

□□□ 중 내신필수

contain [kəntéin]

동 포함[함유]하다

The basin **contains** water.

그 대야에 물이 **있다**.

0812

conv rt

바꾸다[전환되다]

□□□ 중 고등필수

convert [kənvə́ːrt]

동 바꾸다[전환되다]

파 convertible 전환 가능한

I will **convert** this room into a kitchen.

나는 이 방을 부엌으로 **바꿀** 것이다.

0813

c ok

요리하다 명 요리사

□□□ 하 내신필수

cook [kuk]

동 요리하다 명 요리사

파 cooking 요리

Cook over low heat.

약한 불로 **요리해라**.

0814

coupl

한 쌍, 몇몇, 커플[부부]

□□□ 하 내신필수

couple [kʌpl]

명 한 쌍, 몇몇, 커플[부부]

I have **a couple** of questions.

난 **몇 개의** 질문들이 있어.

0815

c usin

사촌

□□□ 중 내신필수

cousin [kʌzn]

명 사촌

My **cousin** visits me every winter.

내 **사촌**은 겨울마다 날 방문한다.

0816

ut

자르다

□□□ 하 내신필수

cut [kʌt]

동 자르다

He **cut** vegetables with a knife.

그는 칼로 야채를 **잘랐다**.

0811 컨테인 0812 컨붤트 0813 쿡 0814 커플 0815 커즌 0816 컷

○ 1분 안에 넘기기

○ 시간 있으면 꼼꼼히 외우기

0817

d ily

매일[일상]의 ⓜ매일

□□□ 중 내신필수

daily [déili]

ⓗ 매일[일상]의 ⓜ 매일

Her **daily** life is always the same.

그녀의 **일상**생활은 언제나 비슷하다.

0818

d bt

빚[부채]

□□□ 중 내신필수

debt [det]

ⓜ 빚[부채]

I need to pay off all my **debts**.

나는 모든 **부채**를 청산해야 한다.

0819

dec rate

꾸미다[장식하다]

□□□ 중 고등필수

decorate [dékərèit]

ⓓ 꾸미다[장식하다]

파 decoration 장식품

I'd like to **decorate** my room.

나는 나의 방을 **장식하고** 싶어.

0820

d crease

줄(이)다, 감소(하다)

□□□ 중 고등필수

decrease [dikríːs]

ⓓ 줄(이)다, 감소(하다)

Decrease the fire's heat.

불을 **줄여주세요**.

0821

d licious

맛있는

□□□ 중 내신필수

delicious [dilíʃəs]

ⓗ 맛있는

It's **delicious**.

정말 **맛있어요**.

0822

d pend

의존하다, 믿다, 달려 있다

□□□ 중 내신필수

depend [dipénd]

ⓓ 의존하다, 믿다, 달려 있다

파 dependent 의존[의지]하는

I **depend** on her. 나는 그녀에게 **의존한다**.

숙 depend on ~에 의지하다 ~에 달려 있다

0817 **데**일리 0818 뎃트 0819 **데**코뤠잍 0820 디**크**뤼스 0821 딜**리**셔스 0822 디**펜**드

1분 안에 넘기기

시간 있으면 꼼꼼히 외우기

0823

d scendant

자손[후손]

□□□ 상 고등필수

descendant [diséndənt]

명 자손[후손]

a direct **descendant**

직계 **자손**

0824

essert

디저트[후식]

□□□ 중 고등필수

dessert [dizə́:rt]

명 디저트[후식]

What's for **dessert**?

후식은 뭐예요?

0825

ish

접시, 요리

□□□ 중 내신필수

dish [diʃ]

명 접시, 요리

This is my favorite **dish**.

이것은 내가 제일 좋아하는 **요리**입니다.

0826

d ll

인형

□□□ 하 내신필수

doll [dal]

명 인형

The **doll** is pretty.

그 **인형**은 이쁘다.

0827

dram

드라마

□□□ 중 내신필수

drama [drά:mə]

명 드라마

Korean **dramas** are loved by Asians.

한국 **드라마들은** 아시아인들에게 사랑 받았다.

0828

e rly

초기의, 이른, 일찍

□□□ 중 내신필수

early [ə́:rli]

형 초기의, 이른, 일찍

An **early** bird catches the worm.

아침에 **일찍** 일어나는 새가 벌레를 잡는다.

0823 디**쎈**던트 0824 디**절**-트 0825 디쉬 0826 더얼- 0827 **드**롸마 0828 **얼**리

1분 안에 넘기기

시간 있으면 꼼꼼히 외우기

0829

envel pe

봉투

□□□ 중 내신필수

envelope [énvəlòup]

명 봉투

Look at the back of the **envelope**.

봉투의 뒷면을 봐라.

0830

f n

팬, 선풍기[부채]

□□□ 하 내신필수

fan [fæn]

명 팬, 선풍기[부채]

Many **fans** came to see them.

많은 **관중들이** 그들을 보기 위해 왔다.

0831

fen e

울타리, 담, 장애물

□□□ 중 내신필수

fence [fens]

명 울타리, 담, 장애물

Don't try to hop a **fence**.

담을 뛰어넘지 마라.

0832

ficti n

소설

□□□ 중 고등필수

fiction [fíkʃən]

명 소설

romantic **fiction**

연애 **소설**

0833

f nish

끝내다[끝나다]

□□□ 중 내신필수

finish [fíniʃ]

동 끝내다[끝나다]

I **finished** my homework.

난 숙제를 **끝냈다**.

0834

f x

고치다, 고정시키다

□□□ 중 내신필수

fix [fiks]

동 고치다, 고정시키다

I **fixed** a shelf to the wall.

나는 선반을 벽에 **고정시켰다**.

0829 **엔**벌롶 0830 퓄 0831 퓄스 0832 **퓍**션 0833 **퓌**니쉬 0834 퓍스

1분 안에 넘기기

시간 있으면 꼼꼼히 외우기

0835

flo r

(마루)바닥, (건물의) 층

□□□ 중 내신필수

floor [flɔːr]

명 (마루)바닥, (건물의) 층

I sleep on the **floor**.

나는 **바닥**에서 잔다.

0836

fl ur

곡물 가루

□□□ 중 내신필수

flour [fláuər]

명 곡물 가루

Add more **flour**.

밀가루를 더 넣어라.

0837

f ld

접다

□□□ 중 내신필수

fold [fould]

동 접다[개키다]

Fold the blankets up neatly.

이불을 잘 **개어** 놓아라.

0838

f lk

사람들, 가족 형 민속의

□□□ 중 내신필수

folk [fouk]

명 사람들, 가족 형 민속의

Well, **folks**, what are we going to do?

자, **여러분** 뭘 할까요?

0839

forev r

영원히

□□□ 중 내신필수

forever [fər'evə(r)]

부 영원히

I'll love you **forever**!

난 **영원히** 당신을 사랑할 거야!

0840

fortun

(행)운, 큰돈[재산]

□□□ 중 내신필수

fortune [fɔ́ːrʧən]

명 (행)운, 큰돈[재산]

I had **good fortune**.

나는 **행운**을 잡았다.

0835 플로-얼 0836 **플**라우얼 0837 풜드 0838 포우크 0839 풔**뤠**벌 0840 **풜**츈

○ 1분 안에 넘기기

○ 시간 있으면 꼼꼼히 외우기

0841
fram 틀[액자]에 넣다

□□□ 중 고등필수
frame [freim]
명동 틀[액자]에 넣다
The photograph had been **framed.**
그 사진은 **액자**에 넣어져 있었다.

0842
f ll
가득찬

□□□ 중 내신필수
full [ful]
형 가득찬 파 fully 완전한[충분히]
No, thanks. I'm **full.**
아뇨. **배불러요.**
숙 be full of 으로 가득 차다 (= be filled with)

0843
funer
장례

□□□ 상 고등필수
funeral [fjú:nərəl]
명 장례
Many people attended the **funeral.**
많은 사람들이 그 **장례식**에 참석했다.

0844
furnitur
가구

□□□ 중 내신필수
furniture [fə́:rnitʃər]
명 가구
There is elegant **furniture** in here.
이곳에는 우아한 **가구**가 놓여있다.

0845
garag
차고[주차장]

□□□ 중 내신필수
garage [gərɑ́:dʒ]
명 차고[주차장]
Our house has an underground **garage.**
우리 집은 지하 **주차장**이 있다.

0846
garb

ge
쓰레기

□□□ 중 내신필수
garbage [gɑ́:rbidʒ]
명 쓰레기
Here are tips to reduce your **garbage.**
여기에 **쓰레기**를 줄이기 위한 팁이 있다.

0841 프뤠임 0842 풜- 0843 **퓨**너럴 0844 **풔**니쳘 0845 거**롸**쥐 0846 **갈**비쥐

1분 안에 넘기기

시간 있으면 꼼꼼히 외우기

0847

선물, 재능

□□□ 중 내신필수

gift [gift]

명 선물, 재능

I brought a **gift** for you.

선물을 가져왔어요.

0848

유리(잔), 안경(glasses)

□□□ 하 내신필수

glass [glæs]

명 유리(잔), 안경(glasses)

I can't read without my **glasses**.

안경 없이는 읽을 수 없다.

0849

곡물

□□□ 중 고등필수

grain [grein]

명 곡물

Try to eat **grains**.

곡물을 먹도록 노력하세요.

0850

웅대한

□□□ 중 내신필수

grand [grænd]

형 웅대한

It's not a very **grand** house.

그것은 아주 **웅장한** 주택은 아니다.

0851

무덤

□□□ 중 고등필수

grave [greiv]

명 무덤

She cried beside the **grave**.

그녀는 **무덤** 옆에서 울었다.

0852

greenhous

온실

□□□ 중 내신필수

greenhouse [gríːnhàus]

명 온실

Farmers grow vegetables in a **greenhouse**.

농부는 **온실**에서 채소를 재배한다.

0847 기프트 0848 글래스 0849 그레인 0850 그랜드 0851 그레이브 0852 **그린**하우스

1분 안에 넘기기

시간 있으면 꼼꼼히 외우기

0853

식료품점,
식료 잡화류

□□□ 중 고등필수

grocery [gróusəri]

명 식료품점, 식료 잡화류

파 grocer 식료품 잡화상

grocery stores
식료품점

0854

gr w

자라다, 기르다

□□□ 중 내신필수

grow [grou]

동 자라다, 기르다

Plants that hear music **grow** better.
식물들은 노래를 들으면 더 잘 **자란다**.

숙 grow up 성장하다

0855

손님

□□□ 중 내신필수

guest [gest]

명 손님

A **guest** always leaves a little food.
손님은 항상 소량의 음식을 남긴다.

0856

(건물 입구 안쪽의) 현관

□□□ 하 내신필수

hall [hɔːl]

명 (건물 입구 안쪽의) 현관

She ran into the **hall**.
그녀가 **현관**으로 뛰어 들어갔다.

0857

망치

□□□ 중 내신필수

hammer [hǽmər]

명 망치

She hit the wood with a **hammer**.
그녀는 **망치**로 나무를 내려쳤다.

0858

걸(리)다, 목을 매달다

□□□ 중 내신필수

hang [hæŋ]

동 걸(리)다, 목을 매달다 hang-hung-hung

Hang your coat up on the hook.
네 외투를 옷걸이에 **걸어라**.

숙 hang up (벽 등에) 걸어 놓다

0853 그뤄쒀리 0854 그뤄우 0855 게스트 0856 홀 0857 **해**멀- 0858 행

1분 안에 넘기기

시간 있으면 꼼꼼히 외우기

0859

수확(량) 동수확하다

□□□ 중 내신필수

harvest [hά:rvist]

명 수확(량) 동수확하다

harvest time

수확기

0860

가지고 있다,
먹다, ~하게하다

□□□ 하 내신필수

have [həv]

동 가지고 있다, 먹다, ~하게하다

Will you **have** more coffee?

커피를 좀 더 **드시겠어요**?

숙 have to + 동사 : ~해야 한다 (=must)

0861

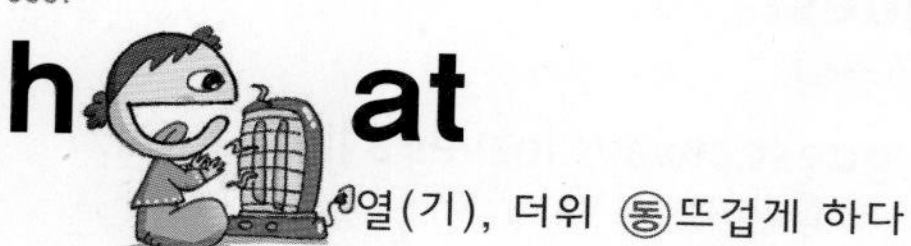

열(기), 더위 동뜨겁게 하다

□□□ 하 내신필수

heat [hi:t]

명 열(기), 더위 동뜨겁게 하다

She felt the **heat** of the stove.

그녀는 난로의 **열기**를 느꼈다.

0862

무력한[속수무책의]

□□□ 중 내신필수

helpless [hélplis]

형 무력한[속수무책의]

He was **helpless**.

그는 **무력**했다.

숙 help ~ with : ~에게 ~을 돕다

0863

(공)휴일

□□□ 중 내신필수

holiday [hάlədèi]

명 (공)휴일

It is **holiday** time!

이제 **휴일**이군!

0864

집 없는, 노숙자

□□□ 중 고등필수

homeless [hóumlis]

명 집 없는, 노숙자

They're **homeless**.

그들은 **노숙자**입니다.

0859 **할**-뷔스트 0860 헤브 0861 히이-트 0862 **핼**플리스 0863 **할**러데이 0864 **호움**리스

○ 1분 안에 넘기기

○ 시간 있으면 꼼꼼히 외우기

0865

hometown 고향

□□□ 중 내신필수

hometown [hoʊmtaʊn]

명 고향

Is that city your **hometown**?

그 도시가 **고향**이세요?

0866

homework 숙제[과제]

□□□ 중 내신필수

homework [hoʊmw3:rk]

명 숙제[과제]

The **homework** is now almost finished.

이제 **숙제**는 거의 끝났다.

0867

host 주인[주최자], 진행자

□□□ 하 내신필수

host [houst]

명 주인[주최자], 진행자

He is the **host** of the party.

그는 파티의 **주최자**이다

0868

husband 남편

□□□ 하 내신필수

husband [hʌzbənd]

명 남편

She didn't tell her **husband**.

그녀는 **남편**에게 말하지 않았다.

0869

independent 독립된

□□□ 중 내신필수

independent [ìndipéndənt]

형 독립된

파 independence 독립 independently 독립하여

She is more **independent** than before.

그녀는 전보다 더 **독립적**이다.

0870

indoor 실내의

□□□ 중 내신필수

indoor [ɪndɔ:(r)]

형 실내의

You can swim **indoors**.

수영은 **실내에서** 할 수 있다.

0865 **호움**타운 0866 **호움**월크 0867 호스트 0868 **허**즈번드 0869 인디**팬**던트 0870 인도얼

1분 안에 넘기기

시간 있으면 꼼꼼히 외우기

0871

in  redient

(요리의)재료, 요소

□□□ 상 고등필수

ingredient [ingríːdiənt]

명 (요리의)재료, 요소

This was made from good **ingredients**.

이건 좋은 **재료**로 만들어진 거야.

0872

insid 

안(쪽)(에)

□□□ 중 내신필수

inside [ìnsáid]

형 부 안(쪽)(에)

Go **inside** the house.

집 **안으로** 들어가.

0873

inv  te

초대하다

□□□ 하 내신필수

invite [inváit]

동 초대하다 파 invitation 초대

We'd like to **invite** you to this party.

우리는 당신을 이번 파티에 **초청**하고 싶습니다.

0874

j  r

병, 단지[항아리]

□□□ 중 내신필수

jar [dʒaːr]

명 병, 단지[항아리]

There is water in the **jar**.

단지 속에 물이 들어있다.

0875

k  y

열쇠, 비결 형 핵심적인

□□□ 하 내신필수

key [kiː]

명 열쇠, 비결 형 핵심적인

I am looking for my **key**.

제 **열쇠**를 찾고 있어요.

0876

la  der

사다리

□□□ 중 내신필수

ladder [lǽdər]

명 사다리

The man is climbing up the **ladder**.

남자가 **사다리**를 타고 올라가고 있다.

0871 인**그**뤼디언트 0872 인**싸**이드 0873 인**봐**이트 0874 좌알 0875 키- 0876 **레**럴-

○ 1분 안에 넘기기

○ 시간 있으면 꼼꼼히 외우기

0877

larg

큰, 넓은

□□□ 중 내신필수

large [la:rdʒ]

형 큰, 넓은

Is the **large** size enough for 3 people?
라즈사이즈는 3명에게 충분한가요?

0878

laun ry

세탁[세탁물/세탁소]

□□□ 중 내신필수

laundry [lɔ́:ndri]

명 세탁[세탁물/세탁소]

She is doing **laundry**.
그녀가 **세탁**하고 있다.

0879

l y

놓다, 눕히다, (알을) 낳다

□□□ 중 내신필수

lay [lei]

동 놓다, 눕히다, (알을) 낳다
lay–laid–laid

She **laid** the baby down on the bed.
그녀가 아기를 침대에 **내려놓았다**.

0880

l ak

새다 명 누출

□□□ 중 내신필수

leak [li:k]

동 새다 명 누출

파 leakage 누출

A gas **leak** is very dangerous.
가스 **누출**은 매우 위험하다.

0881

l ck

(자물쇠로) 잠그다 명 자물쇠

□□□ 중 내신필수

lock [lak]

동 (자물쇠로) 잠그다 명 자물쇠

Before you go **lock** the door.
가기 전에 문 꼭 **잠가**.

0882

l ose

풀린, 헐렁한

□□□ 중 내신필수

loose [lu:s]

형 풀린, 헐렁한

Her trousers were **loose-fitting**.
그녀의 바지는 **헐렁**했다.

0877 라-쥐 0878 **런**-더뤼 0879 레이 0880 릭- 0881 락 0882 루-스

1분 안에 넘기기

시간 있으면 꼼꼼히 외우기

0883

화장[분장]을 하다

□□□ 중 내신필수

make-up [meɪk ʌp]

동 화장[분장]을 하다

Do you have **make-up** on today?

너 오늘 **화장**했니?

0884

m rriage

결혼

□□□ 중 내신필수

marriage [mǽridʒ]

명 결혼 파 marry 결혼하다

Our **marriage** will last forever.

우리의 **결혼**은 영원할 것 입니다.

숙 get married 결혼하다

0885

m rror

거울

□□□ 중 내신필수

mirror [mírə(r)]

명 거울

He is looking in the **mirror**.

그가 **거울**을 들여다보고 있다.

0886

m x

섞다[섞이다] 명 혼합

□□□ 중 내신필수

mix [miks]

동 섞다[섞이다] 명 혼합

Mix a little cream under it.

크림을 밑으로 조금 **섞으세요**.

0887

영화(관)

□□□ 하 내신필수

movie [mú:vi]

명 영화(관)

I saw a horror **movie**.

나는 무서운 **영화**를 봤다.

0888

출생지의,
원주민(의)

□□□ 중 내신필수

native [néitiv]

형 출생지의, 원주민(의)

They invite us to their **native countries**.

그들은 그들의 **고국**으로 우리를 초대한다.

0883 **메**이익업 0884 **메**뤼쥐 0885 **미**뤌 0886 믹스 0887 **무**비 0888 **네**이디브

1분 안에 넘기기

시간 있으면 꼼꼼히 외우기

0889

ne t

깔끔한, 정돈된, 단정한

□□□ 중 고등필수

neat [ni:t]

형 깔끔한, 정돈된, 단정한

a **neat** desk

정돈된 책상

0890

n cessary

필요한

□□□ 중 내신필수

necessary [nésəsèri]

형 필요한 파 unnecessary 불필요한

It is **necessary**.

그것은 **필요하다**.

숙 if necessary 필요하다면

0891

needl

바늘

□□□ 중 고등필수

needle [ní:dl]

명 바늘

eye of a **needle**

바늘귀[바늘구멍]

0892

neigh r

이웃[(사람)나라]

□□□ 중 내신필수

neighbor [néibər]

명 이웃[(사람)나라]

It helps us understand our **neighbors**.

그것은 우리가 **이웃**을 이해할 수 있게 돕는다.

0893

n st

둥지

□□□ 중 내신필수

nest [nest]

명 둥지 동 둥지를 틀다

Birds are **nesting** on the cliffs.

새들이 그 절벽에 **둥지를 틀고** 있다.

0894

n t

인터넷, 그물

□□□ 중 내신필수

net [net]

명 인터넷, 그물

He uses the **net** everyday.

그는 **인터넷**을 날마다 사용한다.

0889 니잇-트 0890 **네**써쎄뤼 0891 **니**들 0892 **네**이벌 0893 네스트 0894 넷

○ 1분 안에 넘기기

○ 시간 있으면 꼼꼼히 외우기

0895
newsp per
신문

□□□ 중 내신필수
newspaper [néws·pàper]
명 신문
Newspapers say that plants hear music.
신문에서는 식물들이 노래를 듣는다고 한다.

0896

niec
조카딸, 질녀

□□□ 중 내신필수
niece [ni:s]
명 조카딸, 질녀
I played with my **niece**.
나는 내 **조카**와 놀아주었다.

0897

n vel
소설(장편)

□□□ 중 내신필수
novel [nάvəl]
명 소설(장편)
He wrote many **novels** about war.
그는 전쟁과 관련된 많은 **소설들**을 썼다.

0898

occ sion
때[경우], (특별한)행사

□□□ 중 내신필수
occasion [əkéiʒən]
명 때[경우], (특별한)행사
This drink was served on **occasions**.
이 음료수는 **행사**에 제공되었다.

0899

ff
떨어져[멀리]

□□□ 중 내신필수
off [ɔ:f]
부 떨어져[멀리]
Take off your shoes.
신발을 **벗어라.**
숙 get off (차에서)내리다 get on (차에)타다 take off 벗다 (put on 입

0900

wn
자신의(것), 소유하다

□□□ 중 내신필수
own [oun]
형동 자신의(것), 소유하다
I wanted to have my **own** pig.
나는 **나만의** 돼지를 가지고 싶었다.

0895 뉴스페이펄 0896 니스 0897 나블 0898 어케이션 0899 어-프 0900 온-

○ 1분 안에 넘기기

○ 시간 있으면 꼼꼼히 외우기

0901

p  ir

쌍[벌/켤레]

□□□ 중 내신필수

pair [pɛər]

명 쌍[벌/켤레]

I want to buy **a pair of** shoes.

나는 신발 **한 켤레**를 사고 싶어.

0902

patt  rn

양식, 무늬

□□□ 중 내신필수

pattern [pǽtərn]

명 양식, 무늬

clothes **pattern**

옷 **패턴**

0903

pi  ture

사진, 그림

□□□ 하 내신필수

picture [píktʃər]

명 사진, 그림

A **picture** hung on the wall.

그림 한 점이 벽에 걸려 있었다.

숙 take a picture 사진을 찍다

0904

plat 

(보통 둥그런) 접시, 그릇

□□□ 중 내신필수

plate [pleit]

명 (보통 둥그런) 접시, 그릇

Fill your **plate** with lettuce.

당신의 **접시**를 양상추로 가득 채워라.

0905

p ug

플러그, 마개 동 막다

□□□ 중 내신필수

plug [plʌg]

명 플러그, 마개 동 막다

Do not handle the **plug** with wet hands.

젖은 손으로 **플러그**를 다루지 마십시오.

0906

pr cious

귀중한[소중한/값비싼]

□□□ 상 내신필수

precious [préʃəs]

형 귀중한[소중한/값비싼]

You are so **precious** to me.

너는 내게 무척 **소중하다**.

0901 페얼 0902 **패**런 0903 **픽**쳘 0904 플레이트 0905 플러그 0906 **프**뤠셔스

1분 안에 넘기기

시간 있으면 꼼꼼히 외우기

0907

pref  r

더 좋아하다[선호하다]

□□□ 중 내신필수

prefer [prifə́ːr]

동 더 좋아하다[선호하다]

That is what I personally **prefer**.

그것은 내가 개인적으로 **선호하는** 것이다.

0908

prepar 

준비하다

□□□ 중 내신필수

prepare [pripέər]

동 준비하다

My mother is **preparing** dinner.

엄마가 저녁식사 **준비**를 하고 있다.

0909

priv 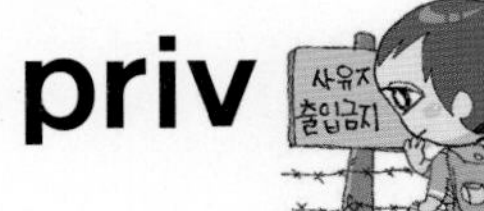

te

사유의, 사적인

□□□ 중 내신필수

private [práivət]

형 사유의, 사적인

'**Private** property. Keep out.'

사유지임. 들어오지 마시오.'

0910

pr  per

적절한

□□□ 중 내신필수

proper [prάpər]

형 적절한

Proper nutrition is essential.

적절한 영양 섭취는 필수다.

0911

prop  rty

재산

□□□ 중 고등필수

property [prάpərti]

명 재산

This building is my **property**.

이 건물은 내 **재산**이다.

0912

purchas 

구입하다 명구입(품)

□□□ 상 고등필수

purchase [pə́ːrtʃəs]

동 구입하다 명 구입(품)

She **purchases** items in the supermarket.

그녀는 슈퍼에서 물건을 **구매한다**.

0907 프리**풜** 0908 프뤼**페**얼 0909 **프**롸이빌 0910 **프**롸펄 0911 **프**롸펄디 0912 **펄**췌스

○ 1분 안에 넘기기

○ 시간 있으면 꼼꼼히 외우기

0913

(특히 여성용의 작은) 지갑

□□□ 중 내신필수

purse [pəːrs]

명 (특히 여성용의 작은) 지갑

I will open my **purse** this time.

이번엔 내가 돈 낼게.

0914

날것의

□□□ 중 내신필수

raw [rɔː]

형 날것의

raw meat

날[생]고기

0915

조리[요리]법

□□□ 중 고등필수

recipe [résəpi]

명 조리[요리]법

a **recipe** book

조리법 책

0916

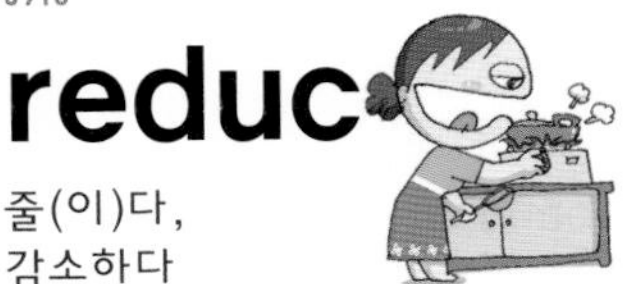

줄(이)다, 감소하다

□□□ 중 고등필수

reduce [ridjúːs]

동 줄(이)다, 감소하다

Reduce heat to medium.

불을 중간불로 **줄여라**.

0917

refrigerat

r

냉장고

□□□ 중 고등필수

refrigerator [rifrídʒərèitər]

명 냉장고

Store in **refrigerator** for to 2 days.

2일동안 **냉장고**에다가 보관해라.

0918

r ative

친척 형상대적인

□□□ 중 내신필수

relative [rélətiv]

명 친척 형 상대적인

파 relatively 비교적

He is a close **relative**.

그는 가까운 **친척**이다.

0913 펄스 0914 뤄어- 0915 **뤠**써피 0916 뤼**듀**-쓰 0917 뤼**프**뤼져**레**이럴 0918 **렐**러티브

○ 1분 안에 넘기기

○ 시간 있으면 꼼꼼히 외우기

0919

remve

제거하다[없애다]

□□□ 중 내신필수

remove [rimúːv]

동 제거하다[없애다]

Remove the pan of water!

냄비의 물을 **없애라!**

0920

repir

고치다, 수리(하다)

□□□ 중 내신필수

repair [ripέər]

동명 고치다, 수리(하다)

Can you **repair** these boots?

이 부츠 **고칠** 수 있을까요?

0921

replac

대신하다, 교체하다

□□□ 중 고등필수

replace [ripléis]

동 대신하다, 교체하다

You have **replaced** my computer.

당신은 내 컴퓨터를 **교체해** 주었다.

0922

requir

요구[필요]하다

□□□ 중 고등필수

require [rikwáiər]

명 요구[필요]하다

파 requirement 필요(한것)

American football **requires** helmets.

미식축구는 헬멧이 **필요합니다.**

0923

r st

휴식, 나머지 동 쉬다

□□□ 중 내신필수

rest [rest]

명 휴식, 나머지 동 쉬다

Taking more **rest** is good.

휴식 시간을 늘리는 것은 좋다.

숙 take a rest 휴식을 취하다

0924

rhym

(시의) (각)운

□□□ 중 내신필수

rhyme [raim]

명 (시의) (각)운

Can you think of a **rhyme** for 'nature'?

'자연'에 어울리는 **운**을 생각해 낼 수 있겠니?

0919 뤼**무**브 0920 뤼**페**얼 0921 뤼**플**레이스 0922 뤼**콰**이얼 0923 **뤠**스트 0924 **롸**임

○ 1분 안에 넘기기

○ 시간 있으면 꼼꼼히 외우기

0925

ric

쌀, 벼, 밥

□□□ 하 내신필수

rice [rais]

명 쌀, 벼, 밥

fried **rice**

볶음**밥**

0926

ri h

부유한, 풍부한

□□□ 하 내신필수

rich [ritʃ]

형 부유한, 풍부한

He was **rich** and famous.

그는 **부유하고** 유명했다.

0927

rin

반지 동종을[이] 울리다

□□□ 하 내신필수

ring [riŋ]

명 반지 동 종을[이] 울리다

Every morning a bell would **ring**.

아침마다 **벨**이 울린다.

0928

ro f

지붕

□□□ 중 내신필수

roof [ruːf]

명 지붕

He climbed up on the **roof**.

그가 **지붕** 위로 올라갔다.

0929

rud

무례한

□□□ 중 내신필수

rude [ruːd]

형 무례한

That is considered **rude**.

그것은 **무례함**으로 간주된다.

0930

sacrific

희생, 희생물

□□□ 중 내신필수

sacrifice [sǽkrəfàis]

명 희생, 희생물

His parents made **sacrifices**.

그의 부모님이 **희생**하셨다.

0925 라이스 0926 뤼치 0927 륑 0928 루-프 0929 루-드 0930 **쌔**크리퐈이스

 1분 안에 넘기기

 시간 있으면 꼼꼼히 외우기

0931

s  lty

짠, 짭짤한

□□□ 중 내신필수

salty [sɔ́:lti]

형 짠, 짭짤한

파 salt 소금

She tends to eat **salty** food.

그녀는 음식을 **짜게** 먹는 경향이 있다.

0932

s  tisfy

만족시키다

□□□ 중 내신필수

satisfy [sǽtisfài]

동 만족시키다

파 satisfactory 만족스러운

I am **satisfied** now.

나는 지금 **만족**스럽다.

0933

sav 

구하다, 저축[절약]하다

□□□ 하 내신필수

save [seiv]

동 구하다, 저축[절약]하다

They can **save** money.

그들은 돈을 **절약**할 수 있다.

0934

sciss  rs

가위

□□□ 중 내신필수

scissors [sízərz]

명 가위

Just cut with a pair of **scissors**.

그냥 **가위**로 잘라주세요.

0935

s  nd

보내다

□□□ 하 내신필수

send [send]

동 보내다

I want to **send** this by post.

이걸 우편으로 **보내고** 싶습니다.

0936

serv 

음식을 제공하다, 시중들다

□□□ 중 내신필수

serve [sə:rv]

동 음식을 제공하다, 시중들다

We **serve** breakfast.

우리는 아침 식사를 **제공합니다**.

0931 쏠티 0932 쌔디스파이 0933 쎄이브 0934 씨졀스 0935 쌘드 0936 썰브

○ 1분 안에 넘기기

○ 시간 있으면 꼼꼼히 외우기

0937

s  w

바느질하다[꿰매다]

□□□ 중 고등필수

sew [sou]

동 바느질하다[꿰매다]

Can you **sew** my pants?

내 바지 **꿰매** 줄 수 있나요?

0938

harp

날카로운

□□□ 중 내신필수

sharp [ʃa:rp]

형 날카로운

파 sharply 날카롭게

sharp knife

날카로운 칼

0939

sh et

(침대)시트, (종이) 한 장

□□□ 중 고등필수

sheet [ʃi:t]

명 (침대)시트, (종이) 한 장

She threw a **sheet** over the bed.

그녀는 침대에 **시트**를 깔았다.

숙 a sheet of 한 장의

0940

shelt r

주거지, 피신처

□□□ 중 고등필수

shelter [ʃéltər]

명 주거지, 피신처

They learned to build **shelters**.

그들은 **집** 짓는 법을 배웠다.

0941

sh wer

샤워기, 샤워실

□□□ 중 내신필수

shower [ʃáuər]

명 샤워기, 샤워실

He's in the **shower**.

그는 **샤워** 중이다.

0942

slid

미끄러지다

□□□ 중 고등필수

slide [slaid]

동 미끄러지다

The doors **slid** open.

그 문이 **미끄러지며** 열렸다.

0937 쏘우 0938 샤프 0939 쉬이트 0940 셸털 0941 샤월 0942 슬라이드

○ 1분 안에 넘기기

○ 시간 있으면 꼼꼼히 외우기

0943

s ft

부드러운

□□□ 중 내신필수

soft [sɔːft]

형 부드러운

The bedding is **soft**.

침구가 **부드럽다**.

0944

s ur

(맛이) 신

□□□ 중 고등필수

sour [sauər]

형 (맛이) 신

The lemon has a **sour** taste.

레몬은 **신**맛을 가지고 있다.

0945

spar

여분의, 여가의

□□□ 중 내신필수

spare [spɛər]

형 여분의, 여가의

We've got a **spare** bedroom.

저희 집에 **남는** 방이 있어요.

0946

speci l

특별[특수]한, 전문의

□□□ 중 내신필수

special [spéʃəl]

형 특별[특수]한, 전문의

파 specialist 전문가

I'd like to order a **special** potato pizza.

스페셜 포테이토피자를 주세요.

0947

spi y

매운

□□□ 중 고등필수

spicy [spáisi]

형 매운

spicy food

양념을 많이 한 매운 음식

0948

spr y

(물을)뿌리다
명 분무기

□□□ 중 내신필수

spray [sprei]

동 (물을)뿌리다 명 분무기

The smell of **hair spray** made me sick.

헤어스프레이의 냄새가 나를 메스껍게 만들었다.

0943 쏘프트 0944 **싸**우얼 0945 스페얼 0946 스**페**셜 0947 스**파**이시 0948 스프**뤠**이

1분 안에 넘기기

시간 있으면 꼼꼼히 외우기

0949

st  ir

계단

□□□ 중 고등필수

stair [stɛər]

명 계단

The light **upstairs** was turned on.

위층에 불빛이 켜져 있었다.

0950

st r

젓다, (저어 가며) 섞다

□□□ 중 고등필수

stir [stəːr]

동 젓다, (저어 가며) 섞다

He **stirred** tea.

그가 차를 **저었다**.

0951

str  w

(밀)짚, 빨대

□□□ 중 고등필수

straw [strɔː]

명 (밀)짚, 빨대

a **straw** hat

밀짚모자

0952

str  ng

끈[줄], (악기의) 현

□□□ 중 고등필수

string [striŋ]

명 끈[줄], (악기의) 현

Tie the ends of the **string** together.

줄 끝을 함께 묶어라.

0953

succ  ed

성공[출세]하다, 물려받다

□□□ 중 내신필수

succeed [səksíːd]

동 성공[출세]하다, 물려받다

Finally she **succeeded**.

그녀는 마침내 **성공했습니다**.

0954

uit

정장, ~옷[복] 동 맞다

□□□ 중 내신필수

suit [suːt]

명 정장, ~옷[복] 동 맞다

파 suitable 적합한

Just a bathing **suit** is enough.

단지 수영**복**이면 충분하다.

0949 스테얼 0950 스터얼 0951 스트뤄- 0952 스트륑 0953 썩씨-드 0954 수-트

1분 안에 넘기기

시간 있으면 꼼꼼히 외우기

0955

supp rt

[지지/지원/후원]하다

□□□ 중 내신필수

support [səpɔ́ːrt]

명동 [지지/지원/후원]하다

They **support** their families.

그들은 그들의 가족을 **부양한다**.

0956

sw ep

쓸다[청소하다], 휩쓸다

□□□ 중 고등필수

sweep [swiːp]

동 쓸다[청소하다], 휩쓸다

Sweep the floor.

마룻바닥을 **쓸어라**.

0957

sw et

단, 친절한

□□□ 하 고등필수

sweet [swiːt]

형 단, 친절한

You should not eat too many **sweets**.

너무 많은 **단것**을 먹어서는 안된다.

0958

swit h

스위치, 전환 동바꾸다

□□□ 중 내신필수

switch [switʃ]

명 스위치, 전환 동 바꾸다

He is turning on the **switch**.

그가 **스위치**를 켜고 있다.

0959

tail r

(남성복) 재단사, 양복장이

□□□ 중 고등필수

tailor [téilər]

명 (남성복) 재단사, 양복장이

The **tailor** made clothes.

재단사는 옷을 만들었다.

0960

t p

톡톡 두드리다

명(수도)꼭지, 잠금장치

□□□ 중 고등필수

tap [tæp]

동 톡톡 두드리다 명(수도)꼭지, 잠금장치

The goal is to open **taps** easily.

목적은 **잠금 장치**를 쉽게 열수 있게 하는 것이다.

0955 써폴-트 0956 스위-ㅍ 0957 스위-ㅌ 0958 스윗치 0959 테일럴 0960 탭

ㅇ 1분 안에 넘기기

ㅇ 시간 있으면 꼼꼼히 외우기

0961

t ste
맛(이 나다) 명취향

□□□ 중 내신필수

taste [teist]

동 맛(이 나다) 명 취향

파 tasty 맛있는

This food **tastes** bitter.
이 음식은 **맛**이 쓰다.

0962

thi k
두꺼운, 짙은, 진한

□□□ 중 내신필수

thick [θik]

형 두꺼운, 짙은, 진한

a **thick** slice of bread
두툼한 빵 한 조각

0963

th n
얇은, 마른, 묽은

□□□ 중 내신필수

thin [θin]

형 얇은, 마른, 묽은

a **thin** blouse
얇은 블라우스

0964

thr ad
실 동(실을) 꿰다

□□□ 중 고등필수

thread [θred]

명 실 동 (실을) 꿰다

A long **thread** is easily entangled.
긴 **실**은 얽히기 쉽다.

0965

t ght
꽉 끼는, 단단한

□□□ 중 내신필수

tight [tait]

형 꽉 끼는, 단단한

The skirt was a little **tight**.
그 치마는 좀 **꽉 끼었다**.

0966

t mb
무덤

□□□ 중 내신필수

tomb [tu:m]

명 무덤

These are **tombs** for Egyptian kings.
이것들은 이집트의 왕들을 위한 **무덤들**이다.

0961 테이스트 0962 띡크 0963 띤- 0964 뜨뤠드 0965 타잇트 0966 툼

1분 안에 넘기기

시간 있으면 꼼꼼히 외우기

0967

도구[연장]

□□□ 하 내신필수

tool [tu:l]

명 도구[연장]

The **tool** has been recently developed.
그 **도구**는 최근에 개발되었다.

0968

장난감

□□□ 하 내신필수

toy [tɔi]

명 장난감

It is a container filled with **toys**.
그것은 **장난감**으로 가득 찬 그릇이다.

0969

쓰레기

□□□ 중 내신필수

trash [træʃ]

명 쓰레기

There is **trash** on all sides.
도처에 **쓰레기**가 있다.

0970

관[튜브]

□□□ 중 내신필수

tube [tju:b]

명 관[튜브]

a **tube** of toothpaste
치약 한 **통**

0971

위층으로[에], 위층(의)

□□□ 중 내신필수

upstairs [ʌpstέərz]

형부 위층으로[에], 위층(의)

The cat went **upstairs**.
그 고양이는 **2층**으로 올라갔다.

0972

보통[일반적으로]

□□□ 중 내신필수

usually [jú:ʒuəli]

부 보통[일반적으로]

I'm **usually** home by 9 o'clock.
나는 **보통** 9시면 집에 온다.

0967 투울 0968 토이 0969 트뤠쉬 0970 **튜**-브 0971 업**스테**얼즈 0972 **유**주얼리

○ 1분 안에 넘기기

○ 시간 있으면 꼼꼼히 외우기

0973

v luable

귀중한[값비싼]

□□□ 중 내신필수

valuable [vǽljuəbl]

㉻ 귀중한[값비싼]

파 value 가치

Our lives are **valuable**.

우리의 삶은 **가치 있다**.

0974

v se

꽃병

□□□ 중 내신필수

vase [veis]

㉷ 꽃병

vase of flowers

꽃을 꽂아 놓은 **꽃병**

0975

v getable

채소[야채]

□□□ 중 내신필수

vegetable [védʒətəbl]

㉷ 채소[야채]

The store has many kinds of **vegetables**.

그 상점에는 다양한 종류의 **채소들이** 있어요.

0976

vehicl

탈것[차량]

□□□ 중 내신필수

vehicle [víːikl]

㉷ 탈것[차량]

She is parking a **vehicle**.

그녀가 **차**를 주차하고 있다.

0977

w te

낭비(하다), 쓰레기

□□□  내신필수

waste [weist]

㉷㉯ 낭비(하다), 쓰레기

She **wastes** a lot of money on clothes.

그녀는 옷에 많은 돈을 **낭비한다**.

0978

wat h

지켜보다, 시계

□□□ 하 내신필수

watch [watʃ]

㉯㉷ 지켜보다, 시계

Watching a movie at home is cheaper.

집에서 영화를 **보는 것이** 더 저렴하다.

0973 **뷀**류어블 0974 붸이스 0975 **붸**지터블 0976 **뷔**이클 0977 웨이스트 0978 왓치

1분 안에 넘기기

시간 있으면 꼼꼼히 외우기

0979

w alth

부[재산]

□□□ 내신필수

wealth [welθ]

명 부[재산]

파 wealthy 부유한

He became **wealthy**.

그는 **부자**가 되었다.

0980

week nd

주말

□□□ 내신필수

weekend [wéek·ènd]

명 주말

I caught up on sleep on the **weekend**.

나는 **주말**에 부족한 잠을 보충했다.

0981

wip

닦(아내)다

□□□ 내신필수

wipe [waip]

동 닦(아내)다

He **wiped** his hands on a towel.

그는 수건에 손을 **닦았다**.

0982

wir

철사, (전)선

□□□ 내신필수

wire [waiər]

명 철사, (전)선

파 wireless 무선의

He coiled a **wire** around a pole.

그는 장대에 **철사**를 칭칭 감았다.

0983

wr p

싸다[포장하다]

□□□ 내신필수

wrap [ræp]

동 싸다[포장하다]

She **wrapped** up the Christmas presents.

그녀는 크리스마스 선물들을 **포장했다**.

0984

yar

마당[뜰]

□□□ 내신필수

yard [ja:rd]

명 마당[뜰]

This is the prison **yard**.

이곳은 교도소 **마당**이다.

0979 웰뜨 0980 **윜**앤드 0981 와잎 0982 **와**이얼 0983 뤱 0984 얄-드

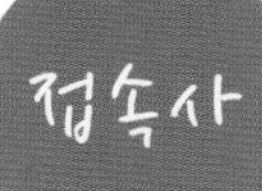

접속사란?

종속접속사: 등위접속사가 대등하게 단어와 문장을 연결한다면, 종속접속사는 한쪽이 주인(주절), 다른 한쪽이 종(종속절)이 되게 연결합니다.

구와 절은 무엇일까요? 두 개 이상의 단어가 모이는 것을 구와 절이라고 하는데요.
구는 주어와 동사가 없어요. (in London or in Paris)2개의 구
절은 주어와 동사가 있어요. (When I was young, I was fat.)2개의 절

rather than	~보다는	The car is solid **rather than** pretty. 그 자동차는 이쁘다기보다는 튼튼하다.
before	~하기 전에	I go to bed **before** 11:00 in the evening. 나는 밤 11시 전에 잠자리에 든다.
even if	~에도 불구하고	**Even if** you do not like it, you must do it. 싫더라도 꼭 해야 해.
even though	비록 ~일지라도	**Even though** she is thin she eats a lot. 비록 그녀는 말랐지만 많이 먹는다.
if	만약 ~면	**If** I were rich enough, I would buy it. 돈이 충분하다면 그것을 살텐데.
in order that/to	~하기 위해 ~할 수 있도록	**In order to** be healthy she exercises. 그녀는 건강을 위해 운동한다.
once	한 번, (과거) 언젠가	I **once** was popular. 나는 한때 인기가 많았어.
provided that	~하거든	I will buy it **provided that** it is cheap. 할인을 해 준다면 살게요.
whenever	~할 때는 언제든지	I will see you **whenever** you come. 네가 언제 오던지 나는 널 만날 거야.
though	(비록) ~이긴 하지만	**Though** it is early I will go. 비록 이르긴 하지만 나는 갈 거예요.
unless	~하지 않는 한	**Unless** you pay you cannot buy. 지불하지 않으면 구입할 수 없단다.
wherever	어디에나, 어디든지	**Wherever** he is, I think of him. 그가 어디에 있든 나는 그를 생각한다.
whether	~인지, ~이든	**Whether** I like it or not, I am a Korean. 좋으나 싫으나 나는 한국인이다.
while	~하는 동안	Talk **while** I eat. 내가 먹는 동안 말해봐.

Chapter5 복습문제

A 우리말에 대응하는 영어 써보기

01. 주소, 연설
02. 짓다[건설하다]
03. 포함[함유]하다
04. 끝내다[끝나다]
05. 곡물
06. 출생지의
07. 때[경우]
08. 낭비(하다)
09. 적절한
10. 대신하다

B 빈칸에 단어 넣어보기

11. **기본** 사양 a _______ model
12. **매일**[일상]의 _______ life
13. 연애 **소설** romantic _______
14. 가스 **누출** a gas _______
15. 신발 한 켤레 a _______ of shoes
16. **가까운** 친척 a _______ relative
17. 볶음**밥** fried _______
18. 수영**복** a bathing _______
19. **얇은** 블라우스 a _______ blouse
20. 지난 **주말** last _______

C 문맥에 맞는 단어 골라 쓰기

보기 | Reduce early bring afford decrease

21. They can _______ a good education. 그들은 좋은 교육을 받을 **여유가 있다**.
22. I will _______ it to her. 그녀에게 이것을 **가져가야지**.
23. _______ the fire's heat. 불을 **줄여주세요**.
24. An _______ bird catches the worm. 아침에 **일찍** 일어나는 새가 벌레를 잡는다.
25. _______ heat to Medium. 불을 중간불로 **줄여라**.

정답 | **A** 앞면참조 **B** 11 basic 12 daily 13 fiction 14 leak 15 pair 16 close 17 rice 18 suit 19 thin 20 weekend
C 21 afford 22 bring 23 Decrease 24 early 25 Reduce

60점 넘기기

Chapter 6

Body & Health

신체와 건강

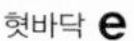
혓바닥 e

입벌린 c

머리묶은 a

동글이 o

목떨어진 i

- Ailments (질병)
- Treatment (치료)
- Condition (상태)
- Anatomy and Body Related (해부와 몸 관련)
- Associated Words (관련된 단어들)

○ 1분 안에 넘기기

○ 시간 있으면 꼼꼼히 외우기

0985

a he

아프다 명아픔[통증]

□□□ 중 내신필수

ache [eik]

동 아프다 명 아픔[통증]

Every muscle in my body **ached.**

내 몸의 모든 근육이 **아팠다.**

0986

aliv

살아 있는

□□□ 하 내신필수

alive [əláiv]

형 살아 있는

He is **alive** still.

그는 아직 **살아있다.**

0987

ambulanc

구급차

□□□ 중 고등필수

ambulance [ǽmbjuləns]

명 구급차

ambulance driver

구급차 운전사

0988

ppetite

식욕

□□□ 중 고등필수

appetite [ǽpətàit]

명 식욕

His **appetite** is off.

그는 **식욕**이 없어요.

0989

rm

팔, 무기

□□□ 중 내신필수

arm [a:rm]

명 팔, 무기

They are big animals with long **arms.**

그들은 긴 **팔**을 가진 큰 동물이다.

0990

sleep

잠든

□□□ 중 내신필수

asleep [əslí:p]

형 잠든

She wanted to **fall asleep.**

그녀는 **잠들길** 원했다.

숙 fall asleep 잠이 들다

햇바닥 e

입벌린 c

머리묶은 a

동글이 o

목떨어진 i

0985 에잌 0986 얼**라**이브 0987 **앰**뷸런스 0988 **애**피타이트 0989 **앎** 0990 어**슬**립

○ 1분 안에 넘기기

○ 시간 있으면 꼼꼼히 외우기

0991

등뼈[척추]

□□□ 중 고등필수

backbone [bǽkbòun]

명 등뼈[척추]

Animals have a **backbone**.

동물들은 **척추**가 있다.

0992

균형(을 잡다)

□□□ 중 내신필수

balance [bǽləns]

명동 균형(을 잡다)

Stretching makes your body stay **balanced**.

스트레칭은 몸이 **균형**을 유지하게 만든다.

0993

벌거벗은

□□□ 중 고등필수

bare [bɛər]

형 벌거벗은

He walked with **bare** feet.

그는 **맨**발로 걸었다.

0994

아름다움, 미인

□□□ 하 내신필수

beauty [bjú:ti]

명 아름다움, 미인

She has a keen sense of **beauty**.

그녀는 **미**적 감각이 뛰어나다.

0995

물다, 물기

□□□ 중 내신필수

bite [bait]

동 물다 명 물기

He **was bitten** by the dog.

그는 그 개에게 **물렸다**.

0996

쓴, 쓰라린

□□□ 중 고등필수

bitter [bítər]

형 쓴, 쓰라린

The taste was still **bitter**.

그 맛은 여전히 **쓰다**.

0991 **백**본 0992 **밸**런스 0993 베얼 0994 **뷰**디 0995 바이트 0996 **비**럴

1분 안에 넘기기

시간 있으면 꼼꼼히 외우기

0997

bl nd
시각 장애가 있는[눈먼]

□□□ 중 내신필수

blind [blaind]

형 시각 장애가 있는[눈먼]

He was **blind**.

그는 **시각 장애인**이었다.

0998

bl nde
금발의

□□□ 중 고등필수

blonde [blɑ:nd]

형 금발의

She is **blonde** and rich.

그녀는 **금발**이고 부자이다.

0999

bl od
피[혈액]

□□□ 중 내신필수

blood [blʌd]

명 피[혈액]

She did a **blood** test.

그녀는 **혈액** 검사를 했다.

1000

br in
(두)뇌

□□□ 중 고등필수

brain [brein]

명 (두)뇌

Our **brain** receives a lot of information.

우리의 **뇌**는 많은 정보를 수신한다.

1001

br ath
숨[호흡]

□□□ 중 내신필수

breath [breθ]

명 숨[호흡]

파 breathe 숨 쉬다[호흡하다]

Her **breath** was strong.

그녀의 **숨**은 힘이 있었다.

1002

can er
암

□□□ 중 고등필수

cancer [kǽnsər]

명 암

I realized how dreadful **cancer** is.

나는 얼마나 **암**이 무서운지 알았다.

0997 블라인드 0998 블런드 0999 블러드 1000 브뤠인 1001 브뤳뜨 1002 **캔**써얼

60점 넘기기

1분 안에 넘기기

시간 있으면 꼼꼼히 외우기

1003

c stle

성(城)

□□□ 중 내신필수

castle [kǽsl]

명 성(城)

The **castle** is on the hill.

그 **성**은 언덕 위에 있다.

1004

atch

(붙)잡다, (병에) 걸리다

□□□ 중 내신필수

catch [kæʧ]

동 (붙)잡다, (병에) 걸리다

Can you **catch** a runaway horse?

도망치는 말을 **붙잡을** 수 있겠니?

숙 catch(get, take) a cold 감기에 걸리다

1005

c use

원인(이 되다), 일으키다

□□□ 중 내신필수

cause [kɔ:z]

명동 원인(이 되다), 일으키다

Stress may **cause** teenagers to worry.

스트레스는 10대에게 걱정을 **줄** 수 있다.

1006

c ll

세포

□□□ 중 내신필수

cell [sel]

명 세포

I can see the **cell**.

나는 **세포**를 볼 수 있다.

1007

che k

뺨

□□□ 중 고등필수

cheek [ʧi:k]

명 뺨

pink **cheeks**

핑크빛 **두 뺨**

1008

ondition

상태, 환경, 조건

□□□ 중 내신필수

condition [kəndíʃən]

명 상태, 환경, 조건

Jason's **condition** is not good.

제이슨의 **상태**는 좋지 않다.

1003 캐슬 1004 캣치 1005 커-즈 1006 셀 1007 취크 1008 컨디션

1분 안에 넘기기

시간 있으면 꼼꼼히 외우기

1009

c ugh

기침(하다)

□□□ 중 고등필수

cough [kɔːf]

명동 기침(하다)

I couldn't stop **coughing**.

나는 **기침**을 멈출 수가 없었다.

1010

cur

치료제[치료법] 동치료하다

□□□ 중 내신필수

cure [kjuər]

명 치료제[치료법] 동 치료하다

Will you be able to **cure** him?

그를 **낫게** 할 수 있겠어요?

1011

urly

곱슬곱슬한

□□□ 중 고등필수

curly [kə́ːrli]

형 곱슬곱슬한

He has **curly** hair.

그는 **곱슬**머리이다.

1012

de d

죽은

□□□ 중 내신필수

dead [ded]

형 죽은

파 deadly 치명적인

Here **the dead** are buried.

여기에 **죽은 사람**이 매장되어 있다.

1013

de f

청각 장애가 있는

□□□ 중 고등필수

deaf [def]

형 청각 장애가 있는

She was **deaf** in one ear.

그녀는 한쪽 귀가 **들리지 않았다**.

1014

d ath

죽음

□□□ 중 내신필수

death [deθ]

명 죽음

America felt sad for his **death**.

미국사람들은 그의 **죽음**을 슬퍼했다.

1009 커프 1010 큐얼 1011 컬리 1012 데드 1013 데프 1014 데-쓰

1분 안에 넘기기

시간 있으면 꼼꼼히 외우기

1015

di

죽다

□□□ 중 내신필수

die [dai]

동 죽다

They both **died** in their thirties.

그들 둘 다 삼십 대에 **사망하였다**.

1016

di t

식사, 다이어트(식이요법)

□□□ 중 내신필수

diet [dáiət]

명 식사, 다이어트(식이요법)

Diet is important for lifestyle.

식이 요법은 생활 방식을 위해 중요하다.

1017

dis bled

장애가 있는

□□□ 중 고등필수

disabled [diséibld]

형 장애가 있는

She helps **disabled** persons.

그녀는 **장애**인을 돕는다.

1018

diseas

(질)병

□□□ 중 내신필수

disease [dizíːz]

명 (질)병

heart **disease** and cancer

심장 **질환**과 암

1019

dr wn

익사하다[익사시키다]

□□□ 중 고등필수

drown [draun]

동 익사하다[익사시키다]

They **drowned** in the river.

그들은 강물에서 **익사했다**.

1020

rug

약, 마약

□□□ 중 내신필수

drug [drʌg]

명 마약

He does not take **drugs**.

그는 **마약**을 하지 않는다.

1015 다이 1016 **다**이엍 1017 디**쎄**이블드 1018 디**지**-즈 1019 드롸운 1020 드뤄그

1분 안에 넘기기

시간 있으면 꼼꼼히 외우기

1021

멍청한, 말을 못하는

□□□ 중 고등필수

dumb [dʌm]

형 멍청한, 말을 못하는

He was born **dumb**.

그는 날 때부터 **언어장애인**이였다.

1022

영향, 결과, 효과

□□□ 중 내신필수

effect [ifékt]

명 영향, 결과, 효과

파 effective 효과적인

The **effect** of the virus is wide.

바이러스의 **영향**은 광범위하게 미친다.

1023

비상[응급] 사태

□□□ 중 고등필수

emergency [imə́:rdʒənsi]

명 비상[응급] 사태

An **emergency** is life-threatening.

응급상황이란 생명이 위험한 것이다.

1024

살찐[뚱뚱한] 명 지방

□□□ 하 내신필수

fat [fæt]

형 살찐[뚱뚱한] 명 지방

They met a big **fat** woman.

그들은 몸집이 크고 **뚱뚱한** 여자를 만났다.

1025

특색, 특징, 특집

□□□ 중 내신필수

feature [fí:ʧər]

명 특색, 특징, 특집

An **feature** of the city is the old market.

그 도시의 **특색**은 재래시장이다.

1026

먹을 것을 주다[먹이다]

□□□ 중 내신필수

feed [fi:d]

동 먹을 것을 주다[먹이다]

They have many to **feed**.

그들은 **먹여** 살려야 할 사람이 많다.

1021 덤- 1022 이**펙**트 1023 이**멀**젼시 1024 퓃 1025 **퓌**쳐 1026 피드

60점 넘기기

○ 1분 안에 넘기기

○ 시간 있으면 꼼꼼히 외우기

1027

여성[암컷](의)

□□□ 중 내신필수

female [fíːmeil]

명형 여성[암컷](의)

She is a **female** student.

그녀는 **여**학생이다.

1028

열(병)

□□□ 중 고등필수

fever [fíːvər]

명 열(병)

The kid has a high **fever**.

그 아이는 **열**이 높다.

1029

주먹

□□□ 중 고등필수

fist [fist]

명 주먹

He punched me with his **fist**.

그가 **주먹**으로 나를 쳤다.

1030

f t

맞다[맞추다] 형건강한, 알맞은

□□□ 중 내신필수

fit [fit]

동 맞다[맞추다] 형 건강한, 알맞은

That shirt **fits** well.

그 셔츠가 잘 **맞는다**.

1031

신체 단련,
(신체적인) 건강

□□□ 중 고등필수

fitness [fítnis]

명 신체 단련, (신체적인) 건강

a fitness class

신체 단련 수업

1032

맛(을 내다)

□□□ 중 고등필수

flavor [fléivər]

명동 맛(을 내다)

Some **flavors** were added to the cocoa.

코코아는 종종 약간의 **첨가물**을 넣었다.

1027 **퓌**-메일　1028 **퓌**-붤　1029 피스트　1030 핏　1031 **핕**니스　1032 플**레**이붤

1분 안에 넘기기

시간 있으면 꼼꼼히 외우기

1033

f ot

발, (길이 단위) 피트

□□□ 하 내신필수

foot [fut]

명 발, (길이 단위) 피트 복수 feet

His **foot** is too big.

그의 **발**은 너무 크다.

숙 **on foot** 걸어서, 도보로

1034

g in

얻다, 늘리다

□□□ 중 고등필수

gain [gein]

동 얻다, 늘리다

You'll probably **gain** it back anyway.

당신은 아마도 다시 **찔** 가능성이 있어요.

1035

gra

움켜잡다[잡아채다], 잡아채기

□□□ 중 고등필수

grab [græb]

동 움켜잡다[잡아채다], 잡아채기

He **grabbed** at the branch.

그는 나뭇가지를 **와락 잡았다**.

1036

h nd

손 동 건네주다

□□□ 하 내신필수

hand [hænd]

명 손 동 건네주다

Helen Keller held out her **hand**.

헬랜 켈러는 자신의 **손**을 내밀었다.

1037

hands me

잘생긴

□□□ 중 내신필수

handsome [hǽnsəm]

형 잘생긴

handsome guy

잘생긴 남자

1038

h rmful

해로운

□□□ 중 고등필수

harmful [hɑ́:rmfəl]

형 해로운

파 harm 피해

Climbers are **harming** the environment.

등산가들은 환경을 **해치고** 있다.

1033 풋 1034 게인 1035 그뤱 1036 핸드 1037 **핸**썸 1038 **핢**-풀

60점 넘기기

1분 안에 넘기기

시간 있으면 꼼꼼히 외우기

1039

두통

□□□ 내신필수

headache [hedeik]

명 두통

I avoid **headaches** in that way.

나는 **골치 아픈 일들**을 그렇게 피한다.

1040

치유하다, 낫게 하다

□□□ 고등필수

heal [hi:l]

동 치유하다, 낫게 하다

It may take a few weeks to **heal**.

회복하기 위해서는 몇 주가 걸릴 수 있다.

1041

건강

□□□ 내신필수

health [helθ]

명 건강 파 healthy 건강한

It may improve your **health**.

그것은 당신의 **건강**을 증진시킬 수 있다.

숙 in good health 건강이 좋은

1042

높이, 키[신장]

□□□ 고등필수

height [hait]

명 높이, 키[신장]

height and weight

신장과 체중

1043

가망 없는[절망적인]

□□□ 고등필수

hopeless [hóuplis]

형 가망 없는[절망적인]

Frankly he is **hopeless**.

그는 솔직히 **가망이 없다**.

1044

병

□□□ 내신필수

illness [ɪlnəs]

명 병

파 ill 병든

I missed a lot of school through **illness**.

나는 **아파서** 학교에 결석을 많이 했다.

1039 **헤**-데익 1040 히-일 1041 헬쓰 1042 **하**잍 1043 **홉**플리스 1044 **일**너스

1분 안에 넘기기

시간 있으면 꼼꼼히 외우기

1045

illusn

환상[착각]

□□□ 중 고등필수

illusion [ilúːʒən]

명 환상[착각]

She is under an **illusion**.

그녀는 **착각**에 빠져 있다.

1046

inju

다상처를 입히다, 다치게 하다

□□□ 중 고등필수

injure [índʒər]

동 상처를 입히다, 다치게 하다

파 injury 부상

Too much light can **injure** your eyes.

너무 많은 빛은 너의 눈을 **다치게** 할수 있다.

1047

og

조깅하다

□□□ 중 고등필수

jog [dʒag]

동 조깅하다

I **jog** every morning.

난 매일 아침에 **조깅한다**.

1048

kne

무릎

□□□ 중 내신필수

knee [niː]

명 무릎

My **knees** were shaking.

나의 **무릎**은 떨리고 있었다.

숙 get down on one's knees 무릎을 꿇다

1049

lif

삶, 생명

□□□ 하 내신필수

life [laif]

명 삶, 생명

My **life** is happy.

나의 **삶**은 행복하다.

숙 for one's life 필사적으로

1050

listn

듣다

□□□ 하 내신필수

listen [lísn]

동 듣다

You **listened** to their success stories.

너는 그들의 성공 이야기를 **들었다**.

숙 listen to :~을 경청하다

1045 일루젼 1046 인절 1047 져-그 1048 니- 1049 라이프 1050 리쓴

1분 안에 넘기기 | 시간 있으면 꼼꼼히 외우기

1051

liv 살다 ⓗ살아 있는

□□□ 하 내신필수

live [liv]

ⓓ살다 ⓗ살아 있는

Astronauts have to **live** in space.

우주비행사들은 우주에서 **살아야** 한다.

1052

lou (소리가) 큰, 시끄러운

□□□ 중 내신필수

loud [laud]

ⓗ(소리가) 큰, 시끄러운

She shouted with a **loud** voice.

그녀는 **큰** 목소리를 내질렀다.

1053

ung 폐[허파]

□□□ 중 고등필수

lung [lʌŋ]

ⓜ폐[허파]

lung cancer

폐암

1054

mal 남성(수컷의)

□□□ 중 고등필수

male [meil]

ⓜ남성(수컷의)

He is a **male** nurse.

그는 **남자** 간호사이다.

1055

m al 식사

□□□ 하 내신필수

meal [mi:l]

ⓜ식사

mid-day **meal**

한낮의 **식사**

ⓢ be patient with : ~에게 너그럽다

1056

mis 놓치다, 그리워하다

□□□ 중 내신필수

miss [mis]

ⓓ놓치다, 그리워하다

He has **missed** the ball.

그는 공을 **놓쳤다**.

1051 리이브 1052 라우드 1053 렁- 1054 메일 1055 밀- 1056 미쓰

1분 안에 넘기기

시간 있으면 꼼꼼히 외우기

1057

mus le

근육

□□□ 중 내신필수

muscle [mʌsl]

명 근육

You still have good **muscle** condition.

너는 여전히 **근육** 상태가 좋구나.

1058

n il

손톱[발톱], 못

□□□ 중 고등필수

nail [neil]

명 손톱[발톱], 못

nail clippers

손톱깎이

1059

nutri nt

영양소[영양분]

□□□ 상 고등필수

nutrient [njú:triənt]

명 영양소[영양분]

essential **nutrients**

필수 **영양소들**

1060

overc me

극복하다

□□□ 중 내신필수

overcome [òver·cóme]

동 극복하다

Overcome this situation.

이 상황을 **극복해라**.

1061

ov rweight

과체중의, 중량 초과의

□□□ 상  고등필수

overweight [óver·wèight]

형 과체중의, 중량 초과의

Do you think you are **overweight**?

당신이 **과체중**이라고 생각하나요?

1062

p in

고통, 수고

□□□ 중  내신필수

pain [pein]

명 고통, 수고

파 painful 아픈

No gains without **pains**.

고통 없이는 얻는 것도 없다.

1057 머쓸 1058 네일 1059 뉴트뤼언트 1060 오붤컴 1061 오붤웨일 1062 페인

1분 안에 넘기기

시간 있으면 꼼꼼히 외우기

1063

pal  창백한, 엷은

□□□ 중 내신필수

pale [peil]

형 창백한, 엷은

You look **pale**.

너 **창백해** 보여.

1064

 alm 손바닥, 야자과 나무

□□□ 상 고등필수

palm [pa:m]

명 손바닥, 야자과 나무

My **palms** began to sweat.

내 **손바닥**에 땀이 나기 시작했다.

1065

pati  nt 환자 형참을성 있는

□□□ 중 내신필수

patient [péiʃənt]

명 환자 형 참을성 있는

You have to be **patient**.

인내심을 가져야 한다.

1066

physi  al 육체[신체]의, 물질[물리]의

□□□ 중 고등필수

physical [fízikəl]

형 육체[신체]의, 물질[물리]의

physical labor

육체적 노동

1067

pr ss 누르다 명언론, 인쇄

□□□ 중 내신필수

press [pres]

동 누르다 명 언론, 인쇄

He **pressed** his face against the window.

그는 창문에 얼굴을 바짝 **대었다**.

1068

pr tty 예쁜[귀여운] 부꽤, 아주

□□□ 하 내신필수

pretty [príti]

형 예쁜[귀여운] 부 꽤, 아주

She is very **pretty**.

그녀는 매우 **예쁘다**.

1063 페일 1064 팜 1065 페이션트 1066 퓌지컬 1067 프뤠스 1068 프뤼디

○ 1분 안에 넘기기

○ 시간 있으면 꼼꼼히 외우기

1069

보호하다

□□□ 중 내신필수

protect [prətékt]

동 보호하다

파 protective 보호하는

The helmet can **protect** you.

헬멧은 당신을 **보호해** 줄 수 있다.

1070

단백질

□□□ 중 내신필수

protein [próuti:n]

명 단백질

protein foods

단백질 식품들

1071

회복되다[되찾다]

□□□ 중 내신필수

recover [rikʌvər]

동 회복되다[되찾다]

He has almost **recovered** his health.

그는 건강이 거의 **회복되었다**.

1072

오락[레크레이션]

□□□ 중 고등필수

recreation [rèkriéiʃən]

명 오락[레크레이션]

a **recreation** program

레크리에이션 프로그램

1073

쉬다[긴장을 풀다]

□□□ 중 내신필수

relax [rilǽks]

동 쉬다[긴장을 풀다]

Bus and train passengers can **relax**.

버스와 기차 승객들은 **쉴** 수 있다.

1074

기억하다

□□□ 중 내신필수

remember [rimémbər]

동 기억하다

Do you **remember** me?

나를 **기억하세요**?

1069 프뤄**텍**트 1070 **프뤄**티인 1071 뤼**커**벌 1072 **뤠**크뤼**에**이션 1073 륄**렉**스 1074 뤼**멤**벌

○ 1분 안에 넘기기

○ 시간 있으면 꼼꼼히 외우기

1075

restor

회복시키다,
복원[복구]하다

□□□ 중 고등필수

restore [ristɔ́ːr]

㊍ 회복시키다, 복원[복구]하다

He is now fully **restored** to health.

그는 이제 완전히 건강을 **되찾았다.**

1076

rop

로프[밧줄]

□□□ 중 내신필수

rope [roup]

㊐ 로프[밧줄]

Shall we go outside and skip **rope**?

밖에 나가 **줄**넘기 할까?

1077

s ratch

긁다[할퀴다]

□□□ 중 내신필수

scratch [skrætʃ]

㊍ 긁다[할퀴다]

He **scratched** his chin.

그는 자기의 턱을 **긁었다.**

1078

sens

감각, 느낌,
분별력

□□□ 중 내신필수

sense [sens]

㊐ 감각, 느낌, 분별력

Honeybees have a **sense** of time.

꿀벌들은 시간 **감각**을 가지고 있다.

1079

s rious

진지한, 심각한, 중대한

□□□ 중 내신필수

serious [síriəs]

㊒ 진지한, 심각한, 중대한

He overcame **serious** injuries.

그는 **심각한** 부상을 극복하였다.

1080

shak

흔들(리)다

□□□ 중 내신필수

shake [ʃeik]

㊍ 흔들(리)다

I was **shaking** with the cold.

나는 추위에 **떨었다.**

㊕ shake hands 악수하다

1075 뤼스**토**얼 1076 뤄우프 1077 스크뤠치 1078 쎈스 1079 **씨**뤼어스 1080 셰이크

1분 안에 넘기기

시간 있으면 꼼꼼히 외우기

1081

si k

병든[아픈]

□□□ 중 내신필수

sick [sik]

형 병든[아픈]

파 sickness 질병

He got **sick**.

그는 **병**에 걸렸다.

1082

s gh

한숨(을 쉬다)

□□□ 중 내신필수

sigh [sai]

명동 한숨(을 쉬다)

He **sighed** deeply.

그는 깊은 **한숨을 쉬었다**.

1083

s ght

시력, 보기, 눈, 시야, 광경

□□□ 중 내신필수

sight [sait]

명 시력, 보기, 눈, 시야, 광경

Out of **sight**, out of mind.

눈에서 멀어지면, 마음에서도 멀어진다.

숙 at first sight 첫눈에

1084

kin

피부, 가죽, 껍질

□□□ 중 내신필수

skin [skin]

명 피부, 가죽, 껍질

The snake sheds its **skin**.

뱀은 **허물**을 벗는다.

1085

sm ll

냄새(나다)

□□□ 중 내신필수

smell [smel]

명동 냄새(나다)

There is a bad **smell**.

나쁜 **냄새**가 난다.

1086

sm ke

연기 동담배를 피우다

□□□ 중 내신필수

smoke [smouk]

명 연기 동 담배를 피우다

Don't **smoke** here.

여기서 **담배를 피우지** 마라.

1081 씩-ㅋ 1082 싸이- 1083 싸잇트 1084 스킨 1085 스매-앨 1086 스모크

○ 1분 안에 넘기기

○ 시간 있으면 꼼꼼히 외우기

1087

□□□ 중 내신필수

smooth [smuːð]

형 매끄러운[부드러운]

Your skin is soft and **smooth**.

당신의 피부는 부드럽고 **매끄럽다**.

1088

□□□ 중 내신필수

sore [sɔːr]

형 아픈[쑤시는]

I have a **sore** throat.

목이 아파.

1089

□□□ 중 내신필수

soul [soul]

명 영, 영혼

She is a poor **soul**.

그녀는 불쌍한 **영혼**이다.

1090

□□□ 하 내신필수

sound [saund]

명 소리 동 ~처럼 들리다

That **sounds** great.

좋은 **의견이에요**!

1091

□□□ 상 내신필수

starve [staːrv]

동 굶주리다[굶어 죽다]

starving children

굶어 죽어 가고 있는 아이들

1092

□□□ 중 내신필수

state [steit]

명 국가, 주, 상태

Look at the your **state**!

네 **상태**를 좀 봐!

1087 스무쓰 1088 쏘얼 1089 쏘울 1090 싸운드 1091 스탈브 1092 스테이트

○ 1분 안에 넘기기

○ 시간 있으면 꼼꼼히 외우기

1093

stoma h

위, 배[복부]

□□□ 중 내신필수

stomach [stΛmək]

명 위, 배[복부]

stomach pains

위통[복통]

1094

strai ht

똑바로[곧장], 곧은

□□□ 중 내신필수

straight [streit]

부형 똑바로[곧장], 곧은

The hairs stood up **straight**.

털이 **똑바로** 섰다.

1095

str ngth

힘, 강점

□□□ 중 내신필수

strength [streŋkθ]

명 힘, 강점

파 strengthen 강화되다

He has great **strength**.

그는 매우 **힘**이 세다.

1096

str tch

늘리다, 당기다, 뻗다

□□□ 중 내신필수

stretch [stretʃ]

동 늘리다, 당기다, 뻗다

Stretching makes your body more flexible.

스트레칭은 너의 몸을 더욱 유연하게 만든다.

1097

struggl

투쟁(하다), 허우적[버둥]거리다

□□□ 중 고등필수

struggle [strΛgl]

동 투쟁(하다), 허우적[버둥]거리다

Struggling, he began to sink.

버둥거리면서 그는 가라앉기 시작했다.

1098

swall w

삼키다 명 제비

□□□ 중 고등필수

swallow [swάlou]

동 삼키다 명 제비

Swallow it **down**.

꿀꺽 **삼켜라**.

1093 **스토**먹 1094 스트**뤠**잇트 1095 스트**뤵**쓰 1096 스트**뤠**치 1097 **스**트뤄글 1098 **스왈**로우

1분 안에 넘기기

시간 있으면 꼼꼼히 외우기

1099

sw at

땀(을 흘리다)

□□□ 중 내신필수

sweat [swet]

명동 땀(을 흘리다)

My hands were **sweating**.

내 손은 **땀에 젖어** 있었다.

1100

t il

꼬리

□□□ 중 내신필수

tail [teil]

명 꼬리

The **tail** is longer than the body.

꼬리는 몸보다 더 길다.

1101

te r

눈물 동찢(어)지다

□□□ 하 내신필수

tear [tiər]

명 눈물 동 찢(어)지다

Books can bring **tears** to your eyes.

책들은 네 눈을 **글썽이게** 할 수 있다.

1102

temperatur

온도[기온], 체온

□□□ 중 내신필수

temperature [témpərətʃər]

명 온도[기온], 체온

We need water for our body **temperature**.

우리는 우리 몸의 **온도**를 위해 물이 필요하다.

1103

thir ty

목마른

□□□ 중 내신필수

thirsty [θə́:rsti]

형 목마른

The bird was very **thirsty**.

그 새는 매우 **목이 말랐다**.

1104

thr at

목(구멍)

□□□ 중 고등필수

throat [θrout]

명 목(구멍)

A bone stuck in my **throat**.

목구멍에 가시가 걸렸다

1099 스웻 1100 테일 1101 티얼 1102 **템**프러쳘 1103 **떨**쓰티 1104 뜨로웉

1분 안에 넘기기

시간 있으면 꼼꼼히 외우기

1105

ti y

아주 작은

□□□ 내신필수

tiny [táini]

㊖ 아주 작은

He was defeated by a **tiny** enemy.

그는 **작은** 적에게 패배했다.

1106

tir d

피곤한, 싫증난

□□□ 내신필수

tired [taiərd]

㊖ 피곤한, 싫증난

She looks **tired** and ill.

그녀는 **피곤하고** 아파 보인다.

㊐ be tired of : ~에 싫증이 나다

1107

ton ue

혀, 언어

□□□ 고등필수

tongue [tʌŋ]

㊔ 혀, 언어

Gorillas stick out their **tongues**.

고릴라들은 그들의 **혀**를 내보인다.

1108

t uch

만지다 ㊔접촉

□□□ 내신필수

touch [tʌʧ]

㊍ 만지다 ㊔ 접촉

Make sure the wires don't **touch**.

전선이 **닿지** 않도록 해라.

1109

tr atment

치료

□□□ 고등필수

treatment [trí:tmənt]

㊔ 치료

He is receiving **treatment**.

그는 **치료**를 받고 있다.

1110

tr mble

떨다, 흔들리다

□□□ 고등필수

tremble [trémbl]

㊍ 떨다, 흔들리다

I'm **trembling**.

나는 **떨고 있다**.

1105 타이니 1106 타이얼드 1107 터-엉 1108 터치 1109 트뤼트먼트 1110 트렘블

60점 넘기기

1분 안에 넘기기

시간 있으면 꼼꼼히 외우기

1111

비틀다[구부리다], 돌리다

twist [twist]

㊐ 비틀다[구부리다], 돌리다

Elephants **twisted** their trunks.

코끼리들은 그들의 코를 **꼬았다**.

1112

못생긴[추한]

□□□ 하 내신필수

ugly [ʌgli]

㊖ 못생긴[추한]

ugly face

못생긴 얼굴

1113

uncomfortabl

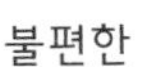
불편한

uncomfortable [ùn·cómfortable]

㊖ 불편한

Is the seat **uncomfortable**?

그 좌석은 **불편**하세요?

1114

이해하다

□□□ 중 내신필수

understand [ʌndərstǽnd]

㊐ 이해하다

I **understood** all.

나 전부 **이해했어**.

1115

목소리

□□□ 하 내신필수

voice [vɔis]

㊔ 목소리

There was a **voice** speaking to him.

그에게 말하는 **목소리**가 있었다.

1116

씻다

□□□ 하 내신필수

wash [waʃ]

㊐ 씻다 ㊙ washbasin 세면기

I **washed** my face.

나는 **세수를 했다**.

1111 트위스트 1112 어글리 1113 언컴포터블 1114 언덜스탠드 1115 보이스 1116 워시

1분 안에 넘기기

시간 있으면 꼼꼼히 외우기

1117

w  y
방법[방식], 길

□□□ 하 내신필수

way [wei]

명 방법[방식], 길

It's a great **way** to keep fit.
이것은 몸 관리 하기 좋은 **방법**이다.

숙 by the way 말이 나온 김에, 그런데(화제를 바꿀 때 쓰임)

1118

w  ak
약한

□□□ 중 내신필수

weak [wi:k]

형 약한

She is still **weak**.
그녀는 아직도 몸이 **약하다**.

1119

w  ar
입고[신고/쓰고] 있다

□□□ 중 내신필수

wear [wɛər]

동 입고[신고/쓰고] 있다

You must **wear** a helmet.
당신은 헬멧을 반드시 **써야** 한다.

1120

w  igh
무게가 ~이다, 무게를 달다

□□□ 중 고등필수

weigh [wei]

동 무게가 ~이다, 무게를 달다

파 weight 무게

Chimps **weigh** up to 200 pounds.
침팬지들은 200파운드의 **무게가 나간다**.

1121

w  und
상처(를 입히다)

□□□ 중 고등필수

wound [wu:nd]

명동 상처(를 입히다)

The **wound** has healed up.
상처가 아물었다.

1122

y  wn
하품(하다)

□□□  고등필수

yawn [jɔ:n]

명동 하품(하다)

We call this a **yawn**.
우리는 이것을 **하품**이라고 하죠.

1117 웨이 1118 위크 1119 웨얼 1120 웨이 1121 운드 1122 얀-

관계부사와 관계대명사

관계부사는 when (시간), where (장소), why (이유), how (방법) 4가지가 있어요.

when	~할 때	**When** I was young, I was fat. 어렸을 때 나는 뚱뚱했어.
where	어디에, 어디로	This is **where** I live. 이곳이 내가 사는 곳이야.
why	왜, 어째서	**Why** do you want to know? 왜 알고 싶니?
how	어떻게	Do you know **how** to read this word? 이 단어 어떻게 읽는지 아세요?

관계대명사는 who, which, whose, whom, that 가 있으며 [접속사+ 대명사]의 역할을 해요.
관계대명사 뒤에는 완전한 문장이 오지 못하고, 주어나 목적어 혹은 보어가 빠진 불완전한 문장이 오게 됩니다.

that	~라는 것	Where is the box **that** came last week. 지난주에 온 박스 어디에 있니?
which	(의문문에서) 어느, 어느 것	**Which** one is the faster of the two? 둘 중 어느 게 더 빨라요?
whoever	누구든 ~하는 사람들, 누가 ~하든	Come out of there, **whoever** you are. 당신이 누구든 거기서 나오세요.
whichever	어느 쪽이든	Take **whichever** you want. 어느 것이나 원하는 것을 가져라.
whom	~를, ~에게	**Whom** did they pick? 그들은 누구를 선택했나요?
whose	(의문문에서) 누구의	**Whose** uniform is this? 이것은 누구의 체육복이냐?
who	누구	**Who** is that boy ? 저 애는 누구니?

Chapter6 복습문제

A 우리말에 대응하는 영어 써보기

01. 균형(을 잡다)
02. 숨[호흡]
03. 죽음
04. 비상[응급]
05. 특색, 특징
06. 극복하다
07. 고통, 수고
08. 보호하다
09. 똑바로[곧장]
10. 혀, 언어

B 빈칸에 단어 넣어보기

11. **혈액** 검사 a _______ test
12. 심장 **질환** heart _______
13. **신장**과 체중 _______ and weight
14. **큰** 목소리 a _______ voice
15. 한낮의 **식사** mid-day _______
16. **단백질** 식품들 _______ foods
17. **육체적** 노동 _______ labor
18. **위**통[복통] _______ pains
19. 몸의 **온도** body _______
20. **여**학생 a _______ student

C 문맥에 맞는 단어 골라 쓰기

보기 | effect cause bitter recover muscle

21. The taste was still _______. 그 맛은 여전히 **쓰다**
22. Stress may _______ teenagers to worry. 스트레스는 10대에게 걱정을 **줄 수** 있다.
23. The _______ of the virus is wide. 바이러스의 **영향**은 광범위하다.
24. Every _______ in my body ached. 내 몸의 모든 **근육**들이 아팠다.
25. He has almost _______ ed his health. 그는 건강이 거의 **회복**되었다.

정답 | **A** 앞면참조 **B** 11 blood 12 disease 13 height 14 loud 15 meal 16 protein 17 physical 18 stomach 19 temperature 20 female **C** 21 bitter 22 cause 23 effect 24 muscle 25 recover

70점 넘기기

Chapter 7
Emotions & character
감정과 성격

혓바닥 e

입벌린 c

머리묶은 a

동글이 o

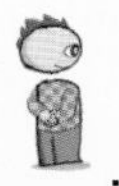
목떨어진 i

- Feelings – Positive (긍정적인 감정)
- Feelings – Negative (부정적인 감정)
- Reactions (반응)
- Communicating (의사소통)
- Associated Words (연관된 단어들)

○ 1분 안에 넘기기

○ 시간 있으면 꼼꼼히 외우기

1123

accpt

받아들이다 [인정하다]

□□□ 중 내신필수

accept [æksépt]

동 받아들이다[인정하다]

파 unacceptable 받아들일수 없는 acceptable 용인되는

Please **accept** our apologies.

저희들의 사과를 **받아 주세요.**

1124

a mire

존경하다, 감탄하다

□□□ 중 내신필수

admire [ædmáiər]

동 존경하다, 감탄하다

파 admirable 감탄[존경]스러운

He **admired** the criminal.

그는 그 범죄자를 **우러러보았다.**

1125

dmit

인정[시인]하다

□□□ 중 내신필수

admit [ædmít]

동 인정[시인]하다

I **admit** I enjoyed playing.

나는 내가 놀았다는 것을 **인정한다.**

1126

fraid

두려워하는, 걱정하는

□□□ 하 내신필수

afraid [əfréid]

형 두려워하는, 걱정하는

I'm **afraid** I can't.

나는 **두려워서** 할 수 없어요.

숙 be afraid of : ~을 두려워하다

1127

lone

혼자, 외로운 부 혼자서

□□□ 하 내신필수

alone [əlóun]

형 혼자, 외로운 부 혼자서

We were **alone.**

우리는 **혼자**가 되었다.

숙 by oneself 홀로

1128

mazing

놀라운

□□□ 중 고등필수

amazing [əméiziŋ]

형 놀라운

amazing news

놀라운 뉴스

혓바닥 e

입벌린 c

머리묶은 a

동글이 o

목떨어진 i

1123 엑**셉**트 1124 에드**마**이얼 1125 에드**밑** 1126 어**프레**이드 1127 얼**론** 1128 어**메**이징

○ 1분 안에 넘기기

○ 시간 있으면 꼼꼼히 외우기

1129

musement

즐거움, 재미, (~s)오락

□□□ 상 고등필수

amusement [əmjúːzmənt]

명 즐거움, 재미, (~s)오락

We go to the **amusement** park.

우리는 **놀이**공원에 간다.

1130

ang r

화

□□□ 중 고등필수

anger [ǽŋgər]

명 화

Anger is a strong emotion.

화는 강한 감정이다.

1131

ngry

화난[성난]

□□□ 하 내신필수

angry [ǽŋgri]

형 화난[성난]

Please don't be **angry** with me.

제발 나한테 **화내지** 마.

1132

ann y

화[짜증]나게 하다

□□□ 중 고등필수

annoy [ənɔ́i]

동 화[짜증]나게 하다

Don't **annoy** me!

짜증나게 하지 마!

1133

anxi us

걱정하는, 열망하는

□□□ 중 고등필수

anxious [ǽŋkʃəs]

형 걱정하는, 열망하는

Elizabeth got **anxious** before the trip.

엘리자베스는 여행 가기 전에 **고민했다**.

1134

app al

호소(하다)

□□□ 중 고등필수

appeal [əpíːl]

명동 호소(하다), 항소[상고]하다

He made a ringing **appeal**.

그는 강한 **호소**를 했다.

1129 어뮤즈먼트 1130 앵걸 1131 앵그뤼 1132 어노이 1133 앵셔스 1134 어필

1분 안에 넘기기

시간 있으면 꼼꼼히 외우기

1135

asham  d

부끄러워하는

□□□ 상 고등필수

ashamed [əʃéimd]

형 부끄러워하는

I was **ashamed** to tell lies.

나는 거짓말을 한 게 **부끄러웠다**.

1136

 ttract

(마음을) 끌다, 매혹하다

□□□ 중 고등필수

attract [ətrǽkt]

동 (마음을) 끌다, 매혹하다

파 attractiveness 끌어 당기는 힘

You've been **attracted** to him all along.

처음부터 쭉 당신은 그에게 **끌렸다**.

1137

wful

끔찍한[지독한]

□□□ 상 고등필수

awful [ɔ́:fəl]

형 끔찍한[지독한]

It was an **awful** night.

끔찍한 밤이었다.

1138

 wkward

어색한

□□□ 상 고등필수

awkward [ɔ́:kwərd]

형 어색한

It was **awkward** at first.

처음에는 **어색**했다.

1139

ba  k

되돌아 부 뒤로 명 등, 뒤

□□□ 하 내신필수

back [bæk]

형 되돌아 부 뒤로 명 등, 뒤

I would like to get my money **back**.

내 돈을 **다시 돌려받고** 싶다.

숙 get back 되찾다 back and forth 앞뒤로, 이리저리

1140

believ 

믿다

□□□ 하 내신필수

believe [bilí:v]

동 믿다

We **believe** each other.

우리는 서로 **믿는다**.

1135 어쉐임드 1136 어트랙트 1137 어우풀 1138 억월드 1139 백크 1140 빌리브

70점 넘기기

ㅇ 1분 안에 넘기기

ㅇ 시간 있으면 꼼꼼히 외우기

1141

지루한

□□□ 중 내신필수

boring [bɔ́:riŋ]

형 지루한

파 bore 지루하게 하다

I thought they were **boring**.

나는 그들이 **지루하다고** 생각했다.

1142

괴롭히다, 신경 쓰다

□□□ 중 내신필수

bother [bάðər]

동 괴롭히다, 신경 쓰다

Don't **bother** me! Leave me alone.

귀찮게 하지 마! 날 내버려둬.

1143

침착한 명평온 동진정하다

□□□ 중 내신필수

calm [ka:m]

형 침착한 명 평온 동 진정하다

Calm down and catch your breath!

진정하고 숨 좀 쉬어!

1144

돌봄

동관심을 갖다, 돌보다

□□□ 중 내신필수

care [kεər]

명 돌봄 동 관심을 갖다, 돌보다

Hospitals should provide medical **care**.

병원들은 의료 **서비스**를 제공해야만 한다.

숙 care for : ~을 돌보다 ~을 좋아하다 take care of :~을 돌보다

1145

축하[기념]하다

□□□ 중 내신필수

celebrate [séləbrèit]

동 축하[기념]하다

People **celebrated** the new year.

사람들이 새해를 **축하했다**.

1146

성격, (등장)인물, 글자

□□□ 중 내신필수

character [kǽriktər]

명 성격, (등장)인물, 글자

Their **characater** is unique.

그들의 **성격**은 특이하다.

1141 **보**오링- 1142 **바**덜 1143 캄 1144 케얼 1145 **쎌**러브뤠잍 1146 **케**뤽털

1분 안에 넘기기

시간 있으면 꼼꼼히 외우기

1147

chara teristic

특징 ⓗ특유의

□□□ 상 고등필수

characteristic [kæriktərístik]

ⓜ특징 ⓗ특유의

This is a **characteristic** of my personality.

이것은 내 성격의 **특징**이다.

1148

furi us

ⓗ몹시 화가 난, 맹렬한

□□□ 상 내신필수

furious [fjúəriəs]

ⓗ몹시 화가 난, 맹렬한

She was really **furious**.

그녀는 매우 **화가** 치밀었다.

1149

ch rming

매력적인

□□□ 중 내신필수

charming [ʧά:rmiŋ]

ⓗ매력적인

She's a **charming** person.

그녀는 **매력적인** 사람이다.

1150

ch er

환호[응원](하다)

□□□ 중 내신필수

cheer [ʧiər]

ⓜⓓ환호[응원](하다)

파 cheerful 쾌활한

Cheer up! You will do better next time!

힘내! 다음번에 더 잘할 거야.

1151

lever

영리한[똑똑한]

□□□ 중 고등필수

clever [klévər]

ⓗ영리한[똑똑한]

They seem to be very **clever**.

그들은 매우 **똑똑해** 보인다.

1152

comfort ble

편(안)한

□□□ 중 내신필수

comfortable [kʌmfərtəbl]

ⓗ편(안)한

파 comfort 편안 uncomfortable 불편한

Be **comfortable** with your body.

당신의 신체가 **편안하다고** 생각하라.

1147 **캐**뤡터**뤼**스튁 1148 **퓨**리어스 1149 **챨**밍 1150 치-얼 1151 **클**레뷜 1152 **컴**포러블

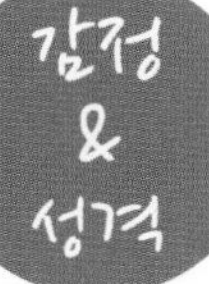

1분 안에 넘기기 | 시간 있으면 꼼꼼히 외우기

1153

c omic
희극의, 웃기는

□□□ 중 고등필수

comic [kámik]

형 희극의, 웃기는

A **comic** book tells a picture story.
만화책은 그림이야기를 말한다.

1154

c omplex
복잡한, 단지, 콤플렉스

□□□ 중 고등필수

complex [kəmpléks]

형 복잡한, 단지, 콤플렉스

complex machinery
복잡한 기계(장치)

1155

c mplicated
복잡한

□□□ 상 고등필수

complicated [kámpləkèitid]

형 복잡한

The instructions look very **complicated**.
사용 설명서가 매우 **복잡해** 보인다.

1156

conc rn
걱정, 관심사
동관계되다

□□□ 중 고등필수

concern [kənsə́ːrn]

명 걱정, 관심사 동 관계되다

I am **concerned about** this business.
나는 이 일에 **관심이 있다**.

1157

c nfidence
신뢰, 자신(감)

□□□ 중 고등필수

confidence [kánfədəns]

명 신뢰, 자신(감)

파 confident 자신있는

The lessons have given me **confidence**.
그 수업은 나에게 **자신감**을 주었다.

1158

c nscious
의식하는, 의식이 있는

□□□ 중 고등필수

conscious [kánʃəs]

형 의식하는, 의식이 있는

She's very **conscious** of the problems.
그녀는 그 문제들을 아주 잘 **의식하고** 있다.

1153 카믹 1154 컴플렉스 1155 캄플리케이딛 1156 컨써언 1157 칸피던쓰 1158 컨셔쓰

1분 안에 넘기기

시간 있으면 꼼꼼히 외우기

1159

consider

숙고[고려]하다, 여기다

□□□ 중 내신필수

consider [kənsídər]

동 숙고[고려]하다, 여기다

Japanese are **considered** wealthy.

일본인은 부자라고 **생각된다**.

1160

courag

용기

□□□ 중 고등필수

courage [kə́:ridʒ]

명 용기

He showed great **courage**.

그는 대단한 **용기**를 보였다.

1161

cr zy

미친, 열광적인, 화난

□□□ 중 고등필수

crazy [kréizi]

형 미친, 열광적인, 화난

Are you **crazy**?

너 제정신이니?

1162

ruel

잔인한

□□□ 중 내신필수

cruel [krú:əl]

형 잔인한

He became a **cruel** dictator.

그는 **잔혹한** 독재자가 되었다.

1163

urious

호기심이 많은, 궁금한

□□□ 중 내신필수

curious [kjúəriəs]

형 호기심이 많은, 궁금한

파 curiosity 호기심

He is a very **curious** boy.

그는 매우 **호기심** 많은 소년이다.

1164

cut

귀여운

□□□ 하 고등필수

cute [kju:t]

형 귀여운

Its really **cute**?

정말 **귀엽죠**?

1159 컨씨덜 1160 커뤼지 1161 크뤠-이지 1162 크루얼 1163 큐어뤼어스 1164 큐트

70점 넘기기

○ 1분 안에 넘기기

○ 시간 있으면 꼼꼼히 외우기

1165

기쁨 ⓓ기쁘게 하다

□□□ 중 고등필수

delight [diláit]

명 기쁨 동 기쁘게 하다

She exclaimed in **delight**.

그녀는 **기뻐서** 소리쳤다.

1166

우울하게 하다

□□□ 중 고등필수

depress [diprés]

동 우울하게 하다

This situation **depresses** me.

이 상황이 나를 **우울하게** 해.

1167

욕구[욕망]
동바라다

□□□ 중 내신필수

desire [dizáiər]

명 욕구[욕망] 동 바라다

He has a strong **desire** for power.

그는 강한 권력**욕**을 가졌다.

숙 be different from :~와는 다르다

1168

d fferent

다른

□□□ 중 내신필수

different [dífərənt]

형 다른

파 differ 다르다 difference 다른[차이]

Cultures have **different** manners.

문화들은 **다른** 예절을 가지고 있다.

1169

근면한
[성실한, 부지런한]

□□□ 중 내신필수

diligent [dílədʒənt]

형 근면한[성실한, 부지런한]

He is a **diligent** person.

그는 **부지런한** 사람이다.

1170

실망시키다

□□□ 중 고등필수

disappoint [disəpɔ́int]

동 실망시키다

You will be **disappointed** in yourself.

당신은 당신 스스로 **실망하게** 될 것입니다.

1165 딜라이트 1166 디프레스 1167 디쟈이얼 1168 디퍼런트 1169 딜리젼트 1170 디써포인트

1분 안에 넘기기

시간 있으면 꼼꼼히 외우기

1171

역겨운, 메스꺼운

□□□ 상 내신필수

disgusting [disgΛstiŋ]

형 역겨운, 메스꺼운

What a **disgusting** smell !

정말 냄새 한번 **역겹군**!

1172

싫어하다
명 싫어함

□□□ 중 내신필수

dislike [disláik]

동 싫어하다 명 싫어함

Why do you **dislike** me so much?

넌 나를 왜 그렇게 많이 **싫어하니**?

1173

의심(하다), 의문이다

□□□ 중 고등필수

doubt [daut]

명동 의심(하다), 의문이다

"I **doubt** it."

"그건 **의문**이에요."

1174

지루한, 둔한

□□□ 중 고등필수

dull [dʌl]

형 지루한, 둔한

The meeting can be deadly **dull**.

회의는 지독히 **따분할** 수가 있다.

1175

열망하는

□□□ 중 고등필수

eager [í:gər]

형 열망하는

eager crowds

열렬한 관중들

1176

당황하게 하다

□□□ 중 고등필수

embarrass [imbǽrəs]

동 당황하게 하다

He makes me feel **embarrassed**.

그는 나를 **당혹스럽게** 만든다.

1171 디스꺼쓰팅 1172 디스라이크 1173 다웉 1174 더-얼 1175 이걸 1176 임베뤄스

1분 안에 넘기기

시간 있으면 꼼꼼히 외우기

1177

emotion

감정

□□□ 중 내신필수

emotion [imóuʃən]

명 감정

Our thoughts also affect our **emotions**.

우리의 생각은 **감정**에도 영향을 미친다.

1178

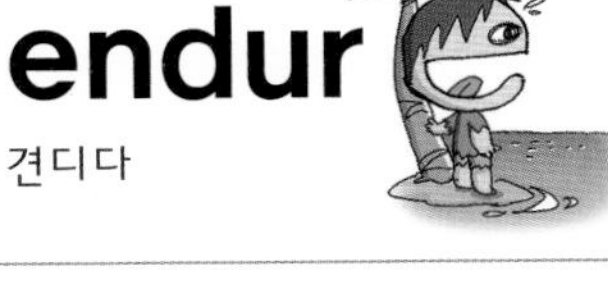

endur

견디다

□□□ 중 고등필수

endure [indjúər]

동 견디다

The situation was very hard to **endure**.

그 상황은 **견디기** 매우 힘겨웠다.

1179

entert in

즐겁게 하다

□□□ 중 내신필수

entertain [èntərtéin]

동 즐겁게 하다

She did her utmost to **entertain** us.

그녀는 우리를 정성껏 **대접**했다.

1180

nvy

부러워하다 명 부러움

□□□ 중 내신필수

envy [énvi]

동 부러워하다 명 부러움

I **envy** you.

네가 **부러워**.

1181

vil

악한 명 악

□□□ 상 내신필수

evil [íːvəl]

형 악한 명 악

Avoid **evil** deeds.

사악한 행위를 피해라.

1182

excit

흥분시키다

□□□ 중 내신필수

excite [iksáit]

동 흥분시키다

파 excitement 흥분 exciting 흥분시키는

I was very **excited**. 나는 매우 **흥분했다**.

숙 Excuse me 미안합니다만

1177 이**모**우션 1178 인**듀**얼 1179 엔털**테**인 1180 **엔**븨 1181 **이**블 1182 익**싸**읻

1분 안에 넘기기

시간 있으면 꼼꼼히 외우기

1183

ex use

용서하다, 변명(하다)

□□□ 중 내신필수

excuse [ikskjú:z]

동명 용서하다, 변명(하다)

Excuse me, where is the nearest bank?

실례지만 가까운 은행이 어디에 있나요?

1184

xpect

기대하다

□□□ 중 내신필수

expect [ikspékt]

동 기대하다

파 expectation 예상

Never did I **expect** that.

결코 **기대**하지 않았어요.

1185

xpress

표현하다 형급행의 명속달

□□□ 중 내신필수

express [iksprés]

동 표현하다 형 급행의 명 속달

파 expression 표현

Humans can **express** feelings.

인간은 감정을 **표현할** 수 있다.

1186

fantasti

환상적인

□□□ 중 내신필수

fantastic [fæntǽstik]

형 환상적인

It was a **fantastic** view!

그것은 **환상적인** 전망이었다!

1187

f vorite

가장 좋아하는 (것,사람)

□□□ 중  내신필수

favorite [féivərit]

형명 가장 좋아하는 (것,사람)

This is my **favorite** dish.

이것이 내가 **가장 좋아하는** 요리이다.

1188

f ar

두려움 동두려워하다

□□□ 하 고등필수

fear [fiər]

명 두려움 동 두려워하다

I jumped to my feet in **fear**.

나는 **공포**로 벌떡 일어났다.

숙 be fond of : ~을 좋아하다

1183 익스**큐**즈 1184 익쓰**펙**트 1185 익스**프**레스 1186 풴**테**스틱 1187 **풰**이버릳 1188 퓌얼

○ 1분 안에 넘기기

○ 시간 있으면 꼼꼼히 외우기

1189

f nd

좋아하는

□□□ 중 내신필수

fond [fand]

㉻ 좋아하는

Children are **fond** of sweet things.
아이들은 단 것을 **좋아**한다.

1190

fo lish

어리석은

□□□ 중 내신필수

foolish [fú:liʃ]

㉻ 어리석은

파 fool 바보

She's a **foolish** woman.
그녀는 **어리석은** 여자야.

1191

f rget
잊다

□□□ 하 내신필수

forget [fərgét]

㉺ 잊다

Why do you **forget** things sometimes?
왜 당신은 가끔 무엇을 **잊어** 버립니까?

1192

forgiv

용서하다

□□□ 중 고등필수

forgive [fərgív]

㉺ 용서하다

I'll **forgive** him.
난 그를 **용서**할 것이다.

1193

f rtunately
다행스럽게도, 운 좋게도

□□□ 중 내신필수

fortunately [fɔ:rtʃənətli]

㉾ 다행스럽게도, 운 좋게도

Fortunately the bottle did not break.
운 좋게 그 병은 깨지지 않았다.

숙 frankly speaking 솔직히 말한다면

1194

fr nkly

솔직히

□□□ 상 내신필수

frankly [fræŋkli]

㉾ 솔직히

Frankly, I really couldn't care.
솔직히 말하면, 난 전혀 관심 없다.

숙 make friends with 친하게 사귀다

1189 판-드 1190 풀리쉬 1191 펄겟 1192 펄기브 1193 펄츈엇리 1194 프랭클리

○ 1분 안에 넘기기

○ 시간 있으면 꼼꼼히 외우기

1195

frien ly

친절한, 친한

□□□ 중 고등필수

friendly [fréndli]

형 친절한, 친한

She is a **friendly** person.

그녀는 **친절한** 사람이다.

1196

fr ghten

무섭게 하다[겁주다]

□□□ 중 고등필수

frighten [fráitn]

동 무섭게 하다[겁주다]

He was too **frightened** to speak.

그는 너무 **놀라서** 말을 할 수 없었다.

1197

frustrat

좌절시키다

□□□ 상 내신필수

frustrate [frΛstreit]

동 좌절시키다

The wind **frustrated** an attempt.

바람이 시도를 **좌절시켰다**.

1198

f nny

웃기는[재미있는]

□□□ 중 고등필수

funny [fΛni]

형 웃기는[재미있는]

Watch a **funny** TV show.

재미있는 TV 쇼를 보십시오.

1199

g nerous

인심 좋은[관대한]

□□□ 중 고등필수

generous [dʒénərəs]

형 인심 좋은[관대한]

파 generously 아낌없이

He is **generous** and very polite.

그는 **관대하고** 아주 공손하다.

1200

g ntle

온화한, 부드러운

□□□ 중 내신필수

gentle [dʒéntl]

형 온화한, 부드러운

He is so **gentle**.

그는 너무 **신사답다**.

1195 프렌들리 1196 프라잍은 1197 프뤄스츠뤠잍 1198 풔니 1199 제너뤄스 1200 젠틀

○ 1분 안에 넘기기

○ 시간 있으면 꼼꼼히 외우기

1201

gld

기쁜

□□□ 중 내신필수

glad [glæd]

형 기쁜

"I'm so **glad**."

"정말 **기쁘구나**."

숙 be glad to + 동사 : 기꺼이 ~하다

1202

glry

영광

□□□ 상 내신필수

glory [glɔ́ːri]

명 영광

This is a moment of **glory**.

지금 이 순간이 **영광**입니다.

1203

grteful

고마워하는[감사하는]

□□□ 중 고등필수

grateful [gréitfəl]

형 고마워하는[감사하는]

She gave him a **grateful** smile.

그녀가 그에게 **고맙다는** 미소를 지어 보였다.

1204

gredy

탐욕스러운

□□□ 상 고등필수

greedy [gríːdi]

형 탐욕스러운

You **greedy** pig!

이 **욕심 많은** 돼지 같으니라고!

1205

guilty

죄책감을 느끼는, 유죄의

□□□ 중 고등필수

guilty [gílti]

형 죄책감을 느끼는, 유죄의

First, say 'no' without feeling **guilty**.

먼저 **죄책감** 느낄 것 없이 '싫어' 하고 말한다.

1206

hppily

행복하게, 다행히도

□□□ 중 내신필수

happily [hǽpili]

부 행복하게, 다행히도

파 happy 행복한 unhappy 불행한

First think **happily**.

먼저 **행복하게** 생각하라.

1201 글래-드 1202 글로-뤼 1203 그뤠잍풀 1204 그뤼디 1205 길티 1206 해필리

1분 안에 넘기기

시간 있으면 꼼꼼히 외우기

1207

happiness

행복

□□□ 중 내신필수

happiness [hǽpinis]

명 행복

It was a moment of great **happiness**.

그것은 커다란 **행복**의 순간이었다.

1208

hardly

거의 ~ 않다

□□□ 중 내신필수

hardly [hάːrdli]

부 거의 ~ 않다

They had **hardly** spoken.

그들은 **거의** 한 마디도 대화를 나누지 **않았다**.

1209

harsh

가혹한[혹독한]

□□□ 상 고등필수

harsh [haːrʃ]

형 가혹한[혹독한]

The punishment was **harsh**.

그 처벌은 **가혹**했다.

1210

hate

몹시 싫어하다

□□□ 하 내신필수

hate [heit]

동 몹시 싫어하다

I **hate** that smell.

나는 그 냄새를 **싫어한다**.

1211

hesitate

(확신이 안 서서) 망설이다

□□□ 상 고등필수

hesitate [hézətèit]

동 (확신이 안 서서) 망설이다

please do not **hesitate** to do so.

제발 그렇게 **망설**이지마.

1212

honesty

정직

□□□ 하 내신필수

honesty [άnəsti]

명 정직

파 honest 정직한

People will respect your **honesty**.

사람들은 당신의 **정직함**을 존중할 것이다.

1207 **해**피니스 1208 **할**-들리 1209 하-알쉬 1210 헤잇트 1211 **헤**지테이트 1212 **아**너스티

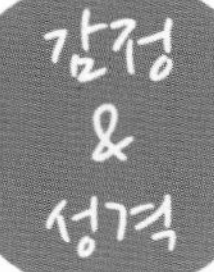

70점 넘기기

○ 1분 안에 넘기기

○ 시간 있으면 꼼꼼히 외우기

1213

horr r

공포(감), 경악

□□□ 중 내신필수

horror [hɔ́:rər]

명 공포(감), 경악

Nightmare **Horror** movie

악몽 **공포**영화

1214

humor us

유머러스한

□□□ 상 고등필수

humorous [hjú:mərəs]

형 유머러스한

파 humor 유머

He is **humorous.**

그는 **유머감각**이 있다.

1215

hun er

굶주림[배고픔]

□□□ 중 내신필수

hunger [hʌŋgər]

명 굶주림[배고픔]

파 hungry 배고픈

I am dying of **hunger**.

배고파 죽겠다.

1216

hur

다치게하다, 아프다 명 상처

□□□ 하 내신필수

hurt [hə:rt]

동 다치게하다, 아프다 명 상처

Don't **hurt** someone's feeling.

누군가의 기분을 **상하게** 하지마.

1217

idl

게으른, 나태한

□□□ 상 고등필수

idle [áidl]

형 게으른, 나태한

It was not **idle** speculation.

그것은 **게으른** 추측이 아니다.

1218

ign re

무시하다

□□□ 중 내신필수

ignore [ig·nore]

동 무시하다

He **ignored** their opinions.

그는 그들의 의견을 **무시했다**.

1213 **호**뤌 1214 **휴**머뤄스 1215 **헝**걸 1216 헐트 1217 **아**이를 1218 이그**노**얼

○ 1분 안에 넘기기

○ 시간 있으면 꼼꼼히 외우기

1219

imag

이미지
[인상/영상/심상]

□□□ 하 내신필수

image [ímidʒ]

명 이미지[인상/영상/심상]

She has changed her **image**.

그녀는 **이미지**를 바꿨다.

1220

im gine

상상하다

□□□ 중 내신필수

imagine [imǽdʒin]

동 상상하다

파 imagination 상상(력)

I could not **imagine** where we were.

나는 우리가 어디에 있는지 **상상할** 수 없었다.

1221

impr s

감명[깊은인상]을 주다

□□□ 중 고등필수

impress [imprés]

동 감명[깊은인상]을 주다

Men perform to **impress** girls.

남자들은 여자들을 **감동하게 하려고** 행동한다.

1222

incredibl

믿을 수 없는

□□□ 상 고등필수

incredible [inkrédəbl]

형 믿을 수 없는

It is an **incredible** spectacle.

믿을 수 없는 광경이다.

1223

int rest

관심[흥미](를 끌다)

□□□ 하 내신필수

interest [íntərəst]

명동 관심[흥미](를 끌다) 파 interesting 재미있는

Playing with him is **interesting**.

그와 노는 것은 **흥미롭다**.

숙 be interested in :~에 흥미가 있다

1224

jok

농담(하다)

□□□ 중 내신필수

joke [dʒouk]

명동 농담(하다)

We both tell **jokes**.

우리는 둘 다 **농담**을 합니다.

숙 play a joke on : ~를 놀리다

1219 **이**미지 1220 이**매**진 1221 임**프**뤠스 1222 인**크**뤠디블 1223 **인**터뤠스트 1224 조-크

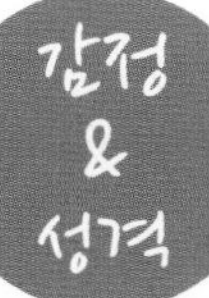

○ 1분 안에 넘기기

○ 시간 있으면 꼼꼼히 외우기

1225

J y 기쁨

□□□ 하 내신필수

Joy [dʒɔi]

명 기쁨 파 joyful 아주 기뻐하는

A **joyful** feeling came over me.

기쁜 감정이 들었다.

숙 for joy 기뻐서

1226

just ce 정의

□□□ 상 내신필수

justice [dʒʌstis]

명 정의

Justice is on our side.

정의는 우리 편이다.

1227

kin 종류 형친절한

□□□ 하 내신필수

kind [kaind]

명 종류 형 친절한

Here are three **kinds** of cakes.

여기에 세 가지 **종류**의 케이크가 있다.

숙 many kinds of 여러 가지 종류의

1228

kindn ss 친절

□□□ 중 내신필수

kindness [káindnis]

명 친절

He remembered his brother's **kindness**.

그는 형의 **친절함**을 기억했다.

1229

l ugh (비)웃다 명웃음

□□□ 중 내신필수

laugh [læf]

동 (비)웃다 명 웃음 파 laughter 웃음

The kid burst out **laughing**.

그 아이가 **웃음**을 터트렸다.

숙 laugh at : ~을 비웃다 ~을 듣고 웃다

1230

l zy 게으른

□□□ 중 내신필수

lazy [léizi]

형 게으른

Don't be **lazy**.

게으름 그만 피워라.

1225 조이 1226 **져**스티스 1227 카인드 1228 **카**인니스 1229 레-프 1230 **레**이지

1분 안에 넘기기

시간 있으면 꼼꼼히 외우기

1231

(누워) 있다, 거짓말(하다)

□□□ 하 내신필수

lie [lai]

동 (누워) 있다, 거짓말(하다)

She told a **lie**.

그녀는 **거짓말**을 했다.

1232

논리적인

□□□ 중 고등필수

logical [lάdʒikəl]

형 논리적인

He made a **logical** argument.

그는 **논리적인** 주장을 폈다.

1233

l nely

외로운

□□□ 중 내신필수

lonely [lóunli]

형 외로운

She often feels **lonely**.

그녀는 자주 **외로움**을 느낀다.

1234

잃다, 지다

□□□ 하 내신필수

lose [lu:z]

동 잃다, 지다

You may **lose** interest in your goals.

당신은 목표에 흥미를 **잃을** 수도 있다.

1235

사랑스러운, 아름다운, 즐거운

□□□ 중 내신필수

lovely [lΛvli]

형 사랑스러운, 아름다운, 즐거운

This has a **lovely** scent.

이것은 **사랑스러운** 향기를 가지고 있다.

1236

정신[마음]의

□□□ 중 고등필수

mental [méntl]

형 정신[마음]의

mental health

정신 건강

1231 라이 1232 라지컬 1233 로운리 1234 루-즈 1235 러블리 1236 맨틀

○ 1분 안에 넘기기

○ 시간 있으면 꼼꼼히 외우기

1237

m  rcy

자비

□□□ 중 내신필수

mercy [mə́:rsi]

명 자비

Show me **mercy**.

저희에게 **자비**를 베푸소서.

1238

m  rit

장점, 가치

□□□ 중 고등필수

merit [mérit]

명 장점, 가치

This is a work of artistic **merit**.

이것은 예술적 **가치**가 있는 작품이다.

1239

m  rry

즐거운[명랑한]

□□□ 중 내신필수

merry [méri]

형 즐거운[명랑한]

Merry Christmas and Happy New Year.

즐거운 크리스마스와 행복한 새해 보내세요.

1240

m  ld

온화한, 순한

□□□ 중 내신필수

mild [maild]

형 온화한, 순한

He is a vey **mild** person.

그는 매우 **온순한** 사람이다.

1241

min 

마음, 정신
동 언짢아하다

□□□ 하 내신필수

mind [maind]

명 마음, 정신 동 언짢아하다, 조심하다

A tired **mind** needs air.

피곤해진 **정신**은 공기가 필요하다.

숙 make up one's mind 결심하다 (= decide)

1242

mira  le

기적

□□□ 중 내신필수

miracle [mírəkl]

명 기적

a **miracle** cure

기적의 치유법

1237 멀씨 1238 메륄 1239 메뤼 1240 마일드 1241 마인드 1242 미러클

1분 안에 넘기기

시간 있으면 꼼꼼히 외우기

1243

mo **d**

기분, 분위기

□□□ 중 내신필수

mood [mu:d]

명 기분, 분위기

Smile can set the **mood**.

미소는 **분위기**를 잡을 수 있다.

1244

mor **l**

도덕의 명도덕률, 교훈

□□□ 중 고등필수

moral [mɔ́:rəl]

형 도덕의 명 도덕률, 교훈

파 immoral 비도덕적인

She is a very **moral** person.

그녀는 아주 **도덕적인** 사람이다.

1245

n **gative**

부정적인

□□□ 상 고등필수

negative [négətiv]

형 부정적인

negative feeling

부정적인 감정

1246

nerv **us**

초조한, 신경의

□□□ 중 내신필수

nervous [nə́:rvəs]

형 초조한, 신경의

New school can make me **nervous**.

새 학교는 나를 **긴장하게** 만든다.

1247

n **ise**

시끄러운 소리[소음]

□□□ 중 

noise [nɔiz]

명 시끄러운 소리[소음]

Be careful not to make **noises**.

소리를 내지 않도록 주의하세요.

1248

n **isy**

시끄러운

□□□ 중 내신필수

noisy [nɔ́izi]

형 시끄러운

The park was so **noisy**.

공원은 그렇게 **시끄러웠다**.

1243 무-드 1244 모럴 1245 네거티브 1246 널붜스 1247 노이즈 1248 노이지

○ 1분 안에 넘기기

○ 시간 있으면 꼼꼼히 외우기

1249

따르다[순종하다]

□□□ 중 내신필수

obey [oubéi]

동 따르다[순종하다]

You must always **obey** me.
나에게 언제나 **순종**해라.

1250

명백한[분명한]

□□□ 중 고등필수

obvious [άbviəs]

형 명백한[분명한]

The error is too **obvious**.
그 잘못이 너무 **명백**하다.

1251

od

이상한, 홀수의

□□□ 중 고등필수

odd [ad]

형 이상한, 홀수의

Is that not a bit **odd**?
이거 좀 **이상하지** 않아?

1252

극심한 공포[공황]

□□□ 중 고등필수

panic [pǽnik]

명 극심한 공포[공황]

People were still in a **panic**.
사람들은 여전히 **공황상태**였다.

1253

용서하다, 뭐라고요?

□□□ 중 내신필수

pardon [pά:rdn]

동 용서하다, 뭐라고요?

Sorry, please **pardon** me.
죄송해요. **용서**해 주세요.

1254

평화

□□□ 중 내신필수

peace [pi:s]

명 평화

파 peaceful 평화로운

The dove represents **peace**.
비둘기는 **평화**를 상징한다.

1249 오베이 1250 어비어스 1251 어-드 1252 페닉 1253 팔든 1254 피-스

1분 안에 넘기기

시간 있으면 꼼꼼히 외우기

1255

p  ty

유감[안된 일], 동정

□□□ 중 내신필수

pity [píti]

명 유감[안된 일], 동정

What a **pity**!

참 **불쌍하구나**!

1256

pl  asant

쾌적한[즐거운]

□□□ 중 내신필수

pleasant [plézənt]

형 쾌적한[즐거운], 기분 좋은

You'll have a very **pleasant** visit.

너는 아주 **기쁜** 방문이 될 것이다.

1257

pleas 

제발

동 기쁘게 하다

□□□ 하 내신필수

please [pli:z]

부 제발 동 기쁘게 하다

Please tell us whether you can join us.

당신의 참여 여부를 우리에게 말씀해 주십시오.

숙 be pleased with :~에 만족하다

1258

ple  sure

기쁨[즐거움]

□□□ 중 내신필수

pleasure [pléʒər]

명 기쁨[즐거움]

Sure. It's my **pleasure**.

물론, 내가 좋아서 하는 거야.

1259

p 

sitive

긍정적인

□□□ 중 고등필수

positive [pázətiv]

형 긍정적인

You are always thinking **positive**.

너는 항상 **긍정적**으로 생각한다.

1260

pr 

dict

예측[예견]하다

□□□ 중 고등필수

predict [pridíkt]

동 예측[예견]하다 파 prediction 예측

It is hard to **predict** the future.

미래를 **예측하는** 것은 힘들다.

1255 피디 1256 플레즌트 1257 플리즈 1258 플레졀 1259 파저티브 1260 프리딕트

1분 안에 넘기기

시간 있으면 꼼꼼히 외우기

1261 **pressur** 압력

□□□ 중 고등필수

pressure [préʃər]

명 압력

Peer **pressure** influences your feelings.
또래집단의 **압력**은 너의 감정에 영향을 준다.

1262 **prot t** 항의(하다)

□□□ 중 고등필수

protest [próutest]

명동 항의(하다)

He nerved himself to **protest**.
그는 용기 내어 **항의**했다.

1263 **pr ud** 자랑스러운

□□□ 중 내신필수

proud [praud]

형 자랑스러운

I was **proud**.
나는 **자랑스러**웠다.

숙 be proud of : ~을 자랑하다

1264 **realiz** 깨닫다, 실현하다

□□□ 중 내신필수

realize [rí:əlàiz]

동 깨닫다, 실현하다

I didn't **realize** I had a meeting.
모임이 있다는 것을 잊고 있었어.

1265 **reas n** 이유, 이성

□□□ 중 내신필수

reason [rí:zn]

명 이유, 이성

Each person has different **reasons** to lie.
각각의 사람들은 다른 **이유들**로 거짓말을 하죠.

1266 **refr sh** 생기를 되찾게 하다

□□□ 상 고등필수

refresh [rifréʃ]

동 생기를 되찾게 하다

I felt **refreshed** after meeting him.
나는 그를 만난 후에 **기분이 거뜬해졌다**.

1261 프레셔 1262 프뤄테스트 1263 프롸우드 1264 뤼얼라이즈 1265 뤼즌 1266 뤼프레쉬

1분 안에 넘기기

시간 있으면 꼼꼼히 외우기

1267

r  gret

후회(하다), 유감

□□□ 중 고등필수

regret [rigrét]

명동 후회(하다), 유감

I **regret** what I said.

나는 내가 한 말을 **후회한다**.

1268

r  mind

상기시키다

□□□ 중 내신필수

remind [rimáind]

동 상기시키다

"You had an accident," he **reminded** her.

"당신은 사고를 당했어요." 그가 그녀에게 **상기시켜** 주었다.

숙 **remind** A **of** B : A에게 B를 회상하게 하다

1269

s  d

슬픈

□□□ 하 내신필수

sad [sæd]

형 슬픈

파 sadness 슬픔

It is very **sad** for me

그건 내게 매우 **슬프군요**.

1270

s  old

꾸짖다

□□□ 상  고등필수

scold [skould]

동 꾸짖다

The teacher **scolded** him.

선생님은 그를 **꾸짖었다**.

1271

scre  m

비명을 지르다

□□□ 중 고등필수

scream [skri:m]

동 비명을 지르다

"Help!" she **screamed**.

"도와주세요!" 그녀가 **비명을 질렀다**.

1272

s  lfish

이기적인

□□□ 상 고등필수

selfish [sélfiʃ]

형 이기적인

He was **selfish**.

그는 **이기적이었다**.

1267 뤼그렡 1268 뤼마인드 1269 쌔드 1270 스콜드 1271 스크륌 1272 쎌피쉬

○ 1분 안에 넘기기

○ 시간 있으면 꼼꼼히 외우기

1273

shme

부끄러움[수치], 유감

□□□ 중 내신필수

shame [ʃeim]

명 부끄러움[수치], 유감

Her face burned with **shame**.

그녀의 얼굴이 **수치심**으로 달아올랐다.

1274

shok

충격(을 주다)

□□□ 중 내신필수

shock [ʃak]

명동 충격(을 주다)

I'm in a state of **shock**.

전 **충격**을 받은 상태입니다.

1275

hy

수줍어하는

□□□ 하 내신필수

shy [ʃai]

형 수줍어하는

Don't be **shy**.

부끄러워 하지마.

1276

silene

침묵

□□□ 중 내신필수

silence [sáiləns]

명 침묵

Silence is golden.

침묵은 금이다.

1277

silnt

조용한, 침묵하는

□□□ 중 내신필수

silent [sáilənt]

형 조용한, 침묵하는

파 silently 아무 말없이

Silently, he slipped out of the cabin.

조용히, 그는 오두막에서 몰래 나왔다.

1278

s

lly

어리석은

□□□ 중 고등필수

silly [síli]

형 어리석은, 〈언행이〉 바보 같은

Yawning makes a pretty **silly** face.

하품을 하면 얼굴이 좀 **우습게** 되죠.

1273 셰임 1274 샤크 1275 샤이 1276 **싸**일런쓰 1277 **싸**일런트 1278 **씰**리

1분 안에 넘기기

시간 있으면 꼼꼼히 외우기

1279

sincer ly

진심으로

□□□ 중 고등필수

sincerely [sinsíərli]

(부) 진심으로

Yours **sincerely**, Jenny Park

제니 박 **올림**

1280

pirit

정신[영혼], 기분[기백]

□□□ 중 내신필수

spirit [spírit]

(명) 정신[영혼], 기분[기백]

the human **spirit**

인간 **정신력**

1281

stran e

이상한, 낯선

□□□ 하 내신필수

strange [streindʒ]

(형) 이상한, 낯선

They were new and **strange**.

그들은 새롭고 **이상**했다.

1282

stri t

엄(격)한

□□□ 중 고등필수

strict [strikt]

(형) 엄(격)한

He is too **strict** with children.

그는 아이들에게 너무 **엄하다**.

1283

stupi

어리석은[멍청한]

□□□ 중 내신필수

stupid [stjú:pid]

(형) 어리석은[멍청한]

a **stupid** mistake

어리석은 실수

1284

suff r

(고통을) 겪다

□□□ 중 내신필수

suffer [sʌfər]

(동) (고통을) 겪다

I saw animals **suffering**.

나는 동물들이 **고통 받는** 것을 보았다.

1279 씬**씨**얼리 1280 **스**피릳 1281 스트**뤠**인쥐 1282 스트뤽트 1283 스**튜**핃 1284 **써**펄

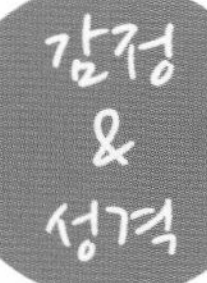

1분 안에 넘기기

시간 있으면 꼼꼼히 외우기

1285

surpris

놀라게 하다 명놀람

□□□ 중 내신필수

surprise [sərpráiz]

동 놀라게 하다 명 놀람

파 surprising 놀라운

What a **surprise**! 이것, **놀랐는데**!

숙 to one's surprise 놀랍게도

1286

suspe t

의심하다

□□□ 중 내신필수

suspect [səspékt]

동 의심하다

He began to **suspect**.
그는 **의심**이 들기 시작했다.

1287

terrifi

멋진[훌륭한],
엄청난

□□□ 상 고등필수

terrific [tərífik]

형 멋진[훌륭한], 엄청난

We enjoyed a **terrific** party.
우리는 **멋진** 파티를 즐겼다.

1288

th ught

생각[사고]

□□□ 중 내신필수

thought [θɔ:t]

명 생각[사고]

He **thought** for a while.
그는 잠시 동안 **생각했다**.

1289

th ill

황홀감, 흥분, 설렘

□□□ 상 고등필수

thrill [θril]

명 황홀감, 흥분, 설렘

People ride snowboards for the **thrill**.
사람들이 **스릴**을 위해 스노보드를 탄다.

1290

t ugh

힘든, 강인한, 질긴

□□□ 중 고등필수

tough [tʌf]

형 힘든, 강인한, 질긴

He was a very **tough** challenger.
그는 아주 **강인한** 도전자였다.

1285 썰**프**라이즈 1286 써스**팩**트 1287 터**뤼**퓍 1288 떠엇트 1289 뜨륄 1290 터프

○ 1분 안에 넘기기

○ 시간 있으면 꼼꼼히 외우기

1291

trut

신뢰[신임/신용](하다)

□□□ 중 내신필수

trust [trʌst]

명동 신뢰[신임/신용](하다)

That is crucial to building **trust**.

그것은 **신뢰**를 구축하는 데 중요하다.

1292

tuth

진실[사실/진리]

□□□ 중 내신필수

truth [tru:θ]

명 진실[사실/진리]

Speak the **truth**.

진실을 말해라.

1293

unfortun tely

불행히도

□□□ 상 내신필수

unfortunately [ùn·fórtunately]

부 불행히도

Unfortunately, cellphone did not work the

불행하게도, 핸드폰이 작동되지 않았다.

1294

upst

속상한, 당황한
동 속상하게 하다

□□□ 중 고등필수

upset [ʌpset]

형 속상한, 당황한 동 속상하게 하다

Don't **upset** yourself about it.

그것 때문에 **속상해** 하지 마.

1295

vin

헛된, 소용없는

□□□ 중 고등필수

vain [vein]

형 헛된, 소용없는

vain hope

헛된 희망

숙 in vain 헛되게

1296

violnt

폭력적인

□□□ 상 고등필수

violent [váiələnt]

형 폭력적인

파 nonviolent 비폭력의

violent crime

폭력적인 범죄

1291 트뤄스트 1292 트루쓰 1293 언**폴**츄널리 1294 업**쎌** 1295 **붸**인 1296 **봐**이얼런트

 1분 안에 넘기기

 시간 있으면 꼼꼼히 외우기

1297

welome

환영(하다)
㉻환영받는

□□□ 하 내신필수

welcome [wélkəm]

㉽㉾ 환영(하다) ㉻환영받는

Welcome to Sea World.

바다세계에 오신 걸 **환영합니다**.

1298

wis

지혜로운[현명한]

□□□ 중 내신필수

wise [waiz]

㉻ 지혜로운[현명한]

파 wisely 현명하게

wise old man

지혜로운 노인

1299

w sh

바라다 ㉽소원[소망]

□□□ 중 내신필수

wish [wiʃ]

㉾ 바라다 ㉽소원[소망]

I **wish** I were a bird!

내가 새라면 **좋을 텐데**!

1300

wondr

궁금하다, 놀라다
㉽경탄, 경이

□□□ 중 내신필수

wonder [wʌndər]

㉾ 궁금하다, 놀라다 ㉽경탄, 경이

파 wonderful 아주 멋진

I really **wonder** who is to blame for this.

누구 탓인지 정말 **궁금하구나**.

1301

wrry

걱정시키다[걱정하다]

□□□ 하 내신필수

worry [wə́:ri]

㉾ 걱정시키다[걱정하다]

Don't **worry**. You'll do a great job.

걱정하지마. 넌 일을 잘 할꺼야.

숙 **worry about** : ~에 대하여 걱정하다

1302

yll

외치다[소리치다]

□□□ 상 고등필수

yell [jel]

㉾ 외치다[소리치다]

They **yelled** with excitement.

그들은 흥분해서 **소리쳤다**.

1297 **웰**컴 1298 와이즈 1299 위시 1300 **원**덜 1301 **워**뤼 1302 옐-

Chapter7 복습문제

A 우리말에 대응하는 영어 써보기

01. 혼자, 외로운
02. 침착한, 평온
03. 숙고[고려]하다
04. 욕구[욕망]
05. 다른
06. 즐겁게 하다
07. 용서하다
08. 감명을 주다
09. 잃다, 지다
10. 긍정적인

B 빈칸에 단어 넣어보기

11. 강한 **감정** a strong ________
12. 만화책 a ________ book
13. 복잡한 기계 ________ machinery
14. 잔혹한 독재자 a ________ dictator
15. 다른 예절들 ________ manners
16. 환상적인 전망 a ________ view
17. 가장 좋아하는 요리 ________ dish
18. 친절한 사람 a ________ person
19. 충격을 받은 상태 a ________ of shock
20. 인간 정신력 the human ________

C 문맥에 맞는 단어 골라 쓰기

보기 | amusement Cheer accept kind bother

21. Please ________ our apologies. 저희들의 사과를 **받아 주세요**.
22. We go to the ________ park. 우리는 **놀이공원**에 간다.
23. Don't ________ me! Leave me alone. **귀찮게** 하지 마! 날 내버려둬.
24. ________ up! You will do better next time! **힘내**! 다음번에 더 잘할거야.
25. Here are three ________ s of cakes. 여기에 세 가지 **종류**의 케이크가 있다.

정답 | **A** 앞면참조 **B** 11 emotion 12 comic 13 complex 14 cruel 15 different 16 fantastic 17 favorite 18 friendly 19 state 20 spirit **C** 21 accept 22 amusement 23 bother 24 Cheer 25 kind

80점 넘기기

Chapter 8

Dealing with Others

사람과 일 다루기

혓바닥 **e**

입벌린 **c**

머리묶은 **a**

동글이 **o**

목떨어진 **i**

- Actions: Dealing with People (사람을 대하는 단어들)
- Dealing with Things (일들을 취급)
- Activities (활동)

1분 안에 넘기기

시간 있으면 꼼꼼히 외우기

1303

bility
능력

□□□ 중 내신필수

ability [əbíləti]
명 능력
Ability comes after many failures.
능력은 많은 실패 후에 온다.

1304

abl
~할 수 있는

□□□ 하 내신필수

able [éibl]
형 ~할 수 있는
He is **able** to handle work now.
그는 이제 일을 감당**할 수 있**다.

1305

absolut
절대적인, 완벽한

□□□ 중 고등필수

absolute [ǽbsəlùːt]
형 절대적인, 완벽한
파 absolutely 전적으로
The king has **absolute** authority.
왕은 **절대적인** 권력을 지닌다.

1306

accus
고소[고발/비난]하다

□□□ 상 고등필수

accuse [əkjúːz]
동 고소[고발/비난]하다
He **accused** her of lying.
그는 그녀가 거짓말을 하고 있다고 **비난했다**.

1307

acknowledg
인정[시인]하다

□□□ 상 고등필수

acknowledge [æknάlidʒ]
동 인정[시인]하다
It is **acknowledged** to be true.
그것은 사실로 **인정**된다.

1308

dult
성인(의), 어른(스러운)

□□□ 중 내신필수

adult [ədΛlt]
명형 성인(의), 어른(스러운)
Admission **Adult** $40
입장료 **성인** 40 달러

혓바닥 e

입벌린 c

머리묶은 a

동글이 o

목펼어진 i

1303 어빌리티 1304 에이블 1305 앱솔루트 1306 어큐즈 1307 액널리지 1308 어덜트

1분 안에 넘기기

시간 있으면 꼼꼼히 외우기

1309

advance

진보, 진전(되다), 전진

□□□ 중 고등필수

advance [ædvǽns]

명동 진보, 진전(되다), 전진

Images formed in **advance** are bad.

미리 형성되어 있는 이미지는 나쁘다.

1310

advantage

유리한 점[이점]

□□□ 중 고등필수

advantage [ædvǽntidʒ]

명 유리한 점[이점]

Knowledge is an **advantage**.

지식은 **이점**이다.

1311

advice

조언[충고]

□□□ 중 내신필수

advice [ædváis]

명 조언[충고]

파 advise 조언하다

I need your **advice**.

나는 당신의 **조언**이 필요합니다.

1312

affect

영향을 미치다

□□□ 중 고등필수

affect [əfékt]

동 영향을 미치다

파 affection 애착

They **affect** each other.

그들은 서로에게 **영향을 준다**.

1313

age

나이, 시대

□□□ 하 내신필수

age [eidʒ]

명 나이, 시대

Bach lived until the **age** of 65.

바흐는 65**살**까지 살았다.

1314

agree

동의하다
[의견이 일치하다]

□□□ 중 내신필수

agree [əgríː]

동 동의하다[의견이 일치하다] 파 agreement 협정, 합의

I **agree** that English is important.

나는 영어가 중요하다는 것에 **동의한다**.

숙 agree with someone (어떤 사람에게) 동의하다

1309 에드**벤**스 1310 에드**봬**니쥐 1311 에드**봐**이스 1312 어**펙**트 1313 에이쥐 1314 어**그**뤼이

ㅇ 1분 안에 넘기기

ㅇ 시간 있으면 꼼꼼히 외우기

1315

al ke
비슷한, 똑같이

□□□ 중 내신필수

alike [əláik]

형 비슷한, 똑같이

Chris and I are very much **alike**.

크리스와 나는 매우 **유사**하다.

1316

llow
허락[허용]하다

□□□ 중 내신필수

allow [əláu]

동 허락[허용]하다

A positive attitude **allows** you to be flexible.

긍정적인 태도는 당신을 융통성 있게 **해준다**.

1317

anc stor

조상[선조]

□□□ 상 내신필수

ancestor [ǽnsestər]

명 조상[선조]

Ancestor worship

조상 숭배

1318

app intment

(만날) 약속, 임명[지명]

□□□ 상 내신필수

appointment [əpɔ́intmənt]

명 (만날) 약속, 임명[지명]

She was early for the **appointment**.

그녀는 약속 시간 보다 일찍 왔다.

숙 make an appointment with : ~와 약속을 하다

1319

apprec ate

감사하다, 진가를 알아보다

□□□ 상 내신필수

appreciate [əprí:ʃièit]

동 감사하다, 진가를 알아보다

I **appreciate** it.

감사드립니다.

1320

appr ve

찬성[승인]하다

□□□ 상 고등필수

approve [əprú:v]

동 찬성[승인]하다

I **approve** your plan.

나는 당신의 계획에 **찬성한다**.

1315 얼라잌 1316 얼라우 1317 엔쎄스털 1318 어포인트먼트 1319 어프뤼쉬에잍 1320 어프루브

1분 안에 넘기기

시간 있으면 꼼꼼히 외우기

1321

rrange

정돈하다, 배열하다

□□□ 중 고등필수

arrange [əréindʒ]

동 정돈하다, 배열하다

파 arrangement 준비, 마련

Arrange your room in order.

너의 방을 **정돈해라**.

1322

arr  st

체포하다

□□□ 중 고등필수

arrest [ərést]

동 체포하다

A man has been **arrested**.

한 남자가 **체포되었다**.

1323

arriv 

도착하다

□□□ 중 고등필수

arrive [əráiv]

동 도착하다

He was the first to **arrive**.

그가 맨 먼저 **도착했다**.

1324

assistanc 

도움, 원조, 지원

□□□ 중 고등필수

assistance [əsístəns]

명 도움, 원조, 지원

파 assistant 조수 assist 돕다

Can I be of any **assistance**?

제가 혹시 **도움**이 될까요?

1325

audien  e

청중[관객],
시청자[독자]

□□□ 중 고등필수

audience [ɔ́:diəns]

명 청중[관객], 시청자[독자]

The king's **audience** is large today.

오늘 왕의 **청중**은 많다.

1326

availa  le

이용할[구할] 수
있는

□□□ 중 고등필수

available [əvéiləbl]

형 이용할[구할] 수 있는

available facilities

이용할 수 있는 편의 시설

1321 어**뤠**인쥐 1322 어**뤠**스트 1323 어**롸**이브 1324 어**씨**쓰턴쓰 1325 **어**디언스 1326 어**붸**일러블

○ 1분 안에 넘기기

○ 시간 있으면 꼼꼼히 외우기

1327

av id

(회)피하다

□□□ 중 내신필수

avoid [əvɔ́id]

동 (회)피하다

It will help you **avoid** danger.

그것은 당신이 위험을 **피할 수 있게** 도울 것이다.

1328

bl me

~의 탓으로 돌리다

명책임; 탓

□□□ 중 내신필수

blame [bleim]

동 ~의 탓으로 돌리다 명책임; 탓

I'm afraid of being **blamed**.

나는 **비난** 받는게 두렵다.

1329

c ncel

취소하다

□□□ 중 내신필수

cancel [kǽnsəl]

동 취소하다

She **canceled** her hotel reservation.

그녀는 호텔 예약을 **취소했다**.

1330

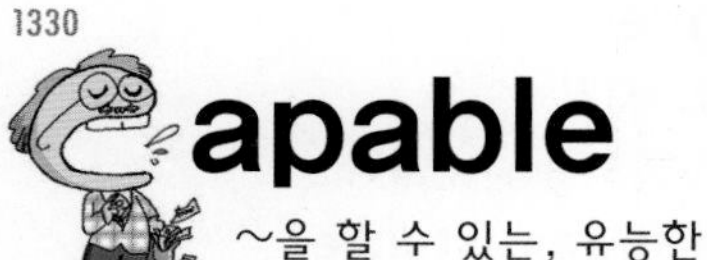

apable

~을 할 수 있는, 유능한

□□□ 중 고등필수

capable [kéipəbl]

형 ~을 할 수 있는, 유능한

They are very **capable**.

그들은 대단히 **유능하다**.

1331

ease

그만두다, 그치다

□□□ 상 

cease [siːs]

동 그만두다, 그치다

Cease fire!

사격 **중지**!

1332

lue

실마리

□□□ 상 

clue [kluː]

명 실마리

vital **clues**

중대한 **단서들**

1327 어보이드 1328 블레임 1329 캔슬 1330 캐이퍼블 1331 씨스 1332 클루

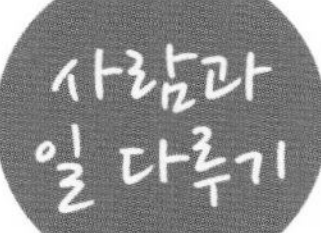

○ 1분 안에 넘기기 | ○ 시간 있으면 꼼꼼히 외우기

1333

lub
클럽, 동호회

□□□ 하 고등필수

club [klʌb]

명 클럽, 동호회

He joined the **club** to find friends.
그는 친구를 사귀기 위해 **클럽**에 가입했다.

1334

c mmon
흔한, 공통의, 보통의

□□□ 중 내신필수

common [kάmən]

형 흔한, 공통의, 보통의

They have responsibilities in **common**.
그들은 **공동의** 책임을 갖는다.

숙 in common 공통적인

1335

comp re
비교하다

□□□ 중 내신필수

compare [kəmpέər]

동 비교하다

It is very difficult to **compare** exactly.
정확히 **비교하는** 것은 어렵다.

숙 compare A with B : A를 B와 비교하다

1336

compla nt
불평[항의]

□□□ 상 고등필수

complaint [kəmpléint]

명 불평[항의]

파 complain 불평[항의]하다

You may post any **complaint**s online.
당신은 온라인으로 **불만 사항**을 게시할 수 있습니다.

1337

rash
충돌[추락]하다, 사고, 요란한 소리

□□□ 중 내신필수

crash [kræʃ]

동명 충돌[추락]하다, 사고, 요란한 소리

Suddenly the door shut with a **crash**.
갑자기 **요란한 소리**와 함께 문이 닫혔다.

1338

risis
위기

□□□ 중 고등필수

crisis [kráisis]

명 위기

The **crisis** had begun already.
위기는 이미 시작되었다.

1333 클럽 1334 **커**먼 1335 컴**페**얼 1336 컴**플**레인트 1337 크**뤠**쉬 1338 **크**라이씨스

○ 1분 안에 넘기기

○ 시간 있으면 꼼꼼히 외우기

1339

criticize
비판[비난/비평]하다

□□□ 중 고등필수

criticize [krítəsàiz]
동 비판[비난/비평]하다
He wanted to **criticize**.
그는 **비판**하고 싶었다.

1340

damage
손해[손상]시키다

□□□ 중 고등필수

damage [dǽmidʒ]
명동 손해[손상]시키다
Check to see if there is no **damage**.
손상이 없는지 확인하세요.

1341

dare
감히 ~하다

□□□ 중 내신필수

dare [dɛər]
동 감히 ~하다
How **dare** you fight me?
네가 **감히** 나와 싸우려고 해?

1342

deal
거래(하다), 다루다[대하다]

□□□ 중 내신필수

deal [di:l]
명동 거래(하다), 다루다[대하다]
파 dealing 거래
Can you **deal with** a difficult job?
너는 어려운 일을 잘 **다룰** 수 있니?

1343

deceive
속이다

□□□ 샤 고등필수

deceive [disí:v]
동 속이다
Are you trying to **deceive** me?
날 **속이자는** 건가?

1344

decision
결정

□□□ 중 고등필수

decision [disíʒən]
명 결정
It's very hard to make a **decision**.
결정하기가 매우 어려워요.

1339 크뤼디싸이즈 1340 대미쥐 1341 데-얼 1342 디-일 1343 디씨-브 1344 디씨즌

○ 1분 안에 넘기기

○ 시간 있으면 꼼꼼히 외우기

1345

d clare
선언[선포]하다, 신고하다

□□□  고등필수

declare [diklέər]

동 선언[선포]하다, 신고하다

파 declaration 선언

Do you have anything to **declare**?
신고하실 물건이 있나요?

1346

eep
깊은 부 깊게

□□□  내신필수

deep [di:p]

형 깊은 부 깊게

파 deeply 깊이[크게]

Dig a **deep** hole.
구멍을 **깊게** 파라.

1347

d feat
패배(시키다), 이기다

□□□ 중 고등필수

defeat [difí:t]

명동 패배(시키다), 이기다

The king was finally **defeated**.
그 왕은 마침내 **패배했다**.

1348

del y
미루다[연기하다], 지연(시키다)

□□□ 중 내신필수

delay [diléi]

동명 미루다[연기하다], 지연(시키다)

I am really sorry for the **delay**.
지연되어서 정말 죄송합니다.

1349

deliv r
배달하다, 전하다

□□□ 중 내신필수

deliver [dilívər]

동 배달하다, 전하다

We promise to **deliver** within 24 hours.
24시간 이내 **배달**을 약속드립니다.

1350

devot
바치다, 전념하다

□□□  내신필수

devote [divóut]

동 바치다, 전념하다

They are so **devoted** to each other.
그들은 서로에게 정말 **헌신적이야**.

1345 디클레얼 1346 디-입 1347 디피트 1348 딜레이 1349 딜리벌 1350 디보우트

1분 안에 넘기기

시간 있으면 꼼꼼히 외우기

1351

diffi ult

어려운

□□□  내신필수

difficult [dífikʌlt]

형 어려운

파 difficulty 어려움

Machines perform **difficult** tasks.

기계들은 **어려운** 일들을 수행한다.

1352

dir ct

직접(의)

동 지휘[감독]하다

□□□ 중 내신필수

direct [dirékt]

부형 직접(의) 동 지휘[감독]하다

파 directly 곧장 direction 방향

Orders **direct** from factory are cheaper.

공장에서 **직접** 주문하면 더 싸다.

1353

istinguish

구별[식별]하다

distinguish [distíŋgwiʃ]

동 구별[식별]하다

It is difficult to **distinguish** them.

그들을 **구분하는** 건 어렵다.

1354

emphasiz

강조하다

□□□ 상 고등필수

emphasize [émfəsàiz]

동 강조하다

She **emphasized** the urgency.

그녀는 긴급함을 **강조했다**.

1355

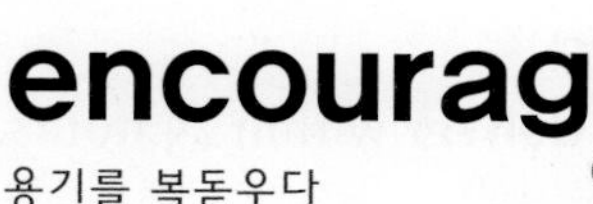

encourag

용기를 복돋우다

□□□ 중 고등필수

encourage [inkə́:ridʒ]

동 용기를 복돋우다

It **encourages** you to do a difficult job.

그것은 당신이 어려운 일을 할 수 있도록 **용기를 북돋워 준다**.

1356

equ l

동일[동등]한

동 같다[~이다]

□□□ 중 내신필수

equal [í:kwəl]

명형 동일[동등]한 동 같다[~이다]

파 inequality 불평등

We are all **equal** here.

우리는 여기서 모두 **평등합니다**.

1351 디피컬트 1352 드렉트 1353 디스띵귀쉬 1354 엠퍼싸이즈 1355 인커뤼쥐 1356 이퀄

1분 안에 넘기기

시간 있으면 꼼꼼히 외우기

1357

rror
실수[오류]

□□□ 하 내신필수

error [érər]

명 실수[오류]

You committed a grave **error**.
너는 중대한 **오류**를 저질렀다.

1358

xactly
정확히

□□□ 중 내신필수

exactly [igzǽktli]

부 정확히

It's **exactly** seven o'clock.
정각 7시이다.

1359

ample
예, 모범

□□□ 중 내신필수

example [igzǽmpl]

명 예, 모범

This is a good **example**.
이것이 좋은 **예**다.

숙 for example 예를 들면

1360

xcellent
뛰어난[탁월한]

□□□ 중 내신필수

excellent [éksələnt]

형 뛰어난[탁월한]

an **excellent** meal
훌륭한 식사

1361

fa e
얼굴 동 직면하다

□□□ 하 내신필수

face [feis]

명 얼굴 동 직면하다

This is the biggest problem we **face**.
이것이 우리가 **직면하는** 가장 큰 문제이다.

1362

f il
실패하다, 낙제하다

□□□ 하 내신필수

fail [feil]

동 실패하다, 낙제하다

I'm afraid I shall **fail** again.
또 **실패**할까봐 걱정이다.

1357 **에**뤄 1358 이그**젝**틀리 1359 이그**잼**플 1360 **엑**썰런트 1361 풰이스 1362 풰일

1분 안에 넘기기

시간 있으면 꼼꼼히 외우기

1363

실패

□□□ 중 내신필수

failure [féiljər]

명 실패

Failure in life begins in our mind.

인생의 **실패**는 우리 마음속에서 시작된다.

1364

fast n

매다

□□□ 중 고등필수

fasten [fǽsn]

동 매다

파 fastener 잠금장치

Fasten your seatbelts, please.

안전벨트를 **착용해 주십시오**.

1365

f ult

잘못, 결점

□□□ 중 내신필수

fault [fɔ:lt]

명 잘못, 결점

It was my **fault**.

그것은 나의 **잘못**이야.

1366

힘[무력/폭력] 동강요하다

□□□ 중 내신필수

force [fɔ:rs]

명 힘[무력/폭력] 동 강요하다

Don't use **force**.

폭력을 쓰지 마라.

1367

f un

재미(있는), 장난

□□□ 하 내신필수

fun [fʌn]

명형 재미(있는), 장난

Having **fun** with children can be easy.

아이들과 함께 **즐거운 시간**을 갖는 것은 쉬울 것입니다.

숙 have fun 재미있게 놀다

1368

미래[장래](의)

□□□ 중 내신필수

future [fjú:ʧər]

명형 미래[장래](의)

Knowledge will help your **future**.

지식은 너의 **미래**를 도울 것이다.

숙 in the future 장차, 미래에

1363 **퀘**일류얼 1364 **퀘**쓴 1365 **퀄**트 1366 포올스 1367 **퐌** 1368 **퓨**철

○ 1분 안에 넘기기

○ 시간 있으면 꼼꼼히 외우기

1369

p

틈[격차]

□□□ 중 고등필수

gap [gæp]

명 틈[격차]

Their age **gap** is great.

그들의 나이 **차**는 크다.

1370

generati n

세대

□□□ 중 내신필수

generation [dʒènəréiʃən]

명 세대

It passes down the **generations**.

그것은 **세대** 간에 내려져오는 것이다.

1371

g sture

제스처[몸짓]

□□□ 중 내신필수

gesture [dʒéstʃər]

명 제스처[몸짓]

She made a **gesture** of ok.

그녀는 오케이 **몸짓**을 하였다.

1372

gu ss

추측(하다), 알아맞히다

□□□ 중 내신필수

guess [ges]

명동 추측(하다), 알아맞히다

I'm just **guessing**.

그냥 **짐작**이야.

1373

h bit

습관

□□□ 중 내신필수

habit [hǽbit]

명 습관

You need to focus on healthy **habits**.

당신은 건강한 **습관**에 집중할 필요가 있다.

1374

h ndle

다루다[처리하다] 명손잡이

□□□ 중 고등필수

handle [hǽndl]

동 다루다[처리하다] 명 손잡이

There is nothing I can't **handle**.

내가 **처리** 못할 일은 없어요.

1369 갭 1370 **제**너**뤠**이션 1371 **제**스쳘 1372 게-쓰 1373 **해**빗 1374 **핸**들

시간 있으면 꼼꼼히 외우기

1375

□□□ 중 내신필수

harmony [hά:rməni]

명 조화

We live in **harmony**.

우리는 **조화**속에서 산다.

1376

□□□ 중 내신필수

hobby [hάbi]

명 취미

Her **hobby** is gardening.

그녀의 **취미**는 정원 가꾸기이다.

1377

□□□ 중 내신필수

human [hjú:mən]

명형 인간(의), 인간다운

Humans can express feelings.

인간은 감정을 표현할 수 있다.

1378

□□□ 중 고등필수

identity [aidéntəti]

명 신원, 정체성

파 identify (신원을) 확인하다

He used a false **identity**.

그는 가짜 **신분**을 사용하였다.

1379

□□□ 상 고등필수

immigrant [ímigrənt]

명 이민자

illegal **immigrants**

불법 **이민자들**

1380

□□□ 중 고등필수

improve [imprú:v]

동 개선하다, 향상시키다

The programs **improve** women's lives.

그 프로그램들은 여성들의 삶을 **향상시킨다**.

1375 **할**-모니 1376 **하**비 1377 **휴**먼 1378 아이**댄**어티 1379 **이**미그뤈트 1380 임**프**루브

 1분 안에 넘기기

 시간 있으면 꼼꼼히 외우기

1381

individu al

개인(의), 개개의

□□□ 중 고등필수

individual [ìndəvídʒuəl]

명형 개인(의), 개개의

$10 for each **individual**

각각 **개인**은 10달러

1382

inno ent

아무 잘못이 없는, 무죄인, 결백한

□□□ 중 고등필수

innocent [ínəsənt]

형 아무 잘못이 없는, 무죄인, 결백한

I am **innocent.**

나는 **결백**해요.

1383

int nd

의도하다, 작정하다

□□□ 중 고등필수

intend [inténd]

동 의도하다, 작정하다

That is exactly what we **intend.**

그게 바로 정확히 우리가 **의도**한 바야.

1384

nterpret

설명[해석]하다, 통역하다

□□□ 중 고등필수

interpret [intə́:rprit]

동 설명[해석]하다, 통역하다

He **interpreted** for the American people.

그는 미국인에게 **통역을 해주었다.**

1385

int rrupt

방해하다[중단시키다]

□□□ 중 고등필수

interrupt [ìntərʌpt]

동 방해하다[중단시키다]

She **interrupts** us.

그녀는 우리를 **방해한다.**

1386

intr duce

소개하다

□□□ 중 내신필수

introduce [ìntrədjú:s]

동 소개하다

파 introduction 도입, 전래

His father **introduced** him to hunting.

그의 아버지가 그에게 사냥을 **소개했다.**

1381 인디**비**쥬얼 1382 **이**너쓴트 1383 인**텐**드 1384 인**털**프륏 1385 **인**터**뤕**트 1386 **인**트뤄**듀**스

Dealing with Others

1분 안에 넘기기

시간 있으면 꼼꼼히 외우기

1387

ki 
아이 ⓢ농담하다

□□□ 하 내신필수

kid [kid]

ⓜ아이 ⓢ농담하다

The **kids** played out of doors.

아이들은 집 밖에서 놀았다.

1388

la  k
부족(하다), 결핍

□□□ 중 내신필수

lack [læk]

ⓜⓢ부족(하다), 결핍

a **lack** of money

자금 부족

1389

l  t
~하게 하다[허락하다]

□□□ 하 내신필수

let [let]

ⓢ~하게 하다[허락하다]

Let's think about it.

그것에 관해 생각**해 보자**.

1390

l ad
짐 ⓢ싣다

□□□ 중 내신필수

load [loud]

ⓜ짐 ⓢ싣다

a heavy **load**

무거운 **짐**

1391

maint  in
유지하다, 관리하다

□□□ 중 고등필수

maintain [meintéin]

ⓢ유지하다, 관리하다

It is difficult to **maintain** relationships.

관계를 **유지**하는 게 어렵다.

1392

m  nkind
인류

□□□ 중 고등필수

mankind [mænkaind]

ⓜ인류

history of **mankind**

인류의 역사

1387 키드 1388 렉 1389 랫 1390 로드 1391 메인테인 1392 맨카인드

○ 1분 안에 넘기기

○ 시간 있으면 꼼꼼히 외우기

1393

manner

방식, 태도, 예의, 관습

□□□ 중 내신필수

manner [mǽnər]

명 방식, 태도, 예의, 관습

The king acts in a majestic **manner**.

왕은 위엄 있는 **태도**로 행동을 합니다.

1394

march

행진(하다)

□□□ 중 고등필수

march [maːrʧ]

명동 행진(하다)

Soldiers are **march**ing.

군인들이 **행군** 중이다.

1395

master

달인, 주인, 석사 동 숙달하다

□□□ 중 내신필수

master [mǽstər]

명 달인, 주인, 석사 동 숙달하다

a hard **master**

난폭한 **주인**

1396

matter

문제[일], 물질 동 중요하다

□□□ 중 내신필수

matter [mǽtər]

명 문제[일], 물질 동 중요하다

Is anything the **matter**?

무슨 **문제되는** 일이라도 있니?

숙 as a matter of fact 실은, 실제로는

1397

means

수단[방법]

□□□ 중 고등필수

means [miːnz]

명 수단[방법]

We must use every **means**.

우리는 모든 **수단**을 사용해야 한다.

1398

measure

재다[측정하다] 명 조치

□□□ 중 고등필수

measure [méʒər]

동 재다[측정하다] 명 조치

People wanted to **measure** time.

사람들은 시간을 **측정**하기를 원했다.

1393 매널 1394 말-취 1395 메스털 1396 메럴 1397 민-즈 1398 메졀

1분 안에 넘기기

시간 있으면 꼼꼼히 외우기

1399

기억(력), 추억

□□□ 중 내신필수

memory [méməri]

명 기억(력), 추억 파 memorize 암기하다

I have a happy **memory**.

나는 행복한 **기억**을 가지고 있다.

숙 in memory of : ~을 기념하여

1400

수선[수리]하다

□□□ 중 내신필수

mend [mend]

동 수선[수리]하다

Could you **mend** my bike for me?

제 자전거 좀 **고쳐** 주실 수 있어요?

1401

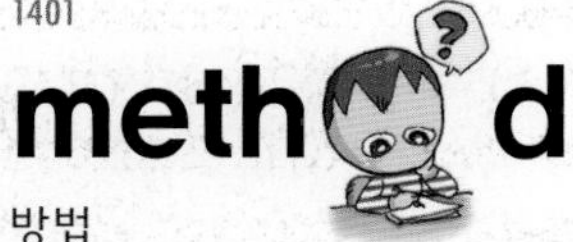

방법

□□□ 중 내신필수

method [méθəd]

명 방법

We have no **method** of storing water.

우리는 물을 저장시킬 **방법**이 없다.

1402

n ighborhood

지역, 이웃[인근]

□□□ 중 고등필수

neighborhood [néibərhùd]

명 지역, 이웃[인근]

We grew up in the **neighborhood**.

우리는 이 **지역**에서 자라났다.

1403

메모, 필기, 음

동 주목[주의]하다

□□□ 하 내신필수

note [nout]

명 메모, 필기, 음 동 주목[주의]하다

Please make a **note**.

메모해 두세요.

1404

알아차리다

명 주목, 안내문

□□□ 중 내신필수

notice [nóutis]

동 알아차리다 명 주목, 안내문

Yesterday I **noticed** a steam engine.

어제 나는 증기 기관을 **주목했다**.

1399 **메**모뤼　1400 맨드　1401 **메**쏘드　1402 **네**이벌후드　1403 노웃트　1404 **노**우디스

1분 안에 넘기기

시간 있으면 꼼꼼히 외우기

1405

btain
얻다

□□□ 중 고등필수

obtain [əbtéin]

동 얻다

It is very difficult to **obtain**.
그것을 **얻는** 것은 매우 어렵다.

1406

o cur
일어나다[발생하다]

□□□ 중 내신필수

occur [əkə́:r]

동 일어나다[발생하다]

Problems **occur** when people lie.
사람들이 거짓말을 할 때 문제가 **발생하죠**.

1407

opini n
의견[견해]

□□□ 중 내신필수

opinion [əpínjən]

명 의견[견해]

This is my **opinion**.
이것은 내 **의견**이다.

1408

pportunity
기회

□□□ 상 고등필수

opportunity [àpərtjú:nəti]

명 기회

Challenges are **opportunities**.
도전은 **기회**다.

1409

orig nal
원래의,독창적인,
원작(의)

□□□ 중 고등필수

original [ərídʒənl]

형명 원래의,독창적인,원작(의)

파 originally 원래, 본래

Original Price: $20
정가 20달러

1410

oth r
다른(사람[것]), 그 밖의

□□□ 중 내신필수

other [ʌðər]

형대 다른(사람[것]), 그 밖의

Still **others** lived much longer.
반면 **다른 이들은** 더욱 오랫동안 살았다.

숙 in other words 바꿔 말하면 other than : ~을 제외하고 (= except)

1405 업테인 1406 어컬 1407 오피니언 1408 아펄튜니디 1409 오뤼지널 1410 아덜

1분 안에 넘기기

시간 있으면 꼼꼼히 외우기

1411

part

부분, 역할 ⓢ가르다

□□□ 하 내신필수

part [pa:rt]

ⓜ부분, 역할 ⓢ가르다

I need ten **spare parts.**

부속품 10개가 필요하다.

1412

participate

참가하다

□□□ 상 고등필수

participate [pa:rtísəpèit]

ⓢ참가하다

She **participated** in the meeting.

그녀는 그 모임에 **참가했다**.

1413

perfect

완벽한[완전한]

□□□ 중 내신필수

perfect [pə́:rfikt]

ⓐ완벽한[완전한]

파 perfectly 완전히

The **perfect** image is in the media.

미디어에는 **완벽한** 이미지가 있다.

1414

permit

허용[허락]하다

□□□ 중 고등필수

permit [pərmít]

ⓢ허용[허락]하다

parking **permit**

주차 **허가증**

1415

person

사람

□□□ 하 내신필수

person [pə́:rsn]

ⓜ사람

You're going to be a positive **person.**

너는 긍정적인 **사람**이 될 것이다.

1416

personal

개인의[개인적인]

□□□ 중 고등필수

personal [pə́rsənl]

ⓐ개인의[개인적인]

personal effects

개인 물품들

1411 팔트 1412 팔티서페이트 1413 펄펙트 1414 펄밋 1415 펄쓴 1416 펄서늘

1분 안에 넘기기

시간 있으면 꼼꼼히 외우기

1417

설득하다

□□□ 중 고등필수

persuade [pərswéid]

㉧ 설득하다

I want to **persuade** her.

나는 그녀를 **설득하고** 싶다.

1418

분명한, 소박한 ㉤평야

□□□ 중 고등필수

plain [plein]

㉻ 분명한, 소박한 ㉤ 평야

That is a **plain** lie.

그것은 **명백한** 거짓말이다.

1419

칭찬(하다)

□□□ 중 내신필수

praise [preiz]

㉤㉧ 칭찬(하다)

He is entitled to high **praise**.

그는 크게 **칭찬받을** 만 하다.

1420

약속(하다)

□□□ 중 내신필수

promise [prámis]

㉤㉧ 약속(하다)

Keeping **promises** is crucial.

약속을 지키는 것은 매우 중요하다.

1421

제대로, 적절히

□□□ 중 고등필수

properly [prápərli]

㉮ 제대로, 적절히

properly paid

적절한 보수

1422

목적

□□□ 중 내신필수

purpose [pə́:rpəs]

㉤ 목적

What was their **purpose**?

그들의 **목적**이 무엇이지?

㉰ for this purpose 이 목적을 위하여

1417 펄스웨이드 1418 플레인 1419 프레이즈 1420 프롸미스 1421 프롸펄리 1422 펄페스

○ 1분 안에 넘기기

○ 시간 있으면 꼼꼼히 외우기

1423

quarr

(말)다툼 동다투다

□□□ 중 내신필수

quarrel [kwɔ́:rəl]

명(말)다툼 동다투다

They might stop talking and **quarrel**.

그들은 이야기를 그치고 **다툴지도** 모른다.

1424

qu et

조용한

□□□ 중 내신필수

quiet [kwáiət]

형조용한

파 quietly 조용히

"Be **quiet**."

"**조용히** 해."

1425

r ise

올리다, 모금하다, 기르다

□□□ 중 내신필수

raise [reiz]

동올리다, 모금하다, 기르다

We **raise** money for sick children.

우리는 아픈 어린이 기금**모금을 한다**.

1426

receiv

받다

□□□ 중 내신필수

receive [risí:v]

동받다

You can **receive** second-hand clothes.

당신은 낡은 옷들을 **받을** 수 있다.

1427

re gnize

알아보다[알다]

□□□ 중 내신필수

recognize [rékəgnàiz]

동알아보다[알다]

I **recognized** him.

나는 그를 **알아보았다**.

1428

r commend

추천하다, 권고하다

□□□ 중 내신필수

recommend [rèkəménd]

동추천하다, 권고하다

Can you **recommend** a good hotel?

좋은 호텔 좀 **추천해** 주시겠어요?

1423 **쿼**럴 1424 **콰**이엇트 1425 **뤠**이즈 1426 뤼**씨**브 1427 **뤠**커그나이즈 1428 **뤠**커맨드

1분 안에 넘기기

시간 있으면 꼼꼼히 외우기

1429

r fer

언급하다, 가리키다, 참조하다

□□□ 중 고등필수

refer [rifə́:r]

동 언급하다, 가리키다, 참조하다

Refer to the dictionary.

사전을 **참조해라**.

1430

r gard

안부, 배려 동 여기다

□□□ 중 내신필수

regard [rigά:rd]

명 안부, 배려 동 여기다

He **regards** himself as a scholar.

그는 스스로를 학자라고 **여긴다**.

1431

r mark

발언 동 언급하다

□□□ 중 고등필수

remark [rimά:rk]

명 발언 동 언급하다

She made a rude **remarks**.

그녀는 무례한 **발언을** 했다.

1432

ri

없애다[제거하다]

□□□ 중 내신필수

rid [rid]

동 없애다[제거하다]

Get rid of all things not used.

안쓰는 모든 것들을 **없애라**.

숙 get rid of : ~을 제거하다, ~을 없애다

1433

rum r

소문

□□□ 중 고등필수

rumor [rú:mər]

명 소문

a lying **rumor**

거짓말 **소문**

1434

s me

같은 (것[사람])

□□□ 하 내신필수

same [seim]

형 명 같은 (것[사람])

She was wearing the **same** dress as me.

그녀는 나와 **똑같은** 드레스를 입고 있었다.

숙 in the same way 같은 방법으로

1429 뤼**풔**- 1430 뤼**갈**-드 1431 뤼**말**-크 1432 뤼드 1433 **루**멀 1434 쎄임

1분 안에 넘기기

시간 있으면 꼼꼼히 외우기

1435

s are
무섭게 하다[겁주다]

□□□ 중 고등필수

scare [skɛər]

㊍ 무섭게 하다[겁주다]

파 scary 무서운

I was a little **scared** at first.
나는 처음에는 약간 **무서웠다**.

1436

secr t
비밀(의)

□□□ 중 내신필수

secret [síːkrit]

㊔㊖ 비밀(의)

She tried to keep it a **secret**.
그녀는 그것을 **비밀**로 하려고 했다.

1437

s lf
자신[자아]

□□□ 중 내신필수

self [self]

㊔ 자신[자아]

It will take away your **self-confidence**.
그것은 당신의 **자신감**을 빼앗아 갈 것입니다.

1438

sever
심(각)한,
엄(격)한

□□□ 상 고등필수

severe [sivíər]

㊖ 심(각)한, 엄(격)한

Avoid **severe** damage.
심각한 피해 손실을 피하라.

1439

shar
공유하다, 나누다
㊔ 몫

□□□  내신필수

share [ʃɛər]

㊍ 공유하다, 나누다 ㊔ 몫

He **shared** his chocolate.
그는 자기 초콜릿을 **나눴다**.

1440

signifi ant
중대한

□□□ 상 고등필수

significant [signífikənt]

㊖ 중대한

This is most **significant**.
이것이 가장 **중요하다**.

1435 스케얼 1436 **씨**크륏 1437 셀프 1438 씨**비**얼 1439 세얼 1440 씨그**니**피컨트

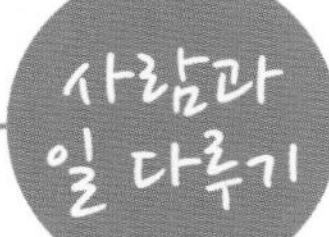

○ 1분 안에 넘기기

○ 시간 있으면 꼼꼼히 외우기

1441

simil r

비슷한

□□□ 중 내신필수

similar [símələr]

형 비슷한

파 similarity 유사성

They are more **similar** than different.

그들은 차이점보다 **유사점**이 더 많다.

1442

simpl

간단한[단순한]

□□□ 중 내신필수

simple [símpl]

형 간단한[단순한]

파 simply 간단히

It is **simple** but not easy.

간단하지만 쉽지 않다.

1443

sp ak

이야기하다
(말을 주고받다)

□□□ 초 내신필수

speak [spiːk]

동 이야기하다(말을 주고받다) 파 speaker 연설가

Do you **speak** English?

영어를 할 줄 아세요?

숙 speak well of : ~을 자랑하다

1444

str nger

낯선 사람,
처음인 사람

□□□ 중 내신필수

stranger [stréindʒər]

명 낯선 사람, 처음인 사람

I'm a **stranger** here myself.

저도 여기가 **처음** 이라서요.

1445

surroun

둘러싸다

□□□ 중 고등필수

surround [səráund]

동 둘러싸다

Trees **surround** the lake.

나무들이 호수를 **둘러싸고 있다**.

1446

thr aten

위협[협박]하다

□□□ 중 고등필수

threaten [θrétn]

동 위협[협박]하다

Now is a **threatening** situation.

지금은 **응급**상황이다.

1441 씨멀러 1442 씸플 1443 스피크 1444 스트뤠인졀 1445 서롸운드 1446 뜨뤠든

1분 안에 넘기기

시간 있으면 꼼꼼히 외우기

1447

ti

묶다[매다], 동점(이 되다) 명넥타이

□□□  내신필수

tie [tai]

동 묶다[매다], 동점(이 되다) 명 넥타이

They **tied** him to a chair.

그들은 그를 의자에 **묶었다**.

1448

togther

함께[같이]

□□□ 하 내신필수

together [təgéðər]

부 함께[같이]

We all have to work **together**.

우리 모두가 **함께** 일해야 한다.

숙 get together 함께 모이다

1449

trck

(사람들이 걸어다녀서 생긴) 길

□□□ 중 내신필수

track [træk]

명 (사람들이 걸어다녀서 생긴) 길

Tracks led up the mountainside.

산길은 산비탈을 따라 올라갔다.

1450

trat

대하다, 치료하다, 대접하다

□□□ 중 고등필수

treat [tri:t]

동 대하다, 치료하다, 대접하다

Don't **treat** me like a criminal.

저를 범죄자 **취급**하지 말아 주세요.

1451

twic

두 번, 두 배로

□□□ 중 내신필수

twice [twais]

부 두 번, 두 배로

I've only met him **twice**.

난 그를 겨우 **두 번** 만났다.

1452

uniqu

유일한[독특한]

□□□ 중 내신필수

unique [ju:ní:k]

형 유일한[독특한]

She's very **unique**.

그녀는 아주 **독특해**.

1447 타이 1448 투개덜 1449 트랙 1450 트릿 1451 트와이스 1452 유니크

○ 1분 안에 넘기기

○ 시간 있으면 꼼꼼히 외우기

1453

upside down

거꾸로 (된), 뒤집혀

□□□ 중 고등필수

upside down [ʌpsàiddáun]

부 거꾸로 (된), 뒤집혀

파 upside 괜찮은[긍정적인] 면

It was printed **upside down**.

그것은 **거꾸로** 인쇄 되었다.

1454

urgent

긴급한

□□□ 중 고등필수

urgent [ə́:rdʒənt]

형 긴급한

It's **urgent**.

급한 일인데요.

1455

use

사용[이용](하다)

□□□ 하 내신필수

use [ju:z]

명동 사용[이용](하다)

Many people **use** this.

많은 사람들이 이것을 **사용한다**.

1456

view

견해[관점], 전망[경치]
동바라보다

□□□ 중 내신필수

view [vju:]

명 견해[관점], 전망[경치] 동바라보다

파 viewpoint 관점[시각]

Your **view** seems right. 너의 **견해**가 맞는 거 같다.

숙 point of view 관점

1457

whole

전체[전부]의

□□□ 중 내신필수

whole [houl]

명형 전체[전부]의

Don't eat the **whole** cake yourself.

너 혼자서 케이크를 **전부** 먹지 마라.

1458

틀린[잘못된] 부틀리게

□□□ 중 내신필수

wrong [rɔ́:ŋ]

형 틀린[잘못된] 부틀리게

You're going in the **wrong** direction.

당신은 **잘못된** 방향으로 가고 있다.

1453 **업**싸잇**다**운 1454 **얼**전트 1455 유-즈 1456 뷰 1457 호울 1458 뤙

Chapter8

복습문제

A 우리말에 대응하는 영어 써보기

01. 능력
02. 유리한 점
03. 영향을 미치다
04. 찬성[승인]하다
05. 흔한, 공통의
06. 실패
07. 힘[무력]
08. 일어나다[발생하다]
09. 공유하다, 나누다
10. 추천하다

B 빈칸에 단어 넣어보기

11. **조상** 숭배 _______ worship
12. 중대한 **단서**들 vital _______ s
13. **어려운** 일들 _______ tasks
14. **훌륭한** 식사 an _______ meal
15. 자금 **부족** a _______ of money
16. **정**가 _______ Price
17. 무례한 **발언** a rude _______ s
18. **비슷한** 테스트 _______ tests
19. **개인** 물품들 _______ effects
20. **잘못된** 방향 _______ direction

C 문맥에 맞는 단어 골라 쓰기

보기 | maintain appreciate compare avoid damage

21. I _______ it. **감사**드립니다.
22. It will help you _______ danger. 그것은 당신이 위험을 **피할 수** 있게 도울 것이다.
23. It is very difficult to _______ exactly. 정확히 **비교하는** 것은 어렵다.
24. Check to see if there is no _______. **손상**이 없는지 확인하세요.
25. It is difficult to _______ relationships. 관계를 **유지** 하는 게 어렵다.

정답 | **A** 앞면참조 **B** 11 ancestor 12 clue 13 difficult 14 excellent 15 lack 16 original 17 remark 18 similar 19 personal 20 wrong **C** 21 appreciate 22 avoid 23 compare 24 damage 25 maintain

90점 넘기기

Chapter 9
Things & Function Words
사물과 기능어

혓바닥 e　입벌린 c　머리묶은 a　동글이 o　목떨어진 i

◉ **내용어 : 사물이나 개념을 나타내는 단어** (체언, 용언, 수식언, 독립언)

◉ **기능어 : 단어들을 통일되게 엮는 데 쓰이는 단어** (조사, 어미, 접속어)

◉ **Associated Words** (연관된 단어들)

○ 1분 안에 넘기기

○ 시간 있으면 꼼꼼히 외우기

1459

□□□ 상 고등필수

abstract [æbstrǽkt]

형 추상적인

This is just an **abstract** matter.
이건 그저 **추상적인** 문제이다.

1460

□□□ 중 고등필수

actually [ǽktʃuəli]

부 실제로, 사실은

Actually I'm strong on practice.
사실 나는 실전에 강하다.

1461

□□□ 중 내신필수

add [æd]

동 첨가[추가]하다, 더하다

Add 2 to the total.
합계에 2를 **더하라**.

숙 add up to : 합계 ~이 되다

1462

□□□ 중 고등필수

addition [ədíʃən]

명 더하기, 추가

파 additionally 게다가

In addition mother gave me medicine.
게다가 어머니는 나에게 약을 주셨다.

1463

□□□ 하 내신필수

ago [əgóu]

부 (얼마의 시간) 전에

It happened a long time **ago**.
그것은 오래**전** 일이다.

1464

□□□ 중 내신필수

ahead [əhéd]

부 앞에[으로], 미리

You should plan **ahead**.
당신은 **미리** 계획을 세워야 한다.

숙 ahead of : ~의 앞에

혓바닥 e

입벌린 c

머리묶은 a

동글이 o

목떨어진 i

1459 **앱**스트뤡트 1460 **액**슈얼리 1461 애드 1462 어**디**션 1463 어**고**우 1464 어**헤**드

○ 1분 안에 넘기기

○ 시간 있으면 꼼꼼히 외우기

1465

al rm

경보(기), 자명종
㉯놀라게 하다

□□□ 중 내신필수

alarm [əlάːrm]

㉭경보(기), 자명종 ㉯놀라게 하다

fire **alarm**
화재 **경보기**

1466

lmost

거의

□□□ 중 내신필수

almost [ɔ́ːlmoust]

㉺거의

Computer access is **almost** instant.
컴퓨터 접근은 **거의** 즉각적이다.

1467

lready

이미, 벌써

□□□ 중 내신필수

already [ɔːlrédi]

㉺이미, 벌써

I have **already** made three phone calls.
제가 **이미** 전화를 세 번 했습니다.

1468

als

또한, 게다가

□□□ 하 내신필수

also [ɔ́ːlsou]

㉺또한, 게다가

It **also** helps you to do your best.
그것은 **또한** 당신이 최선을 다하도록 돕는다.

㉾ **not only** A **but also** B : A뿐 아니라 B도

1469

am unt

양, 금액
㉯합계~이다.

□□□ 중 내신필수

amount [əmáunt]

㉭양, 금액 ㉯합계~이다.

What is the **amount**?
양이 얼마나 됩니까?

1470

anoth r

또 하나의 (것),
다른 (것)

□□□ 중 내신필수

another [ənʌðər]

㉬㉰또 하나의 (것), 다른 (것)

Suggest **another** idea.
다른 아이디어를 제안해 보세요.

㉾ **one another** 서로 **one after another** 하나씩 차례로

1465 얼**람** 1466 **얼**모우스트 1467 얼**뤠**디 1468 **얼**쏘우 1469 어**마**운트 1470 어**나**덜

1분 안에 넘기기

시간 있으면 꼼꼼히 외우기

1471

ny

어떤 (것[사람]), 아무(것) ㊙조금은

□□□ 하 내신필수

any [eni]

형대 어떤 (것[사람]), 아무(것) 부 조금은

Now, I can't believe you **any longer**.

이제 당신을 **더 이상** 믿지 못하겠어요.

1472

nybody

아무도, 누군가

□□□ 중 내신필수

anybody [énibὰdi]

대 아무도, 누군가

Too much work is not good for **anybody**.

누구든지 일을 너무 많이 하면 좋지 않다.

1473

anym re

더 이상, 요즘은, 지금은

□□□ 중 내신필수

anymore [ènimɔ́:r]

부 더 이상, 요즘은, 지금은

Don't play **anymore**.

더 이상 놀아서는 안돼.

1474

anywa

어쨌든, 게다가

□□□ 중 내신필수

anyway [éniwèi]

부 어쨌든, 게다가

Anyway, I'm glad you are happy.

어쨌든, 나는 네가 행복해서 기쁘다.

1475

ap rt

떨어져

□□□ 중 내신필수

apart [əpɑ́:rt]

부 떨어져

파 apartment 아파트

The two houses stood 200 metres **apart**.

그 두 집은 200미터 **떨어져** 있었다.

1476

articl

기사, 물품

□□□ 중 고등필수

article [ɑ́:rtikl]

명 기사, 물품

Have you seen that **article**?

그 **기사** 보셨어요?

1471 **애**니 1472 **애**니바디 1473 애니**모**얼 1474 **애**니웨이 1475 어**팔**트 1476 **알**티클

1분 안에 넘기기

시간 있으면 꼼꼼히 외우기

1477

□□□ 상 고등필수

artificial [à:rtəfíʃəl]

형 인공[인조]의

These are **artificial** lights.

이것들은 **인공**조명이다.

1478

□□□ 상 고등필수

ash [æʃ]

명 재

After a campfire **ashes** remain.

모닥불이 타면 **재가** 남는다.

1479

□□□ 상 고등필수

aspect [ǽspekt]

명 측면, 양상

He looked at the problem from every **aspect**.

그는 그 문제를 모든 **측면에서** 살펴보았다.

1480

□□□ 중 고등필수

average [ǽvəridʒ]

명형 평균(의)

Average temperatures are about 10 C.

평균 온도는 약 10 ℃ 이다.

1481

□□□ 중 내신필수

away [əwéi]

부 떨어져, 다른 데(로)

That is far too far **away**.

그것은 너무 멀리 **떨어져** 있다.

숙 get away from : ~에서 떠나다

1482

□□□ 중 내신필수

balloon [bəlú:n]

명 풍선, 기구

The **balloon** popped.

풍선이 펑 하고 터졌다.

1477 알디퓌셜 1478 애쉬 1479 애스펙트 1480 에뷔뤼지 1481 어웨이 1482 벌룬

1분 안에 넘기기

시간 있으면 꼼꼼히 외우기

1483

bene th

~의 바로 밑에,
~보다 낮은

□□□ 고등필수

beneath [biní:θ]

전 ~의 바로 밑에, ~보다 낮은

The robot sat **beneath** the table.

그 로봇은 탁자 **밑에** 앉았다.

1484

b  sides

게다가, 전 ~ 외에

□□□ 고등필수

besides [bisáidz]

부 게다가 전 ~ 외에

We have things in common **besides** music

우리는 음악 **외에도** 공통점이 있다.

1485

b  ttom

맨 아래[바닥]

□□□ 내신필수

bottom [bɑ́təm]

명 맨 아래[바닥]

There is something at the **bottom**.

바닥에 뭔가가 있다.

1486

b  ck

벽돌

□□□ 고등필수

brick [brik]

명 벽돌

a **brick** wall

벽돌 벽

1487

 art

마차, 카트[손수레]

□□□ 내신필수

cart [ka:rt]

명 마차, 카트[손수레]

The man is pushing a **cart**.

남자가 **카트**를 밀고 있다.

1488

cas 

경우, 케이스[용기]

□□□ 내신필수

case [keis]

명 경우, 케이스[용기]

Remember this in **case** of fire.

불이 날 **경우** 이것을 기억하라.

1483 비니뜨 1484 비싸이즈 1485 바텀 1486 브뤽 1487 칼-트 1488 케이스

1분 안에 넘기기

시간 있으면 꼼꼼히 외우기

1489

확실히, 물론

□□□ 중 내신필수

certainly [sə́:rtnli]

부 확실히, 물론

Certainly. The fitting room is over there.

물론이죠. 탈의실은 저쪽에 있습니다.

숙 I am certain that : ~나는 ~라고 확신한다

1490

용기[그릇], 컨테이너

□□□ 중 고등필수

container [kəntéinər]

명 용기[그릇], 컨테이너

They are **containers** filled with candy.

그것들은 사탕으로 가득 찬 **그릇**이다.

1491

irty

더러운

□□□ 중 내신필수

dirty [də́:rti]

형 더러운

파 dirt 먼지, 때

When it rains shoes become **dirty**.

비가 오면 신발은 **더러워**진다.

1492

점(을 찍다)

□□□ 중 고등필수

dot [dat]

명동 점(을 찍다)

There are **dots** above the line.

그 선 위에는 **점**이 있다.

1493

du

~때문인, 예정인, 지불 기한이 된

□□□ 중 내신필수

due [dju:]

형 ~때문인, 예정인, 지불 기한이 된

The problems were **due to** human error.

그 문제들은 인간의 실수로 **인한** 것이었다.

1494

각각(의)

□□□ 하 내신필수

each [i:ʧ]

대형 각각(의)

There is only one room in **each** hut.

각 오두막은 오직 한 개의 방만이 있다.

숙 each other 서로 (두 사람일 때) one another 서로(주로 세 사람일 때)

1489 썰트리 1490 컨테이널 1491 더리 1492 닷 1493 듀 1494 이취

1분 안에 넘기기

시간 있으면 꼼꼼히 외우기

1495

ither

~도, (둘 중)어느 한 쪽)(의)

□□□ 중 내신필수

either [í:ðər]

부 ~도 대 (둘 중)어느 한 쪽)(의)

I don't like him **either**.

나**도** 그를 좋아하지 않는다.

1496

els

그 밖의, 또다른

□□□ 중 내신필수

else [els]

부 그 밖의, 또다른

Did you not bring anything **else**?

당신은 **이밖에** 다른 것을 가지고 오지 않았어요?

1497

mpty

빈

□□□ 중 내신필수

empty [émpti]

형 빈

They leave behind **empty** boxes.

그들은 **빈** 상자들을 버리고 온다.

1498

ngine

엔진, 기관차

□□□ 중 내신필수

engine [éndʒin]

명 엔진, 기관차

파 engineer 기사 engineering 공학

I had **engine** trouble today.

오늘 **엔진**에 문제가 있었다.

1499

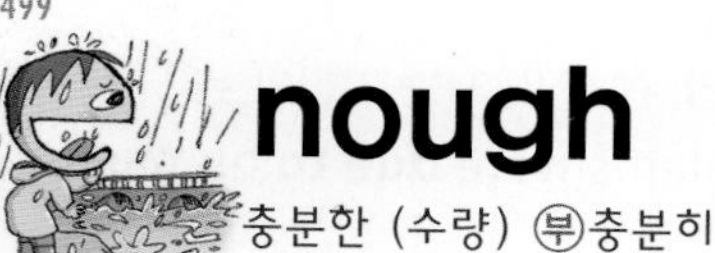

nough

충분한 (수량) 부 충분히

□□□ 중 내신필수

enough [inʌf]

형 충분한 (수량) 부 충분히

The dam can give **enough** water.

댐은 **충분한** 물을 줄 수 있었다.

1500

especi lly

특히

□□□ 중 내신필수

especially [ispéʃəli]

부 특히

Exercise is **especially** important.

운동은 **특히** 중요하다.

1495 이덜 1496 엘스 1497 엠티 1498 엔진 1499 이너프 1500 이쓰페셜리

○ 1분 안에 넘기기

○ 시간 있으면 꼼꼼히 외우기

1501

ven

~조차(도), 훨씬, 더욱~

even [íːvən]

㊊ ~조차(도), 훨씬, 더욱~

Do your best **even if** it is difficult.
만일 그게 어려울**지라도** 최선을 다해라.

1502

ver

언제든[한번이라도], 언제나

□□□ 중 내신필수

ever [évər]

㊊ 언제든[한번이라도], 언제나

Have you ever been to England?
영국에 **가 본 적 있니**?

1503

expensiv

비싼

□□□ 중 내신필수

expensive [ikspénsiv]

㊋ 비싼

파 expense 돈, 비용 expensively 비싸게

They're so **expensive**.
그것들은 너무 **비싸다**.

1504

f ct

사실

fact [fækt]

㊀ 사실

These **facts** show that we are alike.
이러한 **사실들이** 우리가 닮음을 보여준다.

㊈ in fact 사실은, 사실상

1505

f w

소수(의), 몇몇(의)

□□□ 중 내신필수

few [fjuː]

㊀㊋ 소수(의), 몇몇(의)

After **a few** minutes, the lion gave up.
몇 분 후 사자는 포기했다.

1506

f nally

마침내, 마지막으로

□□□ 중 내신필수

finally [fáinəli]

㊊ 마침내, 마지막으로

He **finally** won.
그는 **마침내** 승리했다.

1501 이븐 1502 에붤 1503 익쓰**펜**씨브 1504 퐥트 1505 퓌우- 1506 **퐈**이널리

○ 1분 안에 넘기기

○ 시간 있으면 꼼꼼히 외우기

1507

fl g
기[깃발]

□□□ 중 내신필수

flag [flæg]

명 기[깃발]

The Korean **flag** was flying.
태극**기**가 휘날리고 있었다.

1508

f rmer
예전[옛날]의, 전자의

□□□ 중 고등필수

former [fɔ́ːrmər]

형 예전[옛날]의, 전자의

She is not her **former** self.
그녀는 **예전의** 그녀가 아니다.

1509

f rward
앞으로

□□□ 중 내신필수

forward [fɔ́ːrwərd]

부 앞으로

I always **look forward to** seeing them.
나는 항상 그들을 보기를 **고대한다**.

1510

fr quent
잦은[빈번한]

□□□ 중 고등필수

frequent [fríːkwənt]

형 잦은[빈번한]

파 frequently 자주, 흔히

She gets **frequent** phone calls.
그녀에게 전화가 **자주** 온다.

1511

fr nt
앞(쪽)(의)

□□□ 중 내신필수

front [frʌnt]

명형 앞(쪽)(의)

The **front** of the car was damaged.
그 차의 **앞부분**이 망가졌다.

숙 in front of : ~의 앞에

1512

g ods
상품[제품]

□□□ 중 내신필수

goods [gudz]

명 상품[제품]

expensive **goods**
비싼 **상품**

1507 플레그 1508 **폼**멀 1509 **포**어월드 1510 **프**뤼퀀트 1511 프**뤈**트 1512 구우즈

○ 1분 안에 넘기기

○ 시간 있으면 꼼꼼히 외우기

1513

un
총, 대포

□□□ 중 내신필수

gun [gʌn]

명 총, 대포

He's got a **gun**!

그 자가 **총**을 가지고 있어!

1514
h

lf
(절)반(의), 반쯤

□□□ 중 내신필수

half [hæf]

명 대 형 (절)반(의), 반쯤

OK, **half** is yours.

자, **절반**은 네거야.

1515
h

avy
무거운, 심한

□□□ 중 내신필수

heavy [hévi]

형 무거운, 심한

The roof keeps out the **heavy** rain.

지붕은 **강**우를 막아준다.

1516
hi

hly
크게, 대단히, 고도로

□□□ 중 내신필수

highly [háili]

부 크게, 대단히, 고도로

He was a **highly** successful businessman.

그는 **크게** 성공한 사업가였다.

1517
h

wever
그러나[그렇지만], 아무리 …해도

□□□ 하 내신필수

however [hauévər]

부 그러나[그렇지만], 아무리 …해도

It is, **however**, overlooked by Koreans.

하지만 한국인들이 이를 간과하고 있다.

1518
hug

거대한, 막대한

□□□ 중 내신필수

huge [hju:dʒ]

형 거대한, 막대한

The music hall looked **huge**!

공연장은 **거대해** 보였다.

1513 건 1514 헤프 1515 **헤**뷔 1516 **하**일리 1517 하우**에**벌 1518 휴즈

○ 1분 안에 넘기기

○ 시간 있으면 꼼꼼히 외우기

1519

hundred

백[100]

□□□ 중 내신필수

hundred [hʌndrəd]

명 백[100]

I have only one **hundred** won.

나는 겨우 **백** 원만 가지고 있어요.

1520

ideal

이상(적인)

□□□ 중 내신필수

ideal [aidíːəl]

명형 이상(적인)

This beach is **ideal** for children.

이 해변은 아이들에게 **이상적**이다.

1521

idle

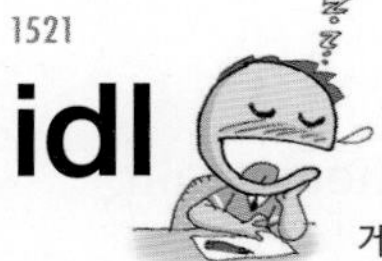

게으른 동빈둥거리다

□□□ 중 고등필수

idle [aidl]

형 게으른 동 빈둥거리다

파 idleness 게으름

an **idle** student

게으른 학생

1522

immediately

즉시

□□□ 중 고등필수

immediately [imíːdiətli]

부 즉시

Use the coupon **immediately**.

즉시 쿠폰을 사용해라.

1523

important

중요한

□□□ 중 내신필수

important [impɔ́ːrtənt]

형 중요한

It is **important** to keep the promise.

약속을 지키는 것은 **중요**하다.

1524

impossible

불가능한

□□□ 중 내신필수

impossible [impάsəbl]

형 불가능한

Flying in the sky is **impossible**.

하늘을 나는 것은 **불가능**하다.

1519 **헌**드뤠드 1520 아이**디**얼 1521 **아**이들 1522 이**미**디엇리 1523 인**폴**턴트 1524 임**파**써블

1분 안에 넘기기

시간 있으면 꼼꼼히 외우기

1525

inc(l)ude

포함하다

□□□ 중 내신필수

include [inklú:d]

동 포함하다

What is **included** in the ingredients?

재료에 **포함되어** 있는 것은 무엇인가요?

1526

ind(e)ed

정말

□□□ 중 내신필수

indeed [indí:d]

부 정말

A friend in need is a friend **indeed**.

어려울 때 친구가 **진정한** 친구이다.

1527

inst(e)ad

대신에

□□□ 중 내신필수

instead [instéd]

부 대신에

I'll have tea **instead** of coffee.

커피 **대신에** 차를 마실게요.

숙 instead of : ~대신에

1528

(i)nstrument

기구[도구], 악기

□□□ 중 고등필수

instrument [ínstrəmənt]

명 기구[도구], 악기

He's playing an **instrument**.

그는 **악기**를 연주하고 있다.

1529

i(n)to

~안에, ~안쪽으로

□□□ 하 내신필수

into [ìntu;]

전 ~안에, ~안쪽으로

The robot threw the car **into** the fire.

로봇이 자동차를 불 **속에** 집어 던졌다.

숙 look into : ~을 들여다 보다 get into : ~속으로 들어가다

1530

(j)ust

막, 꼭, 단지

□□□ 하 내신필수

just [dʒʌst]

부 막, 꼭, 단지

Some people do it **just** for fun.

어떠한 사람들은 **그저** 재미로 하죠.

숙 just as :~대로 꼭 같이, ~와 꼭 마찬가지로

1525 인**클**루드 1526 인**디**-드 1527 인**스**테드 1528 **인**스트뤄먼트 1529 **인**투 1530 져스트

1분 안에 넘기기

시간 있으면 꼼꼼히 외우기

1531

k  ep

유지하다, 계속하다, 보존하다

□□□ 하 내신필수

keep [ki:p]

동 유지하다, 계속하다, 보존하다

I've been exercising to **keep** fit.

나는 탄탄한 몸을 **유지**하기 위해 운동을 하고 있다.

숙 keep on+~ing : 계속 ~하다

1532

kit

연

□□□ 중 고등필수

kite [kait]

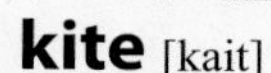

명 연

The **kite** was high in the sky.

연은 하늘 높이 있었다.

1533

l  st

지난, 마지막의

동 계속[지속]하다

□□□ 중 내신필수

last [læst]

형 지난, 마지막의 동 계속[지속]되다

Last summer I worked on the farm.

지난 여름에 나는 농장에서 일했다.

숙 last year 작년에 at last 마침내, 드디어

1534

lat  ly

최근에, 요즈음

□□□ 중 내신필수

lately [léitli]

부 최근에, 요즈음

Have you seen her **lately**?

그녀를 **최근에** 봤나요?

1535

l  ter

나중에, 후에

□□□ 중 내신필수

later [léitər]

부 나중에, 후에

I will tell you **later**.

나중에 얘기해 주께.

숙 later on 나중에

1536

l  ast

(크기/양/정도 등이)
가장 적은, 최소(의)

□□□ 중 내신필수

least [li:st]

형 (크기/양/정도 등이) 가장 적은, 최소(의)

I drink at **least** three liters of water.

나는 **최소한** 3리터의 물을 마신다.

숙 at least 적어도

1531 킵 1532 카이트 1533 래스트 1534 **레**이틀리 1535 **레**이럴 1536 리-스트

○ 1분 안에 넘기기

○ 시간 있으면 꼼꼼히 외우기

1537 length 길이

□□□ 중 고등필수

length [leŋkθ]

명 길이

total body **length**

전체 몸 **길이**

1538 likely ~할[일] 것 같은

□□□ 중 내신필수

likely [láikli]

형 ~할[일] 것 같은

Such people **are likely to** be dishonest.

그런 사람들은 정직하지 못한 **성향이 있다**.

1539 lot (수량의) 많음 명모두, 전부

□□□ 중 내신필수

lot [lat]

대 (수량의) 많음 명 모두, 전부

We will bring **a lot of** hot dogs.

우리는 **많은** 핫도그를 준비할 것이다.

1540 low 낮은 부낮게

□□□ 중 내신필수

low [lou]

형 낮은 부 낮게

The water in the bottle was too **low**.

병 안의 물은 너무 **낮았다**.

1541 lower 낮추다[내리다] 형아래의

□□□ 중 고등필수

lower [lóuər]

동 낮추다[내리다] 형 아래의

the **lower** deck of a ship

배의 **아래층** 갑판

1542 lucky 행운의[운좋은]

□□□ 중 내신필수

lucky [lʌki]

형 행운의[운좋은]

파 luck (행)운 unlucky 불행한

He is one of the **lucky** ones.

그는 **운이 좋은** 사람들 중의 한 명이다.

1537 랭쓰 1538 **라**이클리 1539 랏 1540 로우 1541 **로**우월 1542 **럭**키

1543

주된, 가장 큰

□□□ 중 내신필수

main [mein]

형 주된, 가장 큰

The **main** course came out.

주 요리가 나왔다.

1544

아마, 어쩌면

□□□ 중 내신필수

maybe [méibiː]

부 아마, 어쩌면

Maybe he'll come.

어쩌면 그가 올지도 모른다.

1545

의미[뜻]

□□□ 중 내신필수

meaning [míːniŋ]

명 의미[뜻]

What is the **meaning** of this?

이것의 **뜻**은 무엇이냐?

1546

중간의

□□□ 중 내신필수

medium [míːdiəm]

형 중간의

Bring to a boil over **medium** heat.

중불에서 끓여 주세요.

1547

한가운데(의)

□□□ 중 내신필수

middle [mídl]

형 한가운데(의)

in the **middle** of the day

한낮에

숙 in the middle of : ~의 한가운데에

1548

작은[중요하지 않은], 소수의 명 미성년자

□□□ 중 고등필수

minor [máinər]

형 작은[중요하지 않은], 소수의 명 미성년자

a **minor** party

소수당

1543 메인 1544 **메**이비 1545 **미**닝 1546 **미**디엄 1547 **미**들 1548 **마**이널

○ 1분 안에 넘기기

○ 시간 있으면 꼼꼼히 외우기

1549

□□□ 하 내신필수

most [moust]

형 대부분(의),가장(많은)

파 mostly 주로

Most people like to go as they please.

대부분의 사람들은 그들이 원하는 대로 가는 것을 좋아한다.

1550

□□□ 중 고등필수

mostly [móustli]

부 주로, 대부분, 대개

It's **mostly** her fault.

거의 그녀의 탓이다.

1551

□□□ 중 고등필수

mystery [místəri]

명 수수께끼, 신비[불가사의]

It is a great **mystery**.

이건 **불가사의**다.

1552

□□□ 중 내신필수

nearly [níərli]

부 거의, 가까스로

It is **nearly** perfect.

완벽에 **가깝다**.

1553

n ther

~도 아니다,
어느 것도 아니다

□□□ 중 내신필수

neither [ní:ðər]

한대 ~도 아니다, 어느 것도 아니다

Neither of the stories were true.

어느 쪽 이야기**도** 사실이 **아니었다**.

숙 **neither** A **nor** B : A도 아니고 B도 아니다 (양자 부정)

1554

□□□ 하 내신필수

never [névər]

부 결코~않다

I have **never** liked school clubs.

나는 학교 동아리 모임을 좋아해본 **적이 없다**.

숙 **never have to** + 동사 : 조금도 ~하지 않아도 좋다

1549 모스트 1550 모스틀리 1551 미스터뤼 1552 니얼리 1553 니덜 1554 네벌

○ 1분 안에 넘기기

○ 시간 있으면 꼼꼼히 외우기

1555

n ne

아무[하나]도 (…않다[없다])

□□□ 중 내신필수

none [nʌn]

㊀ 아무[하나]도 (…않다[없다])

There were **none** there.

거기엔 **아무것도 없었다**.

1556

norm l

정상[보통]의

□□□ 중 내신필수

normal [nɔ́ːrməl]

형 정상[보통]의

파 normally 보통

Forgetting something is **normal**.

뭔가를 잊는 것은 **정상적**이다.

1557

now days

요즘(오늘날)에는

□□□ 중 고등필수

nowadays [náuədèiz]

부 요즘(오늘날)에는

Nowadays we play games.

요즘에 우리는 게임을 한다.

1558

obj ct

물건[물체], 목적[목표], 대상

□□□ 중 내신필수

object [ɑ́bdʒekt]

명 물건[물체], 목적[목표], 대상

파 objection 이의, 반대

Old people have difficulty using **objects**.

노인들은 **물건들**을 사용하기 어려워한다.

1559

oft n

자주[흔히]

□□□ 하 내신필수

often [ɔ́ːfən]

부 자주[흔히]

Often they had trouble conversing.

종종 그들은 대화를 나누는데 어려움을 겪었다.

1560

onc

한 번, (과거)언젠가, 일단~하면

□□□ 중 내신필수

once [wʌns]

부 한 번, (과거)언젠가, 일단~하면

Begin with, '**once upon a time**' or 'once'

'**옛날 옛적에**', 혹은 '예전에'로 시작해라.

숙 once upon a time 옛날에 all at once 갑자기, 별안간에

1555 넌- 1556 놀-멀 1557 나우어데이즈 1558 아브젝트 1559 어픈 1560 원쓰

○ 1분 안에 넘기기

○ 시간 있으면 꼼꼼히 외우기

1561

nly
단지[오직], 유일한

□□□ 중 내신필수
only [óunli]
형 단지[오직], 유일한
There is **only** one room in each hut.
각 오두막은 **오직** 한 개의 방 만이 있다.
숙 at once 즉시(=immediately)

1562

opposit
(정)반대(의), 맞은편의

□□□ 중 고등필수
opposite [ápəzit]
형 (정)반대(의), 맞은편의
The seasons in these countries are **opposite**.
이 나라들의 계절들은 **정 반대**이다.

1563

therwise
그렇지 않으면, 달리

□□□ 중 고등필수
otherwise [Λðərwàiz]
부 그렇지 않으면, 달리
Otherwise she will come again.
그렇지 않으면 그녀가 다시 올 것이다.

1564

p rtly
부분적으로, 일부

□□□ 중 고등필수
partly [pá:rtli]
부 부분적으로, 일부
I am only **partly** responsible.
저는 **부분적으로**만 책임이 있어요.

1565

p st
지나간, 과거(의)

□□□ 중 내신필수
past [pæst]
형명 지나간, 과거(의)
For the **past** month
지난달에

1566

perh ps
아마도, 어쩌면

□□□ 중 내신필수
perhaps [pərhǽps]
부 아마도, 어쩌면
Perhaps he will be there.
아마 그가 거기 있을지도 모른다.

1561 온리 1562 아퍼짓트 1563 아덜와이즈 1564 팔틀리 1565 패스트 1566 펄햅스

1분 안에 넘기기

시간 있으면 꼼꼼히 외우기

1567

piec

조각

□□□ 중 내신필수

piece [piːs]

명 조각

Spread out all the puzzle **pieces**.
모든 퍼즐 **조각들을** 흩어 놓아라.

1568

pl nty

충분한[풍부한] 수량

□□□ 중 내신필수

plenty [plénti]

대 충분한[풍부한] 수량

There's **plenty** of time.
시간은 **충분**하다.

숙 plenty of 많은

1569

possibl

가능한

□□□ 중 내신필수

possible [pásəbl]

형 가능한

파 possibly 아마

Come as soon as **possible**.
가능한 빨리 오세요.

1570

previ us

이전의

□□□ 중 고등필수

previous [príːviəs]

형 이전의

previous experience
이전의 경험

1571

robably

아마

□□□ 중 내신필수

probably [prάbəbli]

부 아마

Probably you did so.
아마 네가 그랬을 거야.

1572

pur

순수한[깨끗한]

□□□ 중 내신필수

pure [pjuər]

형 순수한[깨끗한]

His crown was made of **pure** gold.
그의 왕관은 **순**금으로 만들어졌다.

1567 피스 1568 플랜티 1569 파써블 1570 프뤼뷔어스 1571 프롸버블리 1572 퓨얼

1분 안에 넘기기

시간 있으면 꼼꼼히 외우기

1573

퍼즐
동 어리둥절하게 하다

□□□ 중 고등필수

puzzle [pΛzl]

명 퍼즐 동 어리둥절하게 하다

A **puzzle** can be difficult.
퍼즐은 어려울 수 있다.

1574

(품)질

□□□ 중 고등필수

quality [kwάləti]

명 (품)질

goods of a high **quality**
질 높은 상품

1575

4분의1

□□□ 중 내신필수

quarter [kwɔ́:rtər]

명 4분의1

Let's divide it into **quarters**.
4분의 1씩 나누자.

1576

빨리, 곧

□□□ 중 고등필수

quickly [kwíkli]

부 빨리, 곧

파 quick 빠른

He **quickly** disappeared into the woods.
그는 **재빨리** 숲속으로 사라졌다.

1577

꽤, 상당히, 완전히

□□□ 중 내신필수

quite [kwait]

부 꽤, 상당히, 완전히

Table manners are **quite** important.
식사 예절은 **상당히** 중요합니다.

1578

드물게[좀처럼~않는]

□□□ 중 고등필수

rarely [rerli]

부 드물게[좀처럼~않는]

파 rare 드문

They would **rarely** speak directly.
그들은 **거의** 직접적으로 말하지 않을 것이다.

1573 퍼즐 1574 콸러디 1575 쿼-럴 1576 퀵클리 1577 콰이트 1578 뤠얼리

1분 안에 넘기기

시간 있으면 꼼꼼히 외우기

1579

rat
(비)율, 요금, 속도

rate [reit]

명 (비)율, 요금, 속도

The sickness **rate** is increasing.

발병**률**이 올라가고 있다.

숙 at the rate of : ~의 비율로

1580

rath r
꽤, 약간[좀], 오히려

rather [rǽðər]

부 꽤, 약간[좀], 오히려

The ceremony is **rather** interesting.

그 의식은 흥미롭기**까지** 하다.

□□□ 중 고등필수

1581

re lity
현실

reality [riǽləti]

명 현실

파 real 진짜[현실]의

The **reality** was different.

현실은 달랐다.

□□□ 중 내신필수

1582

re lly
정말[진짜]로

really [rí:əli]

부 정말[진짜]로

I am **really** sorry.

내가 **정말** 미안해.

1583

rec nt
최근의

recent [rí:snt]

형 최근의

파 recently 최근에

In **recent** years sports became popular.

최근 몇 년 스포츠들이 유명해졌습니다.

□□□ 중 내신필수

1584

refus
거절[거부]하다

refuse [rifjú:z]

동 거절[거부]하다

파 refusal 거절, 거부

Some **refusal** skills can help.

몇몇 **거절**의 기술은 도움이 될 수 있다.

1579 뤠이트 1580 **뤠**덜 1581 뤼**알**러디 1582 **뤼**얼리 1583 **뤼**슨트 1584 뤼**퓨**즈

1분 안에 넘기기

시간 있으면 꼼꼼히 외우기

1585

□□□ 중 내신필수

scan [skæn]

동 살피다, (대충) 훑어보다

She **scanned** his face.
그녀가 그의 얼굴을 **살폈다**.

1586

□□□ 중 내신필수

seem [si:m]

동 보이다, ~인 것 같다

Sometimes we **seem** to look different.
우리는 종종 다르게 보이는 **것 같다**.

숙 It seems that ~ : ~처럼 보이다, ~한 듯하다

1587

□□□ 중 내신필수

seldom [séldəm]

부 좀처럼[거의] ~않는

He **seldom** stays at home.
그는 **좀처럼** 집에 붙어 있지 **않는다**.

1588

□□□ 중 내신필수

several [sévrəl]

한대 몇몇의 형 각각의

There are **several** reasons.
거기에는 **여러 가지** 이유가 있습니다.

1589

□□□ 중 내신필수

shape [ʃeip]

명 모양, 상태

파 slightly 약간, 조금

The candy was **shaped** like an animal.
그 사탕은 동물 **모양으로 생겼다**.

1590

□□□ 중 내신필수

side [said]

명 측[쪽], 측면, 옆, 편

Many people were on her **side**.
많은 사람들이 그녀 **편**이었다.

숙 on the other side of ~의 건너편에 side by side 옆으로 나란히

1585 스캔- 1586 씸 1587 쎌덤 1588 쎄브뤌 1589 쉐잎 1590 싸이드

○ 1분 안에 넘기기

○ 시간 있으면 꼼꼼히 외우기

1591

약간의, 가벼운

□□□ 중 고등필수

slight [slait]

형 약간의, 가벼운

Men's brains are still **slightly** bigger.
남자의 뇌가 그래도 **약간** 더 크다.

1592

(크기/수/양/정도가) 작은, 소규모의

□□□ 하 내신필수

small [smɔːl]

형 (크기/수/양/정도가) 작은, 소규모의

She has five **small** cats.
그녀에게는 **어린** 고양이 다섯이 있다.

1593

딱 부러지다, 찰칵 소리를 내다

□□□ 중 고등필수

snap [snæp]

동 딱 부러지다, 찰칵 소리를 내다

Suddenly, the rope **snapped.**
갑자기 밧줄이 툭 하고 **끊어졌다.**

1594

(미래)언젠가

□□□ 중 내신필수

someday [sóme·dày]

부 (미래)언젠가

You will like me **someday.**
당신은 **언젠가** 나를 좋아할 것입니다.

1595

언젠가

□□□ 중 내신필수

sometime [sΛmtàim]

부 언젠가

I will tell you **sometime.**
언젠가 너에게 말 할 거야.

숙 at that time 그 당시에는 at the same time 동시에

1596

때때로

□□□ 중 고등필수

sometimes [sΛmtàimz]

부 때때로

Sometimes people feel sleepy.
사람들은 **때때로** 졸립니다.

1591 슬라잍 1592 스멀 1593 스냅 1594 **썸**데이 1595 **썸**타임 1596 **썸**타임즈

1분 안에 넘기기

시간 있으면 꼼꼼히 외우기

1597

s on
곧, 빨리

□□□ 하 내신필수

soon [suːn]

부 곧, 빨리

We'll be home **soon**.
우린 **곧** 귀가 할거야.

숙 as soon as ~하자마자

1598

s rt
종류 동 분류하다

□□□ 중 내신필수

sort [sɔːrt]

명 종류 동 분류하다

What **sort** of music do you like?
어떤 **종류**의 음악을 좋아하니?

1599

specifi
특정한, 구체적인

□□□ 상 고등필수

specific [spisífik]

형 특정한, 구체적인

Can you be more **specific**?
좀 더 **구체적으로** 말해 주겠나?

1600

st ndard
수준[기준] 형 일반적인

□□□ 중 내신필수

standard [stǽndərd]

명 수준[기준] 형 일반적인

standard sizes of clothes
의류의 **표준 규격** 치수들

1601

st ady
꾸준한, 안정된

□□□ 중 고등필수

steady [stédi]

형 꾸준한, 안정된

steady economic growth
꾸준한 경제 성장

1602

st ll
아직도, 훨씬 형 가만히 있는

□□□ 중 내신필수

still [stil]

부 아직도, 훨씬 형 가만히 있는

It **still** does not work.
그것은 **여전히** 작동하지 않습니다.

1597 쑤운 1598 쏠트 1599 스피씨픽 1600 스텐덜드 1601 스테디 1602 스틸

○ 1분 안에 넘기기

○ 시간 있으면 꼼꼼히 외우기

1603

su h

그러한, 그렇게[너무나]

□□□ 하 내신필수

such [sətʃ]

형 그러한, 그렇게[너무나]

I wouldn't do **such** a dangerous thing.
나라면 **그런** 위험한 짓은 하지 않겠어요.

숙 such –that~ :매우 ~이므로 ~하다 such as ~와 같은

1604

sufficient nt

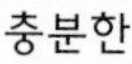

충분한

□□□ 중 고등필수

sufficient [səfíʃənt]

형 충분한

파 sufficiently 충분히

This district has **sufficient** water.
이 지역에는 **충분한** 물이 있다.

1605

suppos

생각하다,
추정[추측/가정]하다

□□□ 중 내신필수

suppose [səpóuz]

동 생각하다, 추정[추측/가정]하다

Suppose a fire breaks out.
화재가 발생했다고 **가정하자**.

숙 be supposed to + 동사 : ~하기로 되어 있다.

1606

sur

확신하는[확실한] 부 물론

□□□ 하 내신필수

sure [ʃuər]

형 확신하는[확실한] 부 물론

Be **sure** you know where all the doors are.
모든 문이 어디 있는지 꼭 알고 계세요.

숙 make sure 확인하다

1607

theref re

그러므로

□□□ 중 고등필수

therefore [ðέərfɔ̀:r]

부 그러므로

Therefore, we should find the ways.
그러므로, 우리는 그 방법들을 찾아야 합니다.

1608

thu

이와 같이, 따라서[그러므로]

□□□ 중 고등필수

thus [ðʌs]

부 이와 같이, 따라서[그러므로]

They have argued **thus**.
그들은 **이와 같이** 주장해 왔다.

1603 써치 1604 써퓌션트 1605 서포우즈 1606 슈얼 1607 대얼포얼 1608 떠스

1분 안에 넘기기

시간 있으면 꼼꼼히 외우기

1609

to 너무, ~도 또한

□□□ 하 내신필수

too [tu:]

부 너무, ~도 또한

It is **too** hot.

너무 뜨겁습니다.

1610

t tal 총[전체의], 완전한 명총계[합계]

□□□ 중 내신필수

total [tóutl]

형 총[전체의], 완전한 명 총계[합계]

We were in **total** darkness.

우리는 **완벽한** 암흑 속에 있었다.

1611

upp r 위쪽의, 높은

□□□ 중 고등필수

upper [ʌpər]

형 위쪽의, 높은

upper deck

(이층 버스 등의) **이층**[윗갑판]

1612

versi n 버전[판]

□□□ 중 고등필수

version [və́:rʒən]

명 버전[판]

A new **version** of the program came out.

프로그램 **버전**이 새로 나왔다.

1613

w ll 벽[담]

□□□ 하 내신필수

wall [wɔ:l]

명 벽[담]

The car crashed into the **wall**.

자동차가 **벽**에 부딪쳤다.

1614

wh el 바퀴

□□□ 중 고등필수

wheel [hwi:l]

명 바퀴

He is repairing the worn **wheel**.

그는 낡은 **바퀴**를 수리하고 있다.

1609 투- 1610 **토**우를 1611 어펄 1612 **붤**젼 1613 월 1614 위-일

Chapter9

복습문제

A 우리말에 대응하는 영어 써보기

01. 실제로, 사실은

02. 어쨌든, 게다가

03. 특히

04. 잦은[빈번한]

05. 앞으로

06. 대신에

07. 나중에, 후에

08. 주로

09. 한 번,언젠가

10. 꽤, 약간

B 빈칸에 단어 넣어보기

11. 평균 온도 _______ temperatures

12. 벽돌 벽 a _______ wall

13. 빈 공기탱크들 _______ air tanks

14. 게으른 학생 an _______ student

15. 지난여름 _______ summer

16. 지난달에 For the _______ month

17. 이전의 경험 _______ experience

18. 몇몇 이유들 _______ reasons

19. 완벽한 암흑 _______ darkness

20. 주 요리 _______ course

C 문맥에 맞는 단어 골라 쓰기

보기 | add else either such already

21. Sports _____ excitement to our lives. 운동들은 우리의 삶에 흥분을 **추가한다**.

22. I have _______ made three phone calls. 제가 **이미** 전화를 세 번 했습니다.

23. I don't like him _______ . 나**도** 그를 좋아하지 않는다.

24. Did you not bring anything _______ ? 당신은 **이밖에** 다른 것을 가지고 오지 않았어요?

25. I wouldn't do _______ a dangerous thing. 나라면 **그런** 위험한 짓은 하지 않겠어요.

정답 | **A** 앞면참조 **B** 11 average 12 brick 13 empty 14 idle 15 last 16 past 17 previous 18 several 19 total 20 main
C 21 add 22 already 23 either 24 else 25 such

100점 넘기기

Chapter 10
Doing and Being
행위와 존재

혓바닥 e

입벌린 c

머리묶은 a

동글이 o

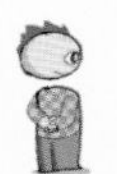
목떨어진 i

- Doing (행위)
- Being (존재)
- Associated Words (연관된 단어들)

1분 안에 넘기기

시간 있으면 꼼꼼히 외우기

1615

□□□ 중 고등필수

absorb [æbsɔ́:rb]

동 빨아들이다[흡수하다]

This fiber **absorbs** water.

이 섬유는 물을 **흡수한다**.

1616

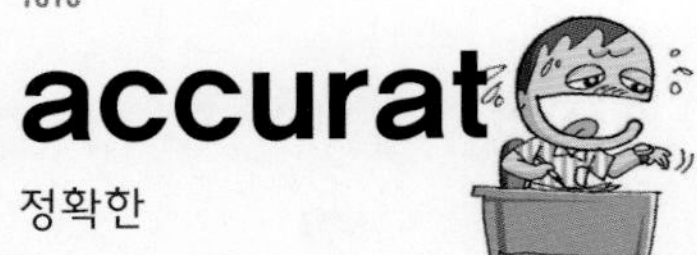

□□□ 중 고등필수

accurate [ǽkjurət]

형 정확한

파 accurately 정확히

This watch measures time **accurately**.

이 시계는 시간을 **정확하게** 잰다.

1617

□□□ 중 고등필수

achieve [ətʃí:v]

동 이루다[성취하다]

I **achieved** all.

나는 모든 것을 **성취했다**.

1618

행동(하다), 연기(하다), (연극의)막

□□□ 하 내신필수

act [ækt]

명동 행동(하다), 연기(하다), (연극의)막

Usually people think and **act**.

사람들은 보통 생각하고 **행동한다**.

1619

□□□ 중 고등필수

action [ǽkʃən]

명 행동, 조치

They expect you to join in their **actions**.

그들은 당신이 그들의 **활동들에** 참여하기를 원한다.

1620

□□□ 중 내신필수

active [ǽktiv]

형 활동적인, 적극적인

파 activity 활동

Good students are **active** in sports.

훌륭한 학생들은 스포츠에 **활동적**이다.

혓바닥 e

입벌린 c

머리묶은 a

동글이 o

목떨어진 i

1615 앱솔브 1616 애큐릿트 1617 어취-브 1618 액-트 1619 액션 1620 액티브

1분 안에 넘기기

시간 있으면 꼼꼼히 외우기

1621

□□□ 중 고등필수

adopt [ədάpt]

동 입양하다, 채택하다

I **adopted** their beliefs.

나는 그들의 신념을 **채택했다**.

1622

□□□ 중 내신필수

aloud [əláud]

부 소리 내어

Our children are reading **aloud**.

우리 아이들이 **소리 내어** 글을 읽고 있다.

1623

□□□ 하 내신필수

always [ɔ́:lweiz]

부 늘[언제나]

Water is **always** moving.

물은 **언제나** 흐릅니다.

숙 all the time 언제나, 항상

1624

□□□ 상 고등필수

apologize [əpάlədʒàiz]

동 사과하다

파 apology 사과

I wish to **apologize** to you.

당신께 **사과하고** 싶다.

1625

□□□ 중 내신필수

appear [əpíər]

동 나타나다, ~인 것 같다

파 disappear 사라지다

A new kind of comic book **appeared**.

만화의 새로운 종류가 **등장했다**.

1626

□□□ 중 고등필수

appearance [əpíərəns]

명 외모, 출현

I'm not happy with my **appearance**.

나는 내 **외모**에 만족하지 않아.

1621 어**답**트 1622 얼**라**우드 1623 **얼**-웨이즈 1624 어**팔**로자이즈 1625 어**피**얼 1626 어**피**어뤈스

○ 1분 안에 넘기기

○ 시간 있으면 꼼꼼히 외우기

1627

□□□ 중 고등필수

approach [əpróuʧ]

동 접근하다 명 접근(법)

You need to hear **approaching** buses.

너는 **다가오는** 버스들의 소리를 들어야 한다.

1628

□□□ 중 고등필수

argue [ɑ́:rgju:]

동 다투다, 주장하다

I **argue with** her all the time.

나는 항상 그녀와 **논쟁을 한다**.

1629

□□□ 중 고등필수

associate [əsóuʃièit]

동 연상하다[연관시키다]

파 association 협회

Most of us **associate** winter with snow.

우리의 대부분은 겨울과 함께 눈을 **연상한다**.

1630

□□□ 중 고등필수

attach [ətǽʧ]

동 붙이다[첨부하다]

Attach both ends.

두 끝부분을 **붙여라**.

1631

□□□ 중 내신필수

attack [ətǽk]

명동 공격(하다), 발작

The man **attacked** him with a knife.

그 남자는 칼을 들고 그에게 **덤벼들었다**.

1632

□□□ 중 고등필수

attempt [ətémpt]

명동 시도(하다)

The prisoners **attempted** an escape.

죄수들이 탈옥을 **시도했다**.

1627 어프**뤄**취 1628 **알**-규 1629 어**쏘**우시에잇 1630 어**태**취 1631 어**택** 1632 어**템**트

1분 안에 넘기기

시간 있으면 꼼꼼히 외우기

1633

매력적인

□□□ 상 내신필수

attractive [ətrǽktiv]

형 매력적인

파 attractiveness 끌어 당기는 힘

attractive young women

매력적인 젊은 여성

1634

깨어 있는

동 깨(우)다

□□□ 중 내신필수

awake [əwéik]

형 깨어 있는 동 깨(우)다

파 awakened (잠에서) 깨다

Stay **awake**! **깨어**있어!

숙 lie awake 뜬눈으로 날을 새다

1635

알고 있는, 알아차린

□□□ 중 고등필수

aware [əwέər]

형 알고 있는, 알아차린

She was well **aware of** the problem.

그녀는 그 문제를 잘 **알고** 있었다.

1636

악단[악대], 밴드[띠]

□□□ 중 내신필수

band [bænd]

명 악단[악대], 밴드[띠]

They are singing with the **band**.

그들은 **악단**과 함께 노래를 하고 있다.

1637

이기다, 계속 때리다

명 박동, 박자

□□□ 중 내신필수

beat [biːt]

동 이기다, 계속 때리다 명 박동, 박자

Beat it hard.

세게 **쳐**라.

1638

(어떤 방식으로) 행동하다

□□□ 중 내신필수

behave [bihéiv]

동 (어떤 방식으로) 행동하다

She teaches a way to **behave** safely.

그녀는 안전하게 **행동하는** 방법을 가르친다.

1633 어**트**랙티브 1634 어**웨**이크 1635 어**웨**얼 1636 밴드 1637 비트 1638 비**헤**이브

○ 1분 안에 넘기기

○ 시간 있으면 꼼꼼히 외우기

1639

□□□ 중 고등필수

behavior [bihéivjər]

명 행동

They are violent in their **behavior**.
그들은 **행동**이 폭력적이다.

1640

□□□ 중 고등필수

being [bí:iŋ]

명 존재, 생명체

You will find **being** a parent enjoyable.
당신은 부모가 **되는 것**이 즐거운 것임을 알게 될 것이다.

1641

□□□ 중 내신필수

below [bilóu]

전 ~보다, 아래에, ~미만의, ~이하의

The robot swam **below** the surface.
로봇이 수면 **아래로** 잠수해 들어갔다.

1642

□□□ 중 고등필수

bend [bend]

동 구부리다

Bend down, I'll jump over you.
몸을 **굽혀라.** 내가 뛰어넘을 테니.

숙 bend down 허리를 구부리다

1643

□□□ 중 내신필수

block [blak]

명 블록[구획] 동 막다

The bear **blocked** his path.
곰이 그의 길을 **막았다.**

1644

b w
절(하다), 숙이다, 활

□□□ 중 내신필수

bow [bau]

명동 절(하다), 숙이다, 활

The people **bowed** down before the king.
사람들이 왕 앞에 엎드려 **절을 했다.**

1639 비헤이뷔얼 1640 비잉 1641 빌로우 1642 벤드 1643 블락 1644 바우

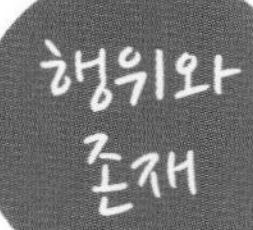

1분 안에 넘기기

시간 있으면 꼼꼼히 외우기

1645

brav

용감한

□□□ 중 내신필수

brave [breiv]

형 용감한

You are so **brave**.

너 참 **용감하구나**.

1646

br ak

깨뜨리다, 고장 내다
명 휴식

□□□ 중 내신필수

break [breik]

동 깨뜨리다, 고장 내다 명 휴식

A fire **broke out** at your school.

화재가 너의 학교에서 **발발했다**.

숙 break into ~에 침입하다 break out (화재, 전쟁 등이) 일어나다, 돌발하다

1647

rief

짧은[간단한]

□□□ 중 내신필수

brief [bri:f]

형 짧은[간단한]

Brief eye contact is not allowed.

짧게 눈을 마주 치는 것은 허용되지 않는다.

1648

bu y

바쁜, 번화한, 통화 중의

□□□ 중 내신필수

busy [bízi]

형 바쁜, 번화한, 통화 중의

I am pretty **busy**.

나는 꽤 **바쁘다**.

숙 be busy with ~로 붐비다 be busy+~ing ~하느라고 바쁘다

1659

car ful

조심하는[주의 깊은]

□□□ 중 내신필수

careful [kέərfəl]

형 조심하는[주의 깊은]

파 carefully 주의하여

Tony let his legs down **carefully**.

토니는 그의 다리를 **조심스럽게** 내려놨다.

1650

areless

부주의한

□□□ 중 고등필수

careless [kέərlis]

형 부주의한

The driver was very **careless**.

그 기사는 매우 **부주의**했다.

1645 브**뤠**이브 1646 브뤠이크 1647 브뤼프 1648 **비**지 1649 **케**얼풀 1650 **케**얼-리스

1분 안에 넘기기

시간 있으면 꼼꼼히 외우기

1651

arry
가지고 있다[다니다], 나르다

□□□ 중 내신필수
carry [kǽri]
동 가지고 있다[다니다], 나르다
It's a big ship **carrying** rich treasures!
이것은 많은 보물을 **싣고 오는** 큰 배야!
숙 carry out ~을 실행하다

1652

ch llenge
도전(하다)

□□□ 중 내신필수
challenge [ʧǽlindʒ]
명동 도전(하다)
Think of **challenges** as opportunities.
도전을 기회로 생각해라.

1653
hance
기회, 가망[가능성]

□□□ 하 내신필수
chance [ʧæns]
명 기회, 가망[가능성]
There is a **chance** now.
지금이 **기회**이다.
숙 by chance 우연히

1654

chas
뒤쫓다, 추구하다
명 추적

□□□ 상 내신필수
chase [ʧeis]
동 뒤쫓다, 추구하다 명 추적
The kids **chased** him.
아이들이 그를 **뒤쫓았다**.

1655

hat
담소[수다], 채팅하다

□□□ 중 내신필수
chat [ʧæt]
명동 담소[수다], 채팅하다
He's **chatting with** his friends.
그는 친구들과 **수다를 떨고** 있다.

1656

heck
점검[확인](하다), 수표

□□□ 중 내신필수
check [ʧek]
명동 점검[확인](하다), 수표
Please **check** the box for the items.
품목들을 위해 박스를 **확인**해 주세요.
숙 check with : ~에 자세히 알아보다

1651 캐뤼 1652 챌륀지 1653 췐쓰 1654 췌이스 1655 췟 1656 체크

1분 안에 넘기기

시간 있으면 꼼꼼히 외우기

1657

ch ice
선택

□□□ 중 내신필수
choice [ʧɔis]
명 선택
Choose either ice cream or cheesecake.
아이스크림이나 치즈 케이크 중에서 **선택해라**.

1658

laim
주장(하다), 청구

□□□ 중 고등필수
claim [kleim]
명동 주장(하다), 청구
What **claim** does the man make?
남자는 뭐라고 **주장**하는가?

1659

lap
박수[손뼉]를 치다

□□□ 중 고등필수
clap [klæp]
동 박수[손뼉]를 치다
The audience **clapped**.
청중들이 **박수를 쳤다**.

1660

c llect
모으다[수집하다]

□□□ 중 내신필수
collect [kəlékt]
동 모으다[수집하다] 파 collection 수집(품)
Children are **collecting** used bottles.
아이들이 재활용 병을 **수집하고** 있다.

1661
ommit
(나쁜 일을) 저지르다

□□□ 중 고등필수
commit [kəmít]
동 (나쁜 일을) 저지르다
He **committed** murder.
그는 살인을 **저질렀다**.

1662

condu t
수행[실시]하다,
지휘하다 명 행동

□□□ 중 내신필수
conduct [kάndʌkt]
동 수행[실시]하다, 지휘하다 명 행동
파 conductor 지휘자
Their **conduct** was rude.
그들의 **행동**은 난폭하다.

1657 쵸이쓰 1658 클래임 1659 클랩 1660 컬렉트 1661 커밋 1662 컨덕트

1분 안에 넘기기

시간 있으면 꼼꼼히 외우기

1663

cooperat

협력[협동]하다

□□□ 상 고등필수

cooperate [kouάpərèit]

동 협력[협동]하다

파 cooperation 협력[협동]

They agreed to **cooperate** with each other.
그들은 서로 **협력하기로** 합의했다.

1664

c unt
세다, 계산(하다) 명 셈

□□□ 중 내신필수

count [kaunt]

동 세다, 계산(하다) 명 셈

The child can't **count** yet.
그 아이는 아직 수를 **셀 줄** 모른다.

숙 count up to : ~까지 세다

1665

cov r
덮다, 다루다 명 덮개

□□□ 하 내신필수

cover [kʌvər]

동 덮다, 다루다 명 덮개

Cover it with the other piece of bread.
다른 한쪽 빵으로 그것을 **덮어주세요**.

숙 be covered with : ~으로 덮이다

1666

creat

창조[창출]하다

□□□ 중 내신필수

create [kriéit]

동 창조[창출]하다

God **created** man.
신은 인간을 **창조했다**.

1667

creativ

창조적인, 창의적인

□□□ 상 고등필수

creative [kriéitiv]

형 창조적인, 창의적인

Children have a **creative** mind.
아이들은 **창의적인** 마음을 가지고 있다.

1668

de ide
결정하다

□□□ 중  내신필수

decide [disáid]

동 결정하다

파 decision 결정[판단]을 내리다

I let other people **decide** for me.
나는 다른 사람들이 **결정**을 내리게 한다.

1663 코우**아**퍼뤠잇 1664 카운트 1665 **커**벌 1666 크뤼**에**이트 1667 크뤼**에**이리브 1668 디**싸**이드

○ 1분 안에 넘기기

○ 시간 있으면 꼼꼼히 외우기

1669

□□□ 상 고등필수

defend [difénd]

동 방어[수비/옹호]하다

파 defendant (재판에서) 피고

Officers are trained to **defend** themselves.

경찰관들은 자신을 **방어하는** 훈련을 받는다.

1670

definit

확실한[명확한]

□□□ 중 고등필수

definite [défənit]

형 확실한[명확한]

파 definition 정의

I'm **definite** about this.

난 이것에 대해 **확신해**.

1671

□□□ 중 내신필수

demand [dimǽnd]

명동 요구(하다), 수요

There is a great **demand** for this car.

이 차는 **수요**가 아주 많다.

1672

No! No!

d ny

부인[부정]하다

□□□ 중 고등필수

deny [dinái]

동 부인[부정]하다

Why do you **deny** it?

왜 **부인**하느냐?

1673

□□□ 중 고등필수

determine [ditə́ːrmin]

동 결정하다, 알아내다

I was **determined** to wake up early.

나는 일찍 일어나기로 **결심하게** 되었다.

1674

□□□ 중 내신필수

devil [dévl]

명 악마[마귀]

The **devil** is evil.

악마는 사악하다.

1669 디**펜**드 1670 **데**뿨닛 1671 디**멘**드 1672 디**나**이 1673 디**털**민 1674 **데**빌

1분 안에 넘기기

시간 있으면 꼼꼼히 외우기

1675

ig
파다[캐다]

□□□ 중 내신필수

dig [dig]
동 파다[캐다]
They **dug** deeper and deeper.
그들은 더욱 더 깊이 **파 들어갔다**.

1676

discov r
발견하다

□□□ 중 내신필수

discover [diskΛvər]
동 발견하다
He **discovered** an island.
그는 섬을 **발견했다**.

1677

disput
분쟁[논쟁]
동 반박하다

□□□ 상 고등필수

dispute [dispjú:t]
명 분쟁[논쟁] 동 반박하다
We were in a **dispute with** them.
우리는 그들과 **논쟁** 중에 있었다.

1678

distur
(작업 · 수면 등을)
방해하다

□□□ 상 고등필수

disturb [distə́:rb]
동 (작업·수면 등을) 방해하다
He always **disturbs** me.
그는 언제나 나를 **방해한다**.

1679

div
다이빙하다,
잠수하다

□□□ 중 내신필수

dive [daiv]
동 다이빙하다, 잠수하다
파 diver 잠수부
We **dived** into the river.
우리는 강물 속으로 **뛰어들었다**.

1680

divid
나누다[나뉘다]

□□□ 중 내신필수

divide [diváid]
동 나누다[나뉘다]
He **divided up** the rest of the cash.
그는 나머지 현금을 다 **나누었다**.

1675 디-그 1676 디스커벌 1677 디스퓨트 1678 디스털브 1679 다이브 1680 디봐이드

ㅇ 1분 안에 넘기기

ㅇ 시간 있으면 꼼꼼히 외우기

1681

rive
운전하다, 몰다 ⓜ드라이브

□□□ 중 내신필수

drive [draiv]

ⓢ운전하다, 몰다 ⓜ드라이브

파 driver 운전자

I'm not quite used to **driving**.
나는 아직 **운전**이 서툴다.

1682

ump
(쓰레기를)버리다 ⓜ쓰레기장

□□□ 중 고등필수

dump [dʌmp]

ⓢ(쓰레기를)버리다 ⓜ쓰레기장

Nearby is a garbage **dumping** site.
가까운 데에 쓰레기 **매립**장이 있다.

1683

nable
할 수 있게 하다

□□□ 중 고등필수

enable [inéibl]

ⓢ~을 할 수 있게 하다

Computers **enable** people to contact others.
컴퓨터는 다른 사람들을 서로 연락**하게 해준다**.

1684

nd
끝 ⓢ끝나다

□□□ 중 내신필수

end [end]

ⓜ끝 ⓢ끝나다

This is **the end of** the book.
이것은 그 책의 **말미**이다.

1685

enj y
즐기다

□□□ 하 내신필수

enjoy [indʒɔ́i]

ⓢ즐기다 파 enjoyment 즐거움, 기쁨

I **enjoyed** the view from the top.
나는 정상에서의 풍경을 **즐겼다**.

숙 enjoy oneself 즐기다, 재미있게 지내다

1686

escap
달아나다, (탈출)하다

□□□ 중 내신필수

escape [iskéip]

ⓢ달아나다, (탈출)하다

She **escaped** from the building.
그녀는 건물 밖으로 **탈출했다**.

1681 드롸이브 1682 덤프 1683 인**에**이블 1684 엔드 1685 인**죠**이 1686 이스**케**이프

1분 안에 넘기기

시간 있으면 꼼꼼히 외우기

1687

exi t

존재하다

□□□ 중 내신필수

exist [igzíst]

동 존재하다

파 existence 존재, 실재

Nature **existed** long before humans.

자연은 인류가 있기 오래 전에 **존재했다**.

1688

xit

출구 동 나가다

□□□ 중 고등필수

exit [égzit]

명 출구 동 나가다

We made for the **exit**.

우리는 **출구**로 향했다.

1689

f iry

요정

□□□ 중 고등필수

fairy [fέəri]

명 요정

A **fairy** is flying to her.

한 **요정**이 그녀에게로 날아가고 있어요.

1690

f st

빨리, 단단히 형 빠른

□□□ 하 내신필수

fast [fæst]

부 빨리, 단단히 형 빠른

The Komodo Dragon is a **fast** runner.

코모도 왕도마뱀은 **빠른** 경주자이다.

1691

fav r

호의[친절], 부탁 동 선호하다

□□□ 중 내신필수

favor [féivər]

명 호의[친절], 부탁 동 선호하다

파 favorably 호의적으로

Would you do me a **favor**?

제 부탁 좀 **들어주시겠습니까**?

1692

fi ht

싸우다 명 싸움

□□□ 중 내신필수

fight [fait]

동 싸우다 명 싸움

How dare you **fight** me?

감히 나와 **다투자고**?

1687 익**지**스트 1688 **엑**짙 1689 **풰**어뤼 1690 풰스트 1691 **풰**이벌 1692 퐈잇트

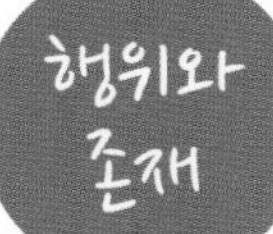

1분 안에 넘기기

시간 있으면 꼼꼼히 외우기

1693

f ll
(가득) 채우다[차다]

□□□ 중 내신필수
fill [fil]
㊀동 (가득) 채우다[차다]
Please **fill** this glass for me.
이 잔 좀 **채워** 주세요.
숙 be filled with : ~으로 가득 차다

1694
fin
찾아내다, 발견하다

□□□ 하 내신필수
find [faind]
동 찾아내다, 발견하다
The bird **found** a bottle of water.
그 새는 한 병의 물을 **발견했다**.

1695

f rm
형태, 형식 동형성되다

□□□ 중 내신필수
form [fɔːrm]
명 형태, 형식 동 형성되다
I fill in a **form**.
나는 **서식**을 작성한다.

1696

functi n
기능(하다)

□□□ 중 내신필수
function [fʌŋkʃən]
명동 기능(하다)
It needs an extra **function**.
그것은 또 하나의 추가 **기능**이 필요하다.

1697

g ther
모으다[모이다]

□□□ 중 내신필수
gather [gǽðər]
동 모으다[모이다]
They **gathered** fruits to eat.
그들은 먹을 과일을 **모았다**.

1698

g t
얻다, 이르다, 되다

□□□ 하 내신필수
get [get]
동 얻다, 이르다, 되다
I would like to **get** my money back.
내 돈을 돌려**받고** 싶어요.
숙 get up (잠자리에서)일어나다

1693 퓔 1694 퐈인드 1695 포-옴 1696 **펑**션 1697 **게**덜 1698 갯

1분 안에 넘기기

시간 있으면 꼼꼼히 외우기

1699

ghst

유령

□□□ 중 내신필수

ghost [goust]

명 유령

I really saw a **ghost**!

난 진짜로 **귀신** 봤다!

1700

iant

거대한 명 거인

□□□ 중 내신필수

giant [dʒáiənt]

형 거대한 명 거인

A **giant** lived here.

여기에 **거인**이 살았다.

1701

gd

신[조물주]

□□□ 하 내신필수

god [gad]

동 신[조물주]

They prayed to an Egyptian **god**.

그들은 이집트 **신**에게 기도했다.

1702

happn

일어나다,
우연히 ~하다

□□□ 중 내신필수

happen [hǽpən]

동 일어나다, 우연히 ~하다

What **happened**?

무슨 일이 **일어났지**?

1703

heven

천국, 하늘

□□□ 중 내신필수

heaven [hévən]

명 천국, 하늘

Heaven helps those who help themselves.

하늘은 스스로 돕는 자를 돕는다.

1704

her

영웅, 남자 주인공

□□□ 하 내신필수

hero [híərou]

명 영웅, 남자 주인공

The **heroes** did not make much money.

그 **영웅들은** 많은 돈을 벌지 못했다.

1699 고우스트 1700 **쟈**이언트 1701 갓 1702 **해**픈 1703 **헤**븐 1704 **히**어뤄

1분 안에 넘기기

시간 있으면 꼼꼼히 외우기

1705

hid 숨기다,[숨다]

□□□ 중 내신필수

hide [haid]

동 숨기다[숨다]

What are you trying to **hide**?

무엇을 **숨기고** 있니?

1706

h ld 잡고 있다, 열다[개최하다]

□□□ 중 내신필수

hold [hould]

동 잡고 있다, 열다[개최하다] 파 household 가정

He **holds** the balloon.

그가 풍선을 **쥐고 있다**.

숙 hold out 내밀다 hold ~by the arm 팔을 잡다

1707

hu 껴안다[포옹하다]

□□□ 중 내신필수

hug [hʌg]

동 껴안다[포옹하다]

They **hugged** each other.

그들은 서로 **껴안았다**.

1708

hurr

서두르다

명 서두름

□□□ 중 내신필수

hurry [hə́ːri]

동 서두르다 명 서두름

Hurry up! We have to go now.

서둘러라! 우리는 지금 가야 해.

숙 in a hurry 서둘러, 허둥지둥, 급히

1709

indicat

보여 주다, 가리키다

□□□ 중 고등필수

indicate [índikèit]

동 보여 주다, 가리키다

The results are **indicated** in Table 1.

그 결과는 표 1에 **나와 있습니다**.

1710

ins t

주장하다[우기다]

□□□ 중 고등필수

insist [insíst]

동 주장하다[우기다]

She strongly **insisted**.

그녀는 강력히 **주장했다**.

1705 하이드 1706 호울드 1707 허그 1708 허리 1709 인디케이트 1710 인씨스트

○ 1분 안에 넘기기

○ 시간 있으면 꼼꼼히 외우기

1711

inst nt

즉각적인, 즉석의

□□□ 중 고등필수

instant [ínstənt]

형 즉각적인, 즉석의

파 instantly 즉각, 즉시

Stop eating **instant** foods.

즉석 식품 좀 그만 먹어라.

1712

jum

점프하다, 뛰다

□□□ 중 내신필수

jump [dʒʌmp]

동 점프하다, 뛰다

That dog can **jump** high.

저 개는 높이 **뛸** 수 있다.

숙 jump over 뛰어넘다

1713

k ll

죽이다

□□□ 중 내신필수

kill [kil]

동 죽이다

Hunters have **killed** gorillas.

사냥꾼들은 고릴라를 **죽여** 왔다.

1714

lat

늦은 부 늦게

□□□ 하 내신필수

late [leit]

형 늦은 부 늦게 파 later 나중에

Better **late** than never.

(사람·성공 등이) 아예 안 오는 것보다는 **늦게**라도 오는 것이 낫다.

(속담:늦었다고 생각한 때가 빠른 때다.)

1715

le p

뛰어오르다 명 도약

□□□ 중 고등필수

leap [li:p]

동 뛰어오르다 명 도약

Look before you **leap**.

뛰기 전에 살펴보아라.(속담:돌다리도 두드려 보고 건너라.)

1716

l ave

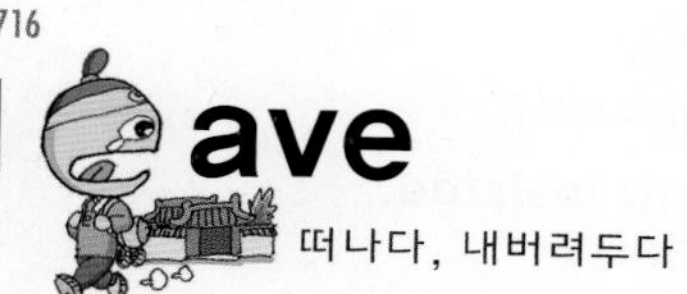

떠나다, 내버려두다

□□□ 하 내신필수

leave [li:v]

동 떠나다, 내버려두다

Would you please **leave** a message?

메시지를 **남겨**주시겠어요?

숙 leave for : ~을 향하여 떠나다

1711 인쓰턴트 1712 졈프 1713 킬- 1714 레이트 1715 리잎 1716 리이브

1분 안에 넘기기

시간 있으면 꼼꼼히 외우기

1717

leg nd
전설

□□□ 중 고등필수

legend [lédʒənd]

명 전설

heroes of **legend**

전설에 나오는 영웅들

1718

l nd
빌려 주다

□□□ 중 내신필수

lend [lend]

동 빌려 주다

I'**ve lent** the car to her.

나는 그녀에게 차를 **빌려주었다**.

1719

lifet me
일생[평생], 생애

□□□ 중 고등필수

lifetime [laiftaim]

명 일생[평생], 생애

파 lifelong 평생의

She was famous during her **lifetime**.

그녀는 **생전에** 유명했다.

1720

l ft
(들어) 올리다 명 승강기, 태워주기

□□□ 중 내신필수

lift [lift]

동 (들어) 올리다 명 승강기, 태워주기

He **lifted** his arms above his head.

그는 팔을 머리 위로 **올렸다**.

1721

lin
선 동 줄(을 서다)

□□□ 하 내신필수

line [lain]

명 선 동 줄(을 서다)

Line up and leave in an orderly way.

줄을 서고 차례로 나가세요.

숙 line up 한 줄로 서다, 정돈하다

1722

l nk
연결(하다), 관련(되다), 고리

□□□ 중 내신필수

link [liŋk]

명동 연결(하다), 관련(되다), 고리

She found a **link**.

그녀는 **링크를** 찾아냈다.

1717 레젼드 1718 랜드 1719 라이프타임 1720 리프트 1721 라인 1722 링크

1분 안에 넘기기

시간 있으면 꼼꼼히 외우기

1723

magi
마술[마법](의)

□□□ 중 내신필수

magic [mǽdʒik]
명형 마술[마법](의)
MAGIC AMUSEMENT PARK
마술 놀이공원

1724

mke
만들다, ~하게 하다

□□□ 하 내신필수

make [meik]
동 만들다, ~하게 하다
The girl is **making** toys.
소녀가 장난감을 **만들고** 있다.
숙 make A of B : B로 A를 만들다

1725

mtch
시합, 성냥 동 어울리다

□□□ 중 내신필수

match [mætʃ]
명 시합, 성냥 동 어울리다
a tennis **match**
테니스 **경기**

1726

men
의미하다, 의도하다
형 비열한

□□□ 중 내신필수

mean [miːn]
동 의미하다, 의도하다 형 비열한
파 meaningless 의미 없는[무의미한]
It **means** he is hungry.
그가 배고프다는 **의미이다.**

1727

mentin
언급하다

□□□ 중 고등필수

mention [ménʃən]
동 언급하다
I won't **mention** it again.
다시는 그걸 **언급**하지 않을게.

1728

mss
엉망, 혼란

□□□ 중 고등필수

mess [mes]
명 엉망, 혼란
Look at this **mess**!
이 **엉망진창인 꼴**을 좀 봐!

1723 매쥑 1724 메잌 1725 매-취 1726 민 1727 멘션 1728 메쓰

○ 1분 안에 넘기기

○ 시간 있으면 꼼꼼히 외우기

1729

mist ke

실수(하다)

□□□ 중 내신필수

mistake [mistéik]

명동 실수(하다)

People often make **mistakes**.
사람들은 가끔 **실수**를 저지른다.

1730

m ment

때[순간], 잠시

□□□ 중 내신필수

moment [móumənt]

명 때[순간], 잠시

At that moment the siren went off.
그 순간 사이렌이 울렸다.

숙 for a moment 잠시 동안 (=for a while)

1731

monst r

괴물

□□□ 중 내신필수

monster [mάnstər]

명 괴물

He is a **monster** and dangerous.
그는 **괴물**이고 위험해.

1732

mov

움직이다, 감동시키다

□□□ 하 내신필수

move [mu:v]

동 움직이다, 감동시키다

파 unmoving 움직이지 않는 movement 움직임

Some birds **move** to a warmer region.
어떤 새들은 더 따뜻한 지역으로 **이동한다**.

1733

mur er

살인(죄), 살해

□□□ 중 고등필수

murder [mə́:rdər]

명 살인(죄), 살해

Rudolf was **murdered** by someone.
루돌프는 누군가에 의해 **살해되었다**.

1734

n d

끄덕이다 명끄덕임

□□□ 중 고등필수

nod [nad]

동 끄덕이다 명 끄덕임

She **nodded** her head.
그녀가 고개를 **끄덕였다**.

1729 미스테잌 1730 모우먼트 1731 먼스털 1732 무브 1733 멀덜 1734 나드

○ 1분 안에 넘기기

○ 시간 있으면 꼼꼼히 외우기

1735

ordin ry

보통의, 평범한

□□□ 중 고등필수

ordinary [ɔ́:rdənèri]

형 보통의, 평범한

She is an **ordinary** woman.

그녀는 **평범한** 여성이다.

1736

p ss

지나가다, 건네주다, 합격하다

□□□ 하 내신필수

pass [pæs]

동 지나가다, 건네주다, 합격하다

BOARDING **PASS**

탑승권

숙 **pass through** 통과하다

1737

paus

잠시 멈추다

명 멈춤, 일시 정지

□□□ 중 고등필수

pause [pɔ:z]

동 잠시 멈추다 명 멈춤, 일시 정지

I **paused** at the door.

나는 문에서 **잠시 멈췄다.**

1738

p rmanent

영구적인

□□□ 중 고등필수

permanent [pə́:rmənənt]

형 영구적인

He suffered **permanent** damage.

그는 **영구적인** 손상을 입었다.

1739

pi k

고르다,따다,뽑다

□□□ 중 내신필수

pick [pik]

동 고르다,따다,뽑다

I'll **pick** you **up** there.

거기로 태우러 갈게.

숙 **pick up** (도중에서) 차에 태우다 (물건을) 집어들다

1740

poss ss

소유하다

□□□ 중 고등필수

possess [pəzés]

동 소유하다 파 possession 소유

I will **possess** the ring.

난 그 반지를 **가질** 것이다.

1735 **올**디너리 1736 패스 1737 **퍼**어즈 1738 **펄**머넌트 1739 픽 1740 퍼**제**스

ㅇ 1분 안에 넘기기

ㅇ 시간 있으면 꼼꼼히 외우기

1741

□□□ 중 내신필수

present [préznt]

명 선물 형 현재(의), 출석한

파 presentation 제출, 제시

Mexicans use pinatas when giving **presents**.
멕시코 사람들은 **선물**을 줄 때 피나타를 사용한다.

1742

□□□ 중 고등필수

pretend [priténd]

동 ~인 척하다

She **pretended** not to notice.
그녀는 눈치채지 못한 **척했다**.

1743

□□□ 중 고등필수

prevent [privént]

동 막다[방지/예방하다]

Clothing **prevent** injury during activities.
옷은 활동 중 부상을 **방지한다**.

1744

□□□ 중 고등필수

proof [pru:f]

명 증거

That's **proof** enough for me.
그건 내게 충분한 **증거**가 된다.

1745

□□□ 중 내신필수

propose [prəpóuz]

동 제안하다, 청혼하다

She **proposed** to me!
그녀가 내게 **결혼하재**!

1746

□□□ 중 내신필수

quit [kwit]

동 그만두다, 떠나다

Quit smoking.
담배를 **끊어라**.

1741 프뤠즌트 1742 프뤼탠드 1743 프뤼벤트 1744 프루프 1745 프뤄포우즈 1746 퀏

○ 1분 안에 넘기기

○ 시간 있으면 꼼꼼히 외우기

1747

기억해 내다, 상기하다

□□□ 중 고등필수

recall [rikɔ́:l]

동 기억해 내다, 상기하다

People **recall** his work.

사람들은 그의 일을 **기억한다**.

1748

기록(하다), 녹음하다

□□□ 중 내신필수

record [rikɔ́:rd]

명동 기록(하다), 녹음하다

No one can beat his **record**.

그의 **기록**을 깰만한 사람은 없다.

1749

재활용하다

□□□ 중 고등필수

recycle [ri:sáikl]

동 재활용하다

benefits of **recycling**

재활용의 장점

1750

관련[결부]시키다, 이야기하다

□□□ 중 내신필수

relate [riléit]

동 관련[결부]시키다, 이야기하다

파 relation 관계

I was able to **relate** to this.

나는 이것을 **연관**시킬 수 있다.

1751

계속~이다,남다

□□□ 중 내신필수

remain [riméin]

동 계속~이다,남다

It is OK to **remain** silent.

계속 침묵을 지켜도 좋다.

1752

(되)돌아가다[오다], 돌려주다

□□□ 중 내신필수

return [ritə́:rn]

동 (되)돌아가다[오다], 돌려주다

She wanted to **return** to the water.

그녀는 **다시** 물속으로 **돌아가길** 원했다.

1747 뤼**콜** 1748 리**콜**드 1749 뤼**싸**이클 1750 륄**레**일 1751 뤼**메**인 1752 뤼**턴**

1분 안에 넘기기

시간 있으면 꼼꼼히 외우기

1753

어리석은 [우스꽝스러운]

□□□ 중 고등필수

ridiculous [ridíkjuləs]

형 어리석은[우스꽝스러운]

I look **ridiculous** in these clothes.

내가 이 옷을 입으니 **우스꽝스러워**.

1754

r ar

(큰 짐승 등이) 으르렁거리다

□□□ 중 고등필수

roar [rɔːr]

동 (큰 짐승 등이) 으르렁거리다

파 uproar 대소동, 소란

We heard a lion **roar**.

우리는 사자가 **으르렁거리는 소리**를 들었다.

1755

ru

문지르다

□□□ 중 내신필수

rub [rʌb]

동 문지르다

파 rubbish 쓰레기

Rub the surface.

표면을 **문질러라**.

1756

s ek

찾다, (추)구하다

□□□ 중 고등필수

seek [siːk]

동 찾다, (추)구하다

파 seeker …을 (추)구하는 사람

That is what I **seek**.

그것은 내가 **찾는 것이다**.

1757

sele t

선발[선정/선택]하다

□□□ 중 내신필수

select [silékt]

동 선발[선정/선택]하다

파 selection 선발[선정/선택]

Select one of them.

그중에 하나를 **골라라**.

1758

sh ot

쏘다, 촬영하다, 슛하다

□□□ 중 내신필수

shoot [ʃuːt]

동 쏘다, 촬영하다, 슛하다 동 shoot-shot-shot

Go ahead and **shoot**.

쏠테면 쏴봐라.

1753 뤼디큘러스 1754 로얼 1755 뤕 1756 씩- 1757 쓸렉트 1758 슈웉

○ 1분 안에 넘기기

○ 시간 있으면 꼼꼼히 외우기

1759

sh  ut

외치다 ⓜ외침

□□□ 중 내신필수

shout [ʃaut]

ⓓ외치다 ⓜ외침

He heard Chris **shout**.

그는 크리스가 **소리치는 것**을 들었다.

1760

 hut

닫다

□□□ 중 내신필수

shut [ʃʌt]

ⓓ닫다

Suddenly the door **shut**.

갑자기 문이 **닫혔다**.

ⓢ shut out 문을 닫아 못 들어오게 하다

1761

kip

건너뛰다[빼먹다], 깡충깡충 뛰다

□□□ 상 내신필수

skip [skip]

ⓓ건너뛰다[빼먹다], 깡충깡충 뛰다

She **skipped** happily.

그녀는 기분 좋게 **깡충 뛰었다**.

1762

 lip

미끄러지다

□□□ 중 고등필수

slip [slip]

ⓓ미끄러지다

She **slipped** on the ice.

그녀는 빙판 위에서 **미끄러졌다**.

1763

 lowly

느리게, 천천히

□□□ 중 내신필수

slowly [slouli]

ⓑ느리게, 천천히 파 slow 느린

They **slowly** disappear.

그들은 **천천히** 사라진다.

ⓢ slow down 속도를 늦추다

1764

sp ll

엎지르다 ⓜ유출

□□□ 상 고등필수

spill [spil]

ⓓ엎지르다 ⓜ유출

The man has **spilled** coffee.

그 남자가 커피를 **엎질렀다**.

1759 샤웃 1760 셧 1761 스킵 1762 슬립 1763 슬로울리 1764 스필

○ 1분 안에 넘기기

○ 시간 있으면 꼼꼼히 외우기

1765

망치다

□□□ 중 고등필수

spoil [spɔil]

㊐ 망치다

I can't **spoil** everything.

내가 모든 걸 다 **망쳐** 버릴 수는 없어.

1766

훔치다

□□□ 중 고등필수

steal [stiːl]

㊐ 훔치다

My wallet was **stolen**.

내 지갑이 **도난당했다**.

1767

(부딪)치다,
갑자기 떠오르다

□□□ 중 내신필수

strike [straik]

㊐ (부딪)치다, 갑자기 떠오르다

He was **struck** by a car.

그는 차에 **치였다**.

1768

갑자기

□□□ 중 내신필수

suddenly [sʌdnli]

㊙ 갑자기

Suddenly three things happened.

갑자기 세 가지 일들이 일어났다.

1769

자살

□□□ 상 고등필수

suicide [sjúːɪsàid]

㊔ 자살

He committed **suicide**.

그는 **자살**했다.

1770

(전후/좌우로) 흔들리다[흔들다]

□□□ 중 고등필수

swing [swiŋ]

㊐ (전후/좌우로) 흔들리다[흔들다]

Her arms **swung** as she walked.

그녀는 걸을 때 팔이 **흔들렸다**.

1765 스포일 1766 스틸- 1767 스트롸잌 1768 **써**드리 1769 **수**이싸읻 1770 스윙

1분 안에 넘기기

시간 있으면 꼼꼼히 외우기

1771

tri k

속임수, 장난, 마술
㊍속이다

□□□ 중 고등필수

trick [trik]

㊎속임수, 장난, 마술 ㊍속이다

Let's do a **trick**.
속임수를 써 보자.

㊏ play a trick on : ~에게 장난질 치다

1772

tru

사실인, 진짜의, 참된

□□□ 중 내신필수

true [tru:]

㊔사실인, 진짜의, 참된

But that is not **true**.
그러나 그것은 **사실**이 아닙니다.

㊏ come true 실현되다

1773

t y

노력하다, ~해 보다 ㊎시도

□□□ 하 내신필수

try [trai]

㊍노력하다, ~해 보다 ㊎시도

Can I **try** this sweater **on**?
이 스웨터 **입어 봐도** 돼요?

1774

unkn wn

알려지지 않은,
미지[무명]의

□□□ 중 고등필수

unknown [ùn·knówn]

㊔알려지지 않은, 미지[무명]의

The cause was **unknown**.
그 원인은 **밝혀지지 않았다**.

1775

unusu l

특이한, 드문,
유별난

□□□ 중 내신필수

unusual [ùn·úsual]

㊔특이한, 드문, 유별난

There was an **unusual** watch.
특이한 시계가 있었다.

1776

v nish

(갑자기/불가사의하게)
사라지다

□□□ 중 고등필수

vanish [vǽniʃ]

㊍(갑자기/불가사의하게) 사라지다

He **vanished** without trace.
그는 흔적도 없이 **사라져 버렸다**.

1771 트뤽 1772 트루 1773 트롸이 1774 언노운 1775 언유주얼 1776 봬니쉬

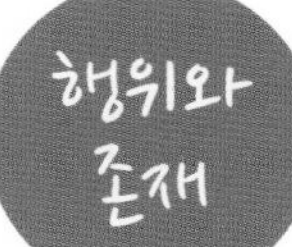

1분 안에 넘기기

시간 있으면 꼼꼼히 외우기

1777

vist

방문하다 ⓜ방문

visit [vízit]

ⓢ방문하다 ⓜ방문

파 visitor 방문객

I like their **visits.**

나는 그들의 **방문**을 좋아한다.

1778

wa t

기다리다

wait [weit]

ⓢ기다리다 파 waitress 여자 급사

He **waited** and waited.

그는 계속 **기다렸다**.

숙 **wait for** : ~을 기다리다

□□□ 하 내신필수

1779

wke

잠에서 깨다[깨우다]

wake [weik]

ⓢ잠에서 깨다[깨우다]

파 awake 깨어 있는

At dawn, most birds **wake up**.

새벽에, 대부분 새들은 **일어난다**.

□□□ 중 내신필수

1780

wandr

돌아다니다
[배회하다]

wander [wάndər]

ⓢ돌아다니다[배회하다]

I **wandered** for an hour or so.

나는 한 시간쯤 **방황했다**.

□□□  고등필수

1781

whper

속삭이다
ⓜ속삭임

whisper [hwíspər]

ⓢ속삭이다 ⓜ속삭임

He **whispered** something in his ear.

그는 그의 귀에 대고 뭔가를 **속삭였다**.

□□□ 중 내신필수

1782

wrth

가치(가 있는)

worth [wəːrθ]

ⓗ가치(가 있는)

파 worthy 을 받을 만한 worthless 가치 없는

Old stamps are **worth** more.

오래된 우표는 더 **가치가** 있다.

1777 **뷔**짓 1778 **웨**이트 1779 웨이크 1780 **원**덜 1781 **위**스펄 1782 월뜨

Chapter 10

복습문제

A 우리말에 대응하는 영어 써보기

01. 정확한
02. 이루다[성취하다]
03. 접근하다
04. 부인[부정]하다
05. 호의[친절], 부탁
06. 소유하다
07. 선발[선택]하다
08. 달아나다
09. 돌아다니다
10. 가치(가 있는)

B 빈칸에 단어 넣어보기

11. **창의적인** 마음 a _______ mind
12. **빠른** 경주자 a _______ runner
13. 또 하나의 추가 **기능** an extra _______
14. **전설**의 영웅들 heroes of _______
15. 테니스 **경기** a tennis _______
16. **평범한** 여성 an _______ woman
17. **영구적인** 손상 _______ damage
18. **특이한** 시계 an _______ watch
19. **재활용**의 장점 benefits of _______
20. **즉석** 식품 _______ foods

C 문맥에 맞는 단어 골라 쓰기

보기 | appearance lift collect adopt prevent

21. I _______ ed their beliefs. 나는 그들의 신념을 **채택했다**.
22. I'm not happy with my _______. 나는 내 **외모**에 만족하지 않아.
23. Children are _______ ing used bottles. 아이들이 재활용 병을 **수집**하고 있다.
24. He _______ ed his arms above his head. 그는 팔을 머리 위로 **올렸다**.
25. Clothing _______ injury during activities. 옷은 활동 중 부상을 **방지한다**.

정답 | **A** 앞면참조 **B** 11 creative 12 fast 13 function 14 legend 15 match 16 ordinary 17 permanent 18 unusual 19 recycling 20 instant **C** 21 adopt 22 appearance 23 collect 24 lift 25 prevent

영포자
마법 영단어

단어 암기력 테스트

word test

영포자 1등급 만들기

단어테스트 사용방법

1. 먼저 단어테스트 용지를 모두 잘라낸 후 편철합니다.
2. 테스트는 책 전체를 3번(하루 1 Chapter 씩) 보신 후에 시작합니다.
3. 가급적 테스트는 단어에 대한 자신감이 생긴 후 하시는게 좋습니다.
4. 테스트를 하신 후 부족한 부분은 다시 읽어 나갑니다.

자르는 선

단어테스트 Chapter 1

학년 반 번 이름

0001	aboard
0002	abroad
0003	adventure
0004	aisle
0005	ancient
0006	anywhere
0007	base
0008	bay
0009	board
0010	border
0011	bridge
0012	canal
0013	clean
0014	climb
0015	coast
0016	continent
0017	cost
0018	country
0019	countryside
0020	crew
0021	crosswalk
0022	crowd
0023	crowded
0024	custom
0025	dangerous
0026	departure
0027	destination
0028	direction
0029	directly
0030	distance
0031	distant
0032	double

0033	downtown
0034	everyday
0035	everywhere
0036	exchange
0037	experience
0038	explore
0039	field
0040	flight
0041	float
0042	foreign
0043	forest
0044	free
0045	guide
0046	harbor
0047	heritage
0048	hike
0049	holy
0050	horizon
0051	island
0052	item
0053	jam
0054	Journey
0055	landscape
0056	lean
0057	leisure
0058	liberty
0059	local
0060	location
0061	map
0062	mark
0063	minute
0064	narrow

0065	nearby
0066	outdoor
0067	outer
0068	outside
0069	overseas
0070	pack
0071	package
0072	passenger
0073	passport
0074	path
0075	photo
0076	place
0077	pool
0078	port
0079	portable
0080	primary
0081	range
0082	reach
0083	right
0084	risk
0085	romantic
0086	round
0087	route
0088	rush
0089	sail
0090	scenery
0091	schedule
0092	sculpture
0093	shell
0094	shore
0095	sightseeing
0096	sign
0097	single
0098	site
0099	situation
0100	skyscraper
0101	somewhere
0102	southern
0103	spend
0104	spot
0105	station
0106	statue
0107	stay
0108	steep
0109	step
0110	stick
0111	sting
0112	surf
0113	survive
0114	temple
0115	terrible
0116	tour
0117	tourist
0118	tradition
0119	traffic
0120	transportation
0121	traveler
0122	trip
0123	turn
0124	valley
0125	village
0126	warm
0127	western
0128	wide
0129	wild
0130	worldwide
0131	zone
0132	zoo

단어테스트 Chapter 2

학년 반 번 이름

0133	acid
0134	apply
0135	area
0136	around
0137	atmosphere
0138	autumn
0139	bark
0140	bear
0141	beast
0142	bee
0143	benefit
0144	bird
0145	birth
0146	blossom
0147	blow
0148	bone
0149	bottle
0150	branch
0151	breeze
0152	bright
0153	brilliant
0154	broad
0155	bug
0156	burn
0157	cage
0158	cave
0159	certain
0160	chemical
0161	chemistry
0162	chew
0163	climate
0164	close
0165	cloudy
0166	coal
0167	cold
0168	colorful
0169	consist
0170	contrast
0171	control
0172	cool
0173	cotton
0174	crack
0175	creature
0176	crop
0177	current
0178	dark
0179	date
0180	dawn
0181	desert
0182	destroy

0183	develop
0184	device
0185	dinosaur
0186	disappear
0187	disaster
0188	dragon
0189	drop
0190	dry
0191	dust
0192	earth
0193	earthquake
0194	eastern
0195	edge
0196	effective
0197	electricity
0198	electronic
0199	element
0200	endangered
0201	environment
0202	equipment
0203	erupt
0204	evidence
0205	experiment
0206	explode
0207	faint
0208	fire
0209	firewood

0210	flame
0211	flash
0212	flat
0213	flea
0214	flood
0215	flow
0216	fly
0217	foggy
0218	forecast
0219	freeze
0220	fresh
0221	fuel
0222	fur
0223	general
0224	genetic
0225	germ
0226	giraffe
0227	gold
0228	gray
0229	hatch
0230	hole
0231	honeybee
0232	hot
0233	hour
0234	insect
0235	institute
0236	instruction

자르는 선

0237	invention
0238	investigate
0239	iron
0240	jewel
0241	lab
0242	lake
0243	land
0244	leaf
0245	leather
0246	light
0247	limit
0248	liquid
0249	log
0250	lunar
0251	machine
0252	mars
0253	material
0254	medical
0255	medicine
0256	melt
0257	metal
0258	midnight
0259	million
0260	mineral
0261	moisture
0262	mouse
0263	mud
0264	natural
0265	nature
0266	northern
0267	nuclear
0268	observe
0269	ocean
0270	operate
0271	organic
0272	owl
0273	oxygen
0274	period
0275	pet
0276	pill
0277	planet
0278	plant
0279	poison
0280	pole
0281	pond
0282	pour
0283	preserve
0284	process
0285	progress
0286	rabbit
0287	rainbow
0288	react
0289	reflect
0290	research

0291	resource
0292	respond
0293	result
0294	rhinoceros
0295	rise
0296	rock
0297	roll
0298	root
0299	rubber
0300	ruin
0301	safety
0302	sample
0303	satellite
0304	science
0305	second
0306	seed
0307	separate
0308	set
0309	shine
0310	shuttle
0311	sink
0312	soil
0313	solar
0314	solid
0315	source
0316	space
0317	spaceship
0318	spin
0319	steam
0320	steel
0321	storm
0322	stream
0323	sunrise
0324	sunset
0325	surface
0326	surgery
0327	technique
0328	technology
0329	thunder
0330	triangle
0331	tropical
0332	type
0333	underground
0334	underwater
0335	universe
0336	vital
0337	wave
0338	weed
0339	wet
0340	wind
0341	wing
0342	wood

단어테스트 Chapter 3

학년 반 번 이름

0343	accident
0344	accomplish
0345	account
0346	admiral
0347	advertisement
0348	affair
0349	agent
0350	aid
0351	amateur
0352	anniversary
0353	announce
0354	architect
0355	army
0356	astronaut
0357	athlete
0358	author
0359	authority
0360	award
0361	bank
0362	bar
0363	basement
0364	battle
0365	beg
0366	bet
0367	bill
0368	billion
0369	bomb
0370	broadcast
0371	bullet
0372	campaign
0373	capital
0374	captain
0375	career

0376	cartoon
0377	cash
0378	cast
0379	central
0380	century
0381	ceremony
0382	change
0383	charge
0384	charity
0385	chef
0386	chief
0387	citizen
0388	clerk
0389	client
0390	clown
0391	coin
0392	colony
0393	comment
0394	commercial
0395	communicate
0396	community
0397	company
0398	compose
0399	concert
0400	conflict
0401	confuse
0402	congress
0403	conquer
0404	construction
0405	consumer
0406	contact
0407	contest
0408	contribute

0409	convenient
0410	counselor
0411	court
0412	credit
0413	crime
0414	culture
0415	customer
0416	cyberspace
0417	democracy
0418	department
0419	detective
0420	duty
0421	dynasty
0422	earn
0423	economy
0424	efficient
0425	elderly
0426	elect
0427	employ
0428	enemy
0429	entire
0430	export
0431	extend
0432	extra
0433	factory
0434	famous
0435	far
0436	fare
0437	fee
0438	final
0439	financial
0440	firm
0441	focus
0442	follow
0443	forbid

0444	found
0445	foundation
0446	fund
0447	gate
0448	global
0449	government
0450	greet
0451	growth
0452	hard
0453	helpful
0454	hire
0455	hunt
0456	illegal
0457	import
0458	income
0459	increase
0460	industry
0461	inform
0462	informal
0463	information
0464	international
0465	interview
0466	invade
0467	invest
0468	issue
0469	jail
0470	job
0471	join
0472	journalism
0473	judge
0474	kingdom
0475	label
0476	labor
0477	law
0478	lawyer

0479	license
0480	litter
0481	magazine
0482	major
0483	manage
0484	manufacture
0485	member
0486	merchant
0487	military
0488	minister
0489	mission
0490	model
0491	modern
0492	nation
0493	navy
0494	nurse
0495	occupation
0496	office
0497	officer
0498	order
0499	organization
0500	orphanage
0501	owe
0502	palace
0503	park
0504	pay
0505	perform
0506	performance
0507	pitfall
0508	pocket
0509	police
0510	politics
0511	pollution
0512	poor
0513	popular
0514	population
0515	portrait
0516	post
0517	powerful
0518	practical
0519	pray
0520	president
0521	price
0522	principal
0523	prison
0524	produce
0525	product
0526	profession
0527	profit
0528	provide
0529	public
0530	publish
0531	punish
0532	race
0533	rank
0534	rapid
0535	region
0536	reject
0537	release
0538	religion
0539	rent
0540	report
0541	represent
0542	republic
0543	request
0544	reservation
0545	responsibility
0546	restaurant
0547	reveal
0548	revolution

0549	reward
0550	ride
0551	rob
0552	robber
0553	royal
0554	sale
0555	scale
0556	scene
0557	screen
0558	search
0559	secretary
0560	security
0561	sell
0562	servant
0563	settle
0564	shepherd
0565	slave
0566	social
0567	society
0568	soldier
0569	spectator
0570	speech
0571	stage
0572	statement
0573	stock
0574	store
0575	street
0576	structure
0577	stuff
0578	subway
0579	success
0580	supply
0581	survey
0582	swear
0583	symbol

0584	tax
0585	temporary
0586	theater
0587	thief
0588	thousand
0589	tip
0590	trade
0591	translate
0592	treasure
0593	trial
0594	typical
0595	unaware
0596	unify
0597	unite
0598	unity
0599	useful
0600	various
0601	victory
0602	volunteer
0603	vote
0604	wage
0605	wagon
0606	war
0607	warn
0608	weapon
0609	whistle
0610	win
0611	work
0612	yield

단어테스트 Chapter 4

학년 반 번 이름

0613	absent
0614	academic
0615	aim
0616	angle
0617	aptitude
0618	art
0619	attend
0620	attention
0621	attitude
0622	badly
0623	bat
0624	blank
0625	borrow
0626	both
0627	calculate
0628	chalk
0629	choose
0630	circle
0631	classical
0632	coach
0633	college
0634	communication
0635	compete
0636	complete
0637	comprehend
0638	concentrate
0639	conclude
0640	congratulation
0641	content
0642	continue
0643	conversation
0644	correct
0645	course
0646	curve
0647	dance
0648	dear
0649	debate
0650	degree
0651	describe
0652	deserve

0653	design
0654	desk
0655	detail
0656	dialogue
0657	diary
0658	dictation
0659	dictionary
0660	discuss
0661	document
0662	dozen
0663	draw
0664	easily
0665	education
0666	effort
0667	elementary
0668	enter
0669	entrance
0670	erase
0671	establish
0672	event
0673	exam
0674	examine
0675	exercise
0676	exhibition
0677	explain
0678	fable
0679	friendship
0680	glue
0681	goal
0682	grade
0683	graduate
0684	grammar
0685	ground
0686	group
0687	gym
0688	historic
0689	history
0690	honor
0691	index
0692	influence

0693	instance
0694	intelligent
0695	involve
0696	junior
0697	kindergarten
0698	knowledge
0699	language
0700	lead
0701	learn
0702	lecture
0703	letter
0704	level
0705	library
0706	literature
0707	math
0708	museum
0709	name
0710	need
0711	offer
0712	outline
0713	paper
0714	peer
0715	plan
0716	playground
0717	poem
0718	point
0719	polite
0720	portrait
0721	position
0722	practice
0723	pride
0724	principle
0725	prize
0726	problem
0727	professor
0728	project
0729	proverb
0730	pupil
0731	ready
0732	regular
0733	relationship
0734	repeat

0735	reply
0736	respect
0737	review
0738	role
0739	rough
0740	row
0741	rule
0742	saying
0743	score
0744	seat
0745	semester
0746	senior
0747	sentence
0748	skill
0749	smart
0750	solve
0751	spell
0752	spread
0753	square
0754	start
0755	story
0756	subject
0757	suggest
0758	sum
0759	take
0760	tale
0761	talent
0762	target
0763	task
0764	teach
0765	teenager
0766	tend
0767	term
0768	theory
0769	trouble
0770	university
0771	vacation
0772	will
0773	wisdom
0774	yet

단어테스트 Chapter 5

학년 반 번 이름

0775	address
0776	afford
0777	background
0778	baggage
0779	bake
0780	basic
0781	bath
0782	begin
0783	belong
0784	bind
0785	blanket
0786	bless
0787	boil
0788	bowl
0789	bring
0790	bubble
0791	bucket
0792	build
0793	bulb
0794	burden
0795	burst
0796	bury
0797	buy
0798	call
0799	candle
0800	casual

0801	ceiling
0802	chain
0803	channel
0804	cheap
0805	childhood
0806	chimney
0807	clear
0808	clothes
0809	combine
0810	connect
0811	contain
0812	convert
0813	cook
0814	couple
0815	cousin
0816	cut
0817	daily
0818	debt
0819	decorate
0820	decrease
0821	delicious
0822	depend
0823	descendant
0824	dessert
0825	dish
0826	doll

0827	drama
0828	early
0829	envelope
0830	fan
0831	fence
0832	fiction
0833	finish
0834	fix
0835	floor
0836	flour
0837	fold
0838	folk
0839	forever
0840	fortune
0841	frame
0842	full
0843	funeral
0844	furniture
0845	garage
0846	garbage
0847	gift
0848	glass
0849	grain
0850	grand
0851	grave
0852	greenhouse
0853	grocery

0854	grow
0855	guest
0856	hall
0857	hammer
0858	hang
0859	harvest
0860	have
0861	heat
0862	helpless
0863	holiday
0864	homeless
0865	hometown
0866	homework
0867	host
0868	husband
0869	independent
0870	indoor
0871	ingredient
0872	inside
0873	invite
0874	jar
0875	key
0876	ladder
0877	large
0878	laundry
0879	lay
0880	leak

0881	lock
0882	loose
0883	make up
0884	marriage
0885	mirror
0886	mix
0887	movie
0888	native
0889	neat
0890	necessary
0891	needle
0892	neighbor
0893	nest
0894	net
0895	newspaper
0896	niece
0897	novel
0898	occasion
0899	off
0900	own
0901	pair
0902	pattern
0903	picture
0904	plate
0905	plug
0906	precious
0907	prefer

0908	prepare
0909	private
0910	proper
0911	property
0912	purchase
0913	purse
0914	raw
0915	recipe
0916	reduce
0917	refrigerator
0918	relative
0919	remove
0920	repair
0921	replace
0922	require
0923	rest
0924	rhyme
0925	rice
0926	rich
0927	ring
0928	roof
0929	rude
0930	sacrifice
0931	salty
0932	satisfy
0933	save
0934	scissors

0935	send	0962	thick
0936	serve	0963	thin
0937	sew	0964	thread
0938	sharp	0965	tight
0939	sheet	0966	tomb
0940	shelter	0967	tool
0941	shower	0968	toy
0942	slide	0969	trash
0943	soft	0970	tube
0944	sour	0971	upstairs
0945	spare	0972	usually
0946	special	0973	valuable
0947	spicy	0974	vase
0948	spray	0975	vegetable
0949	stair	0976	vehicle
0950	stir	0977	waste
0951	straw	0978	watch
0952	string	0979	wealth
0953	succeed	0980	weekend
0954	suit	0981	wipe
0955	support	0982	wire
0956	sweep	0983	wrap
0957	sweet	0984	yard
0958	switch		
0959	tailor		
0960	tap		
0961	taste		

단어테스트 Chapter 6

학년 반 번 이름

0985	ache
0986	alive
0987	ambulance
0988	appetite
0989	arm
0990	asleep
0991	backbone
0992	balance
0993	bare
0994	beauty
0995	bite
0996	bitter
0997	blind
0998	blonde
0999	blood
1000	brain
1001	breath
1002	cancer
1003	castle
1004	catch
1005	cause
1006	cell
1007	cheek
1008	condition
1009	cough
1010	cure
1011	curly
1012	dead
1013	deaf
1014	death
1015	die
1016	diet
1017	disabled
1018	disease

1019	drown
1020	drug
1021	dumb
1022	effect
1023	emergency
1024	fat
1025	feature
1026	feed
1027	female
1028	fever
1029	fist
1030	fit
1031	fitness
1032	flavor
1033	foot
1034	gain
1035	grab
1036	hand
1037	handsome
1038	harmful
1039	headache
1040	heal
1041	health
1042	height
1043	hopeless
1044	illness
1045	illusion
1046	injure
1047	Jog
1048	knee
1049	life
1050	listen
1051	live
1052	loud

1053	lung
1054	male
1055	meal
1056	miss
1057	muscle
1058	nail
1059	nutrient
1060	overcome
1061	overweight
1062	pain
1063	pale
1064	palm
1065	patient
1066	physical
1067	press
1068	pretty
1069	protect
1070	protein
1071	recover
1072	recreation
1073	relax
1074	remember
1075	restore
1076	rope
1077	scratch
1078	sense
1079	serious
1080	shake
1081	sick
1082	sigh
1083	sight
1084	skin
1085	smell
1086	smoke
1087	smooth
1088	sore

1089	soul
1090	sound
1091	starve
1092	state
1093	stomach
1094	straight
1095	strength
1096	stretch
1097	struggle
1098	swallow
1099	sweat
1100	tail
1101	tear
1102	temperature
1103	thirsty
1104	throat
1105	tiny
1106	tired
1107	tongue
1108	touch
1109	treatment
1110	tremble
1111	twist
1112	ugly
1113	uncomfortable
1114	understand
1115	voice
1116	wash
1117	way
1118	weak
1119	wear
1120	weigh
1121	wound
1122	yawn

자르는 선

단어테스트 Chapter 7

학년 반 번 이름

1123	accept
1124	admire
1125	admit
1126	afraid
1127	alone
1128	amazing
1129	amusement
1130	anger
1131	angry
1132	annoy
1133	anxious
1134	appeal
1135	ashamed
1136	attract
1137	awful
1138	awkward
1139	back
1140	believe
1141	boring
1142	bother
1143	calm
1144	care
1145	celebrate
1146	character
1147	characteristic
1148	charm
1149	charming
1150	cheer
1151	clever
1152	comfortable
1153	comic
1154	complex
1155	complicated
1156	concern
1157	confidence
1158	conscious
1159	consider
1160	courage
1161	crazy
1162	cruel
1163	curious
1164	cute
1165	delight
1166	depress
1167	desire

1168	different
1169	diligent
1170	disappoint
1171	disgusting
1172	dislike
1173	doubt
1174	dull
1175	eager
1176	embarrass
1177	emotion
1178	endure
1179	entertain
1180	envy
1181	evil
1182	excite
1183	excuse
1184	expect
1185	express
1186	fantastic
1187	favorite
1188	fear
1189	fond
1190	foolish
1191	forget
1192	forgive
1193	fortunately
1194	frankly
1195	friendly
1196	frighten
1197	frustrate
1198	funny
1199	generous
1200	gentle
1201	glad
1202	glory
1203	grateful
1204	greedy
1205	guilty
1206	happily
1207	happiness
1208	hardly
1209	harsh
1210	hate
1211	hesitate
1212	honesty

1213	horror
1214	humorous
1215	hunger
1216	hurt
1217	idle
1218	ignore
1219	image
1220	imagine
1221	impress
1222	incredible
1223	interest
1224	joke
1225	Joy
1226	justice
1227	kind
1228	kindness
1229	laugh
1230	lazy
1231	lie
1232	logical
1233	lonely
1234	lose
1235	lovely
1236	mental
1237	mercy
1238	merit
1239	merry
1240	mild
1241	mind
1242	miracle
1243	mood
1244	moral
1245	negative
1246	nervous
1247	noise
1248	noisy
1249	obey
1250	obvious
1251	odd
1252	panic
1253	pardon
1254	peace
1255	pity
1256	pleasant
1257	please
1258	pleasure
1259	positive

1260	predict
1261	pressure
1262	protest
1263	proud
1264	realize
1265	reason
1266	refresh
1267	regret
1268	remind
1269	sad
1270	scold
1271	scream
1272	selfish
1273	shame
1274	shock
1275	shy
1276	silence
1277	silent
1278	silly
1279	sincerely
1280	spirit
1281	strange
1282	strict
1283	stupid
1284	suffer
1285	surprise
1286	suspect
1287	terrific
1288	thought
1289	thrill
1290	tough
1291	trust
1292	truth
1293	unfortunately
1294	upset
1295	vain
1296	violent
1297	welcome
1298	wise
1299	wish
1300	wonder
1301	worry
1302	yell

단어테스트 Chapter 8

학년 반 번 이름

1303	ability
1304	able
1305	absolute
1306	accuse
1307	acknowledge
1308	adult
1309	advance
1310	advantage
1311	advice
1312	affect
1313	age
1314	agree
1315	alike
1316	allow
1317	ancestor
1318	appointment
1319	appreciate
1320	approve
1321	arrange
1322	arrest
1323	arrive
1324	assistance
1325	audience
1326	available
1327	avoid
1328	blame
1329	cancel
1330	capable
1331	cease
1332	clue
1333	club
1334	common
1335	compare
1336	complaint
1337	crash
1338	crisis
1339	criticize
1340	damage

1341	dare
1342	deal
1343	deceive
1344	decision
1345	declare
1346	deep
1347	defeat
1348	delay
1349	deliver
1350	devote
1351	difficult
1352	direct
1353	distinguish
1354	emphasize
1355	encourage
1356	equal
1357	error
1358	exactly
1359	example
1360	excellent
1361	face
1362	fail
1363	failure
1364	fasten
1365	fault
1366	force
1367	fun
1368	future
1369	gap
1370	generation
1371	gesture
1372	guess
1373	habit
1374	handle
1375	harmony
1376	hobby
1377	human
1378	identity

1379	immigrant
1380	improve
1381	individual
1382	innocent
1383	intend
1384	interpret
1385	interrupt
1386	introduce
1387	kid
1388	lack
1389	let
1390	load
1391	maintain
1392	mankind
1393	manner
1394	march
1395	master
1396	matter
1397	means
1398	measure
1399	memory
1400	mend
1401	method
1402	neighborhood
1403	note
1404	notice
1405	obtain
1406	occur
1407	opinion
1408	opportunity
1409	original
1410	other
1411	part
1412	participate
1413	perfect
1414	permit
1415	person
1416	personal
1417	persuade
1418	plain

1419	praise
1420	promise
1421	properly
1422	purpose
1423	quarrel
1424	quiet
1425	raise
1426	receive
1427	recognize
1428	recommend
1429	refer
1430	regard
1431	remark
1432	rid
1433	rumor
1434	same
1435	scare
1436	secret
1437	self
1438	severe
1439	share
1440	significant
1441	similar
1442	simple
1443	speak
1444	stranger
1445	surround
1446	threaten
1447	tie
1448	together
1449	track
1450	treat
1451	twice
1452	unique
1453	upside down
1454	urgent
1455	use
1456	view
1457	whole
1458	wrong

단어테스트 Chapter 9

학년 반 번 이름

1459	abstract	1497	empty
1460	actually	1498	engine
1461	add	1499	enough
1462	addition	1500	especially
1463	ago	1501	even
1464	ahead	1502	ever
1465	alarm	1503	expensive
1466	almost	1504	fact
1467	already	1505	few
1468	also	1506	finally
1469	amount	1507	flag
1470	another	1508	former
1471	any	1509	forward
1472	anybody	1510	frequent
1473	anymore	1511	front
1474	anyway	1512	goods
1475	apart	1513	gun
1476	article	1514	half
1477	artificial	1515	heavy
1478	ash	1516	highly
1479	aspect	1517	however
1480	average	1518	huge
1481	away	1519	hundred
1482	balloon	1520	ideal
1483	beneath	1521	idle
1484	besides	1522	immediately
1485	bottom	1523	important
1486	brick	1524	impossible
1487	cart	1525	include
1488	case	1526	indeed
1489	certainly	1527	instead
1490	container	1528	instrument
1491	dirty	1529	into
1492	dot	1530	just
1493	due	1531	keep
1494	each	1532	kite
1495	either	1533	last
1496	else	1534	lately

1535	later
1536	least
1537	length
1538	likely
1539	lot
1540	low
1541	lower
1542	lucky
1543	main
1544	maybe
1545	meaning
1546	medium
1547	middle
1548	minor
1549	most
1550	mostly
1551	mystery
1552	nearly
1553	neither
1554	never
1555	none
1556	normal
1557	nowadays
1558	object
1559	often
1560	once
1561	only
1562	opposite
1563	otherwise
1564	partly
1565	past
1566	perhaps
1567	piece
1568	plenty
1569	possible
1570	previous
1571	probably
1572	pure
1573	puzzle
1574	quality

1575	quarter
1576	quickly
1577	quite
1578	rarely
1579	rate
1580	rather
1581	reality
1582	really
1583	recent
1584	refuse
1585	scan
1586	seem
1587	seldom
1588	several
1589	shape
1590	side
1591	slight
1592	small
1593	snap
1594	someday
1595	sometime
1596	sometimes
1597	soon
1598	sort
1599	specific
1600	standard
1601	steady
1602	still
1603	such
1604	sufficient
1605	suppose
1606	sure
1607	therefore
1608	thus
1609	too
1610	total
1611	upper
1612	version
1613	wall
1614	wheel

단어테스트 Chapter 10

학년 반 번 이름

1615	absorb
1616	accurate
1617	achieve
1618	act
1619	action
1620	active
1621	adopt
1622	aloud
1623	always
1624	apologize
1625	appear
1626	appearance
1627	approach
1628	argue
1629	associate
1630	attach
1631	attack
1632	attempt
1633	attractive
1634	awake
1635	aware
1636	band
1637	beat
1638	behave
1639	behavior
1640	being
1641	below
1642	bend
1643	block
1644	bow
1645	brave
1646	break
1647	brief
1648	busy
1649	careful
1650	careless
1651	carry
1652	challenge
1653	chance
1654	chase
1655	chat

1656	check
1657	choice
1658	claim
1659	clap
1660	collect
1661	commit
1662	conduct
1663	cooperate
1664	count
1665	cover
1666	create
1667	creative
1668	decide
1669	defend
1670	definite
1671	demand
1672	deny
1673	determine
1674	devil
1675	dig
1676	discover
1677	dispute
1678	disturb
1679	dive
1680	divide
1681	drive
1682	dump
1683	enable
1684	end
1685	enjoy
1686	escape
1687	exist
1688	exit
1689	fairy
1690	fast
1691	favor
1692	fight
1693	fill
1694	find
1695	form
1696	function

1697	gather
1698	get
1699	ghost
1700	giant
1701	god
1702	happen
1703	heaven
1704	hero
1705	hide
1706	hold
1707	hug
1708	hurry
1709	indicate
1710	insist
1711	instant
1712	jump
1713	kill
1714	late
1715	leap
1716	leave
1717	legend
1718	lend
1719	lifetime
1720	lift
1721	line
1722	link
1723	magic
1724	make
1725	match
1726	mean
1727	mention
1728	mess
1729	mistake
1730	moment
1731	monster
1732	move
1733	murder
1734	nod
1735	ordinary
1736	pass
1737	pause
1738	permanent
1739	pick

1740	possess
1741	present
1742	pretend
1743	prevent
1744	proof
1745	propose
1746	quit
1747	recall
1748	record
1749	recycle
1750	relate
1751	remain
1752	return
1753	ridiculous
1754	roar
1755	rub
1756	seek
1757	select
1758	shoot
1759	shout
1760	shut
1761	skip
1762	slip
1763	slowly
1764	spill
1765	spoil
1766	steal
1767	strike
1768	suddenly
1769	suicide
1770	swing
1771	trick
1772	true
1773	try
1774	unknown
1775	unusual
1776	vanish
1777	visit
1778	wait
1779	wake
1780	wander
1781	whisper
1782	worth

영포자 마법 영단어

단어 쉽게 찾기

Index

D

E

I

J

K

L

T

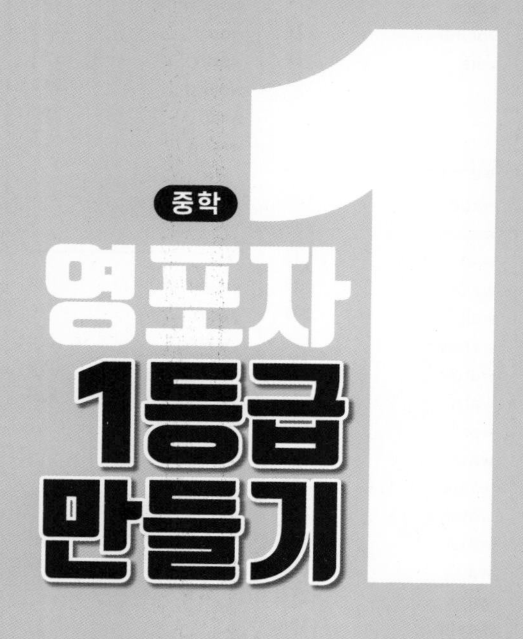

최규리 지음
Hugh MacMahon 감수

기림출판사